Frank Leinen und Elmar Schafroth (Hrsg.)

Kitsch?! Interdisziplinäre Annäherungen an ein unterschätztes Phänomen

d|u|p

Kitsch?!
Interdisziplinäre Annäherungen an ein unterschätztes Phänomen

herausgegeben von Frank Leinen und Elmar Schafroth

d|u|p

Dieser Band erscheint mit freundlicher finanzieller Unterstützung der Philosophischen Fakultät der Heinrich-Heine-Universität Düsseldorf.

Bibliografische Information
Der Deutschen Nationalbibliothek
Die Deutsche Nationalbibliothek verzeichnet diese Publikation in der Deutschen Nationalbibliografie; detaillierte bibliografische Daten sind im Internet über http://dnb.dnb.de abrufbar.

© düsseldorf university press, Düsseldorf 2015
http://www.dupress.de
Umschlaggestaltung: Konstantinos Karagiannis (Dipl.-Des.), Köln
Herstellung: docupoint GmbH, Barleben
ISBN 978-3-95758-003-0

Inhaltsverzeichnis

Frank Leinen und *Elmar Schafroth*
Einleitung 9

Emmanuelle Bousquet
L'opéra kitsch au début du XXe siècle en Italie : l'expression
d'une modernité vouée à l'échec. 19

Hans T. Siepe
Kitschig, ideologisch, schräg und schrill. Zum Heimatkitsch der
Geierwally oder: Wie man mit Kitsch umgehen kann. 35

Michael Overdick
Protestantische Positionen gegen den religiösen Bilderkitsch im
19. Jahrhundert 45

Hans Körner
Erlaubte Blicke auf die Nacktheit. Die „Doktrin der Distanz" und
der weibliche Akt in der französischen Salonmalerei 73

Frank Leinen
100 % Amour, Passion, Émotion: Rezeptionslenkung und
Affektsteuerung in der Zeitschrift *Roman photo*. Eine Fallstudie. 107

Günter Krause
Kitsch-Philosophie 179

Patrice Neau
Propagande et kitsch. Quelques réflexions sur l'art nazi et sur le
réalisme socialiste 193

Michael Heinze
Traditionspflege oder Kitsch? Die Hochzeit von Prince William und Kate Middleton im Spannungsfeld zwischen nationaler Identitätsfrage und Kitsch. 207

Elmar Schafroth
Kontexte und Kreativität von *Kitsch* und *kit(s)ch*..231

Einleitung

KITSCH. Au second degré, tout ce qu'on aime.
Au premier degré, tout ce qu'on déteste.

Alain Schifres (*Nouveau dictionnaire des idées reçues, des propos convenus et des tics de langage ou Le dîner sans peine*)

Kitsch ist zutiefst menschlich, mit der Folge, dass private wie öffentliche Lebensbereiche „verkitscht" sind – dem einen zum Leid, dem anderen zur Freud'. Jene, die in einer Welt des guten Geschmacks leben möchten (wo aber endet der Kitsch, wo beginnt der „gute Geschmack"?), beklagen die epidemische Ausbreitung des unheimlich Heimeligen. Anderen ist angesichts der Verkitschung der Welt nur mehr die mit der Einsicht verbundene Resignation geblieben, dass die Demokratisierung und Popularisierung der Kunst im ästhetischen Sinne nicht unbedingt produktiv sein müssen. Verständnisvolleren Zeitgenossen dient der Kitsch als schier unerschöpfliches Reservoir für phänomenologische Nachdenklichkeiten und ästhetische Überraschungen, wie sie etwa die Kitsch-Art mit der postmodernen Brechung von der Kitsch-Ästhetik bereithält.[1] Wer aber ebenso willentlich wie genießerisch im „echten" Kitsch schwelgt, dem werden durchaus neben Geschmacks- auch schon einmal Persönlichkeitsdefizite oder – wie im Fall des selbsternannten Modezaren Harald Glööckler oder der Sängerin Lady Gaga,[2] – zu Recht oder zu Unrecht auch nur ein erfolgreiches Marketingkonzept unterstellt.

---

[1] Zum postmodernen Kitsch-Art, wie ihn Pierre et Gilles, Jeff Koons oder Nicky Hobermann vertreten, siehe Thuller (2007: 118ff.) und Sommer, der vermerkt: „Kitsch-Art-Objekte leben vom Stereotypen, gehen im Klischee auf, unterlaufen jedoch diese gelackte Schönheit mit ihrer vorgetäuschten Glückserfüllung durch Übertreibungen" (2002: 262).

[2] „In der Unterhaltungsindustrie, die an unseren emotionalen Defiziten sich bereichert, und in der gegenwärtigen politischen Präsentation ist die Herrschaft des

Menschen, die nicht als gutes Beispiel für einen schlechten Geschmack gelten möchten, geben sich angesichts dieser offenbar hochkomplexen Situation dem Kitsch allenfalls mit diskreter Zurückhaltung, im Privaten und selektiv hin, denn immer noch ist die Neigung zum Kitsch mit der Scham verbunden, ästhetischen Standards, die auch ein Ausdruck des Sozialen sind, nicht entsprechen zu können oder zu wollen. Dabei ist doch allgemein anerkannt, dass angesichts der unangenehmen Seiten des Lebens der Kitsch eine tröstende Funktion hat, holt er doch das Heile in die Welt zurück. Sollte es daher verwerflich sein, wenn Menschen im Zustand der geradezu sprichwörtlichen „existenziellen Unbehaustheit" im kitschigen Ambiente zumindest vorübergehend eine emotionale Heimstatt finden? Ist es daher angemessen, die Biederkeit des Spießbürgerlichen und den Sentimentalismus des Kitsches als Anästhesie des kritischen Bewusstseins anzuprangern? Anders gefragt: Macht Kitsch dumm? Wer aber stand noch nicht am Meer oder auf einem

---

Kitsches fast total" (Pross 1985a: 25f.). Eindrücke von Glööcklers kitschiger Selbstinszenierung vermittelt die Seite http://www.haraldgloeoeckler.de/ (02.06. 2015). Über den dort befindlichen Link „Glööckler Philosophie" erhält man folgende Information zu Person und Geschäftsidee: „Er ist, ohne Frage, eine der schillerndsten Persönlichkeiten unserer Zeit. Ein Mann, der die Extravaganz und den Glamour liebt, sich selbst gar als Reinkarnation Ludwig XIV. wähnt. Ein Mann, dem nichts glamourös, nichts pompös, nichts glanzvoll genug ist. Ein Mann, der unaufhaltsam seinen Weg geht und die Treppen des Ruhmes empor schreitet, bis er ganz oben angekommen ist. Harald Glööckler ist der erfolgreichste Designer Deutschlands. Und hat doch so wenig gemein mit dem aufgeblasenen Modezirkus der selbstgefälligen Haute-Couture-Designer aus Frankreich oder Italien. Weil er verkauft, was die Massen lieben. Und sich auch leisten können. Mode, Schmuck, Tapeten, Pralinen und Möbel, die nicht den oberen Zehntausend vorbehalten, sondern für jedermann im Teleshopping, Online-Shop oder im Laden um die Ecke für verhältnismäßig wenig Geld zu haben sind." Bei Glööckler wie auch bei Lady Gaga (vgl. http://ladygaga.co.uk/ [02.06.2015]), die den ARTPOP verkörpern möchte, sind freilich die Übergänge vom Kitsch über den Glamour zur Kunst fließend. Die Perforierung der Grenzziehung zwischen Kitsch und Kunst bestätigt Braungart: „Die einfache Entgegensetzung von Kitsch und Kunst stellt […] im Hinblick auf die Pragmatik und Performativität des Ästhetischen eine Verkürzung dar, weil sich ihr die ganz verschiedenen Interessen, Qualitäten und Grade ästhetischer Gestaltung und Inanspruchnahme nicht fügen wollen" (2002a: 3).

Berggipfel und ließ seine Gedanken in die Ferne schweifen,[3] wer verspürte noch nicht im Zustand des Jungverliebtseins den Zauber eines romantischen Sonnenuntergangs, wer hat sich nicht vom Regenbogen über einer traumhaft schönen Landschaft faszinieren lassen? Wer hat im Kino oder im Roman noch nicht ein Happy End genossen, das so gar nicht zu erwarten war? Und wer hatte noch nicht heimlich die Idee, einen Blumenkasten oder ein Beet mit einem Gartenzwerg – und sei es nur als pointiert gesetzter ironischer Fingerzeig (man ist ja „eigentlich" Vernunftmensch, zumal mit akademischem Hintergrund)[4] – zu bestücken? Wer alle diese Fragen negativ beantwortet hat, kann mit Fug und Recht von sich behaupten, eine Ausnahmepersönlichkeit zu sein. Ob im positiven oder negativen Sinne, soll dahingestellt bleiben. Wenn indes eine solche Ausnahme die Regel bestätigt, dann erscheint das Recht auf Kitsch geradezu als Menschenrecht (im Sinne von: ein Recht auf

---

[3] Gustave Flaubert setzte derartigen Konventionalisierungen, wie sie sich auch im romantisierten Kitsch ausdrücken können, mit seinem *Dictionnaire des idées reçues* ein Denkmal, dessen ironische Aussage kaum noch zu steigern sein dürfte. Hier lesen wir: « MER – N'a pas de fond. Image de l'infini. Donne de grandes pensées. Au bord de la mer il faut toujours avoir une longue-vue. Quand on la contemple toujours dire: ‹ Que d'eau! › » (Flaubert 1979: 540). Mit der Ironisierung ist das kreative Potential des *clichés* freilich bei weitem nicht ausgeschöpft. Vgl. hierzu Leinen 1990. Auch bei Alain Schifres hat der Ozean seine Spuren hinterlassen: « MER – Pour le navigateur : ‹ exigeante maîtresse ›. Pour le baigneur: ‹ bonne une fois qu'on est dedans › » (1998: 168). Zum literarischen Topos des verkitschen Ozeans notiert Hervé Laroche in seinem ebenfalls nicht ganz ernst gemeinten *Dictionnaire des clichés littéraires*: « mer : *immense* réservoir de clichés, encore plus métaphysiques que littéraires. Toujours noter son état, sa couleur, le bruit qu'elle fait, et mentionner les objets surprenants qu'on peut distinguer à sa surface (bateaux, bouées, rochers, mouettes...) *Sur la mer brillante, étrangement calme, se découpaient les voiles d'un petit cotre gréé en sloop.* Surtout, soigner les correspondances (au besoin les contrastes) avec les états psychologiques des personnages ou ceux (supposés) du lecteur. L'étendre à tout ce qui n'est pas de l'eau (*sable, cimes, corps,* etc.) » (Laroche 2003: 112f.). Offenbar besteht ein reziprokes Verhältnis zwischen der Größe des Ozeans und dem Kitsch, zu dem er inspiriert.

[4] Mögliche Hintergründe für ein solches Ansinnen erläutert Wolfgang Braungart wie folgt: „Der ironische Umgang mit dem Kitsch verrät wohl nicht nur die Lust an der Ambivalenz, am Spiel mit dem schlechten Geschmack, sondern auch die alte Sehnsucht der kulturellen Eliten nach dem Naiven, Einfachen und leicht Durchschaubaren, Nicht-Komplexen" (2002a: 23).

Mensch-Sein), das niemandem verwehrt werden dürfte. Warum sollte daher in der Welt ausnahmslos der gute Geschmack herrschen, nicht aber der Kitsch?

Derartige Gedanken erscheinen im Zeitalter des „anything goes" kaum mehr als Provokation, nachdem jahrzehntelang von Gegnern und Befürwortern des Kitsches heftige Auseinandersetzungen um das Recht auf den angeblich schlechten Geschmack geführt wurden. Hier kann nicht der Ort sein, jene Entwicklung detailliert nachzuzeichnen, die im 18. Jahrhundert mit der Auseinandersetzung über den Wert der Unterhaltungsliteratur begann – das Wort „Kitsch" war noch nicht geboren –, und im 19. Jahrhundert angesichts der wachsenden Dynamik einer industrialisierten Produktion populärer Kulturerzeugnisse Anlass zum Nachdenken über deren Legitimität bot.[5] Auch die in den ersten Jahrzehnten des 20. Jahrhunderts sich verbreitende Tendenz, die angebliche „Trivialität" des Angebotenen durch volkspädagogische Bemühungen zur Verbreitung des „guten Geschmacks" zu konterkarieren, soll nur gestreift werden. Wurde in Deutschland bis in die 1940er Jahre die kulturkritische Bedrohung des „gesunden Volksempfindens" durch den Kitsch betont, so begann nach dem Zweiten Weltkrieg eine breite wissenschaftliche Auseinandersetzung mit dem Kitsch. Sie hält bis in die Gegenwart an und beschäftigt als transdisziplinäre Konstante die Anthropologie wie die Soziologie, die Kunstgeschichte wie die Literatur- und Kulturwissenschaft, die Medienwissenschaft wie die Linguistik oder Geschichte, Theologie oder Pädagogik.

Wurde vormals Kitsch am Maßstab eines überzeitlichen Schönheitsideals gemessen, so begann man, die Historizität und gesellschaftliche Einbindung ästhetischer Urteile anzuerkennen, mit der Folge, dass die Rehabilitierung des Kitsch-Begriffs und der Kitsch-Ästhetik einsetzen konnte. Dies gilt mehr denn je für die Postmoderne, die vom verfremdenden, travestierenden oder pastichierenden Zitat lebt, der aufgrund einer alles umfassenden Intertextualität (im Sinne Kristevas) nichts mehr fremd ist, und in der auch der Kitsch

---

[5] Verwiesen sei auf Dettmar/Küpper (2007), die anhand einschlägiger Schlüsseltexte die Diskussionen über den Kitsch für die verschiedenen Disziplinen nachzeichnen, auf die Beiträge in Braungart (2002b), auf Ackermann/Laferl (2015), deren Sammelband die unterschiedlichen Diskurstraditionen des Kitsches für verschiedene Medien, Kulturen und Nationen auslotet, sowie auf Schulte-Sasse (1979) mit einer Auswahl klassischer Texte zum literarischen Kitsch.

zum Meta-Kitsch transponiert werden kann. Mehr denn je hat die Postmoderne die Unterscheidung von Kunst und Kitsch obsolet gemacht: Kitsch ist Kunst, und Kunst ist Kitsch, sodass je nach Standpunkt alles Kunst ist, aber auch alles zum Kitsch werden kann. Wie es gerade die Popkultur offenbart, hebt sich der Kitsch mittlerweile selbst auf, ebenso wie die Kunst. Die nur auf den ersten Blick ludische Brechung des Bestehenden in der mehr oder weniger direkten Allusion oder der grotesken Variation birgt aber bei näherem Hinschauen ein durchaus ernstes Ansinnen, das mit Positionen verbunden werden kann, die gesellschaftskritischer Art sind. So können durchaus politische oder gesellschaftlich relevante Aussagen aus der Gestaltung des Kitsches abgeleitet werden, bis hin zu Statements über Krieg und Terror.[6]

Ob infolge des Nachwirkens eines ahistorischen Kunstverständnisses, ob als diffuses Unbehagen gegenüber allem, was abseits des kanonisierten Höhenkamms existiert – der Kitsch besitzt in universitären Kreisen trotz einer wachsenden Akzeptanz eher noch einen randständigen Stellenwert, und wer sich als Kitsch-Forscher zu erkennen gibt, der riskiert es immer noch, bestenfalls als Exot bezeichnet zu werden.[7] Angesichts dieser Tatsache war es den in diesem Band versammelten Beiträgern ein Bedürfnis und zugleich eine Herausforderung, eine Lanze für den Kitsch zu brechen und aus verschiedenen fachlichen Perspektiven einige wenige Facetten dieses schillernden Phänomens zu untersuchen. Wenn hiermit der eine oder andere Impuls gegeben werden könnte, die Kitsch-Forschung an den Universitäten in Deutschland wie in Frankreich, aber auch andernorts als ernstzunehmendes Forschungsfeld zu etablieren, hätte sich ein wesentliches Anliegen des Kitsch-Colloquiums erfüllt, das 2011 seitens der Université de Nantes und der Heinrich-Heine-Universität Düsseldorf organisiert wurde.

---

[6] Vgl. Thuller (2007: 118ff.) sowie die Beiträge in Pross 1985b.

[7] Dieses akademische Unbehagen gegenüber dem Kitsch erscheint als Ausdruck eines übergeordneten ästhetischen bzw. wahrnehmungspsychologischen und kognitiven Problems: „Kitsch ist das schlechte Gewissen der Kunst; Kitsch und Kunst sind ein Begriffspaar, das voneinander nicht loskommt. Wir neigen überhaupt dazu, die Vielfalt kultureller Phänomene in handlichen Dichotomien darzustellen und so den Überblick in unserer Lebenswelt und unserer Kultur zu behalten. Auch wenn die Theorie literarischer Wertung und die Trivialliteraturforschung versucht haben, die Dichotomie von Kunst und Kitsch aufzulösen, so besteht der dichotomische Blick doch noch immer fort" (Braungart 2002a: 2f.).

Emmanuelle BOUSQUET widmet ihren Beitrag dem Thema *L'opéra kitsch au début du XXe siècle en Italie : l'expression d'une modernité vouée à l'échec*. Die anfangs des vergangenen Jahrhunderts in Italien sehr beliebte Kitsch-Oper wird hier als Antwort auf die politische, ökonomische und kulturelle Krise Italiens gewürdigt. Kitschige, der Ästhetik des Jugendstils verpflichtete Aufführungen sollten Alternativen zur experimentellen Theaterästhetik des Futurismus darbieten. Die kitschige Wiedergabe von Ereignissen aus der italienischen Geschichte zielte in diesen Opern auf die Schaffung einer nationalen und kulturellen Identität ab. Zudem sollte der Kitsch Künstler und Publikum einander annähern sowie die Einbindung der Rezipienten in das Bühnengeschehen erleichtern. Dieser Kitsch-Ästhetik folgend schufen D'Annunzio und Zandonai mit der *Francesca di Rimini* ein Gesamtkunstwerk, dessen Neuinszenierung durch Giancarlo del Monaco im Jahr 2011 vom Publikum wie von renommierten Kritikern mit Befremden aufgenommen wurde, da sie den Kitsch ihrer Entstehungszeit, der anfangs des 20. Jahrhunderts noch als Zeichen der Modernität wahrgenommen wurde, wieder auferstehen ließ.

Mit der bemerkenswerten transmedialen und transkulturellen Wirkungsgeschichte des Romans *Die Geier-Wally* beschäftigt sich Hans-Theo SIEPE in *Kitschig, ideologisch, schräg und schrill. Zum Heimatkitsch der Geierwally oder: Wie man mit Kitsch umgehen kann*. Sein besonderes Augenmerk richtet sich auf die zahlreichen filmischen Verarbeitungen des Stoffes, bei denen die kitschigen Gestaltungsmuster stets dem Unterhaltungsmoment dienten. Eine besondere Aufmerksamkeit verdient in diesem Zusammenhang die von Walter Bockmayer und Rolf Bührmann realisierte Fassung der *Geierwally*, da sie durch die Steigerung des Kitsches in seiner Parodie als postmoderne „Ultratrash-Parodie" das Genre des deutschen Heimatfilms in bissiger Weise persifliert.

In einer kunsthistorischen Perspektive erschließt Michael OVERDICK die Reaktionen der protestantischen Kirche auf die kitschig-bildhafte Popularisierung religiöser Botschaften im Katholizismus. *Protestantische Positionen gegen den religiösen Bilderkitsch im 19. Jahrhundert* zeichnet die zeitgenössischen Diskussionen über diese Praxis vor dem Hintergrund eines sich wandelnden Kunstverständnisses nach. Nur künstlerisch hochwertige Bilder, so die Annahme der dem Ideal der nazarenisch geprägten Kunst anhängenden

Protestanten, könnten das Herz der Betrachter erreichen, während die kitschigen Darstellungen der katholischen Glaubensbrüder eine geradezu schädliche Wirkung entfalteten. Daher sollten formal schlichte, aber künstlerisch hochwertige Darstellungen, wie sie in der verbreiteten *Bibel in Bildern* von Julius Schnorr von Carolsfeld eingebracht wurden, der religiösen Didaktik, der Läuterung des Geistes und der Erhabenheit des Glaubens dienen.

Auch Hans KÖRNER befasst sich mit der Frage, welche Strategien im 19. Jahrhundert gewählt wurden, um die Kunst vor dem Vorwurf der Anstößigkeit und der Verkitschung zu schützen. Dies geschieht jedoch in einem neuen thematischen und kulturellen Zusammenhang, wie das Thema seines Beitrags zu erkennen gibt: *Erlaubte Blicke auf die Nacktheit. Die „Doktrin der Distanz" und der weibliche Akt in der französischen Salonmalerei.* Komplexe Distanzierungsmechanismen, die anhand zahlreicher Beispiele illustriert und analysiert werden, erlaubten es der Salonmalerei, aus dem verbotenen einen erlaubten Blick auf die Nacktheit werden zu lassen. So erschienen sexuelle Appelle freizügiger Bildmotive akzeptabel, sofern sie mythologisch „verkleidet" waren, während die Wiedergabe sexualisierter Alltagssituationen ohne die mythologische und kunsthistorische Überhöhung Anstoß erregte. Der verbreitete Kitschvorwurf gegenüber der Salonmalerei erscheint dabei diskutabel, erweist sich doch die mythologische, exotisierende oder künstlerisch gebrochene „Verhüllung" der Frauenkörper als das Ergebnis subtiler Strategien, welche die Wiedergabe äußerst sinnlicher, in der Wahrnehmung der Zeitgenossen zugleich aber „reiner" Sujets ermöglichten. Die Präsentation des vermeintlichen „erotischen Kitsches" in der Salonmalerei des 19. Jahrhunderts verfüge dabei über ein emanzipatorisches Potenzial, das hinsichtlich der Thematisierung von Nacktheit jenem der musealen Räume oder Ausstellungen des 21. Jahrhunderts vergleichbar sei.

Einem gerade in romanischen Ländern seit Jahrzehnten weit verbreiteten Phänomen der Populärkultur, dem Fotoroman, widmet sich Frank LEINEN in seinem Aufsatz *‚100 % Amour, Passion, Émotion': Rezeptionslenkung und Affektsteuerung in der Zeitschrift ‚Roman photo'. Eine Fallstudie.* Die Analyse gibt zu erkennen, dass sich hinter der kitschig-banal erscheinenden Fassade des für Frauen konzipierten Unterhaltungsmagazins *Roman photo* ein ausgeklügeltes Räderwerk aus redaktionellen Beiträgen, emotional-evokativer Bildauswahl und Fotoromanen verbirgt, deren Zusammenwirken den Leserinnen emotionale Ausgleichs- und Imaginationsräume anbietet. Entgegen der verbreiteten Überzeugung, dass das vermeintlich trivialkitschige Medium dem bloßen Konsum diene, wird die These vertreten, dass die angebotenen Imaginationsräume als Freiräume genutzt werden können, in denen sich die spielerisch-kreative Kraft der Phantasie im Sinne der Widerständigkeit (nach de Certeau) entfalte. Wie sein redaktioneller Kontext, so weise auch der untersuchte Fotoroman *Il venait d'avoir 20 ans* eine ausgeklügelte Affektsteuerung auf, welche die Rezipientinnen an dem skandalträchtigen Seitensprung der verheirateten Protagonistin teilhaben ließe. Die Option der emotionalen Selbstverwirklichung werde jedoch letztlich wieder zugunsten konservativer Positionen zurückgenommen, und die emanzipatorischen Möglichkeiten des Mediums stießen wegen des Bestrebens, eine möglichst breite Akzeptanz zu finden, an ihre Grenzen. Gleichwohl werde den Rezipientinnen das Angebot unterbreitet, kraft der Widerständigkeit ihrer Phantasie je nach Lesart Alternativen zu gängigen Lebensentwürfen zu entwickeln. Angesichts dieser Tatsache unterlaufe der Romanschluss gerade durch die melodramatische Rückkehr zur geltenden Ordnung den genretypischen emotionalen Entlastungseffekt.

Günter KRAUSE (*Kitsch-Philosophie*) sieht im Begriff des Kitsches eine primär deutsche Erscheinung, die eng mit der Jugendbewegung in Zusammenhang steht und durch ihre Nähe zur Sentimentalität und in Opposition zu ‚Bildung' ein Spannungsverhältnis zum Ausdruck bringt, das Norbert Elias 1935 als dasjenige zwischen dem profilierten Geschmack der Spezialisten und dem unterentwickelten Geschmack der Masse apostrophiert hat. G. Krause beschreibt die Verwendung des Begriffs bei Kunsthistorikern, Soziologen, Literaten und Philosophen seit dem Beginn des 20. Jahrhunderts in Deutschland und weist darüber hinaus nach, dass der Begriffsinhalt von ‚Kitsch' an die früh- und hochklassische Ästhetik angebunden werden kann. Des Weiteren werden die Bedeutung des Kitsch-Begriffs im Nationalsozialismus und vor allem die Rolle des Philosophen und Pädagogen Otto Bollnow beleuchtet.

Anknüpfend an die Thematik der Kunst in der NS-Zeit stellt Patrice NEAU in seinem Aufsatz *Propagande et kitsch. Quelques réflexions sur l'art nazi et sur le réalisme socialiste* die Frage in den Mittelpunkt, inwiefern die Kunst bzw. ästhetische Dogmen in totalitären Systemen, hier des Nationalsozialismus und des Sozialistischen Realismus der UdSSR, als Kitsch betrachtet werden können. Erstaunlich sind die Ähnlichkeiten zwischen den beiden Kunstkonzeptionen, zu denen Massengeschmack, Eindimensionalität und der Rekurs auf unverdächtige Vorbilder (in Nazi-Deutschland die griechische Kunst, in der UdSSR die russische Künstlergruppe der *Peredwischniki*, französisch *Ambulants*) gezählt werden können.

In eine andere Zeit und in einen gänzlich anderen gesellschaftlichen Kontext führt der Beitrag *Traditionspflege oder Kitsch? Die Hochzeit von Prince William und Kate Middleton im Spannungsfeld zwischen nationaler Identitätsfrage und Kitsch* von Michael HEINZE, auch wenn es dort ebenso wie bei den vorangehenden Artikeln um ‚Nationalkitsch' oder ‚patriotischen Kitsch' geht. Der Autor thematisiert die Frage, wie man Ereignisse im Vereinigten Königreich Großbritannien und Nordirland wie dasjenige der Hochzeit von Prince William und Kate Middleton einschätzen kann oder soll – als Traditionspflege, nationale Identitätsfrage oder nicht doch eher als Kitsch? Der Leser erfährt aus der Feder eines Muttersprachlers Wissenswertes über die Geschichte und die spezifische Ausprägung des Phänomens ‚Kitsch' in Großbritannien.

Elmar SCHAFROTH (*Kontexte und Kreativität von ‚Kitsch' und ‚kit(s)ch'*) schließlich beleuchtet die Kitsch-Thematik von der sprachwissenschaftlichen Seite und untersucht, im Wesentlichen basierend auf etymologischen, historischen und Gesamtwörterbüchern und digitalen Textkorpora wie *COSMAS II* (für das Deutsche) und *Frantext* (für das Französische), die Herkunft der beiden Lexeme *Kitsch* und *kit(s)ch*, ihre Rolle in der Bildung neuer komplexer Lexeme (als besonders kreativ erweisen sich die Komposita des Deutschen mit *Kitsch* als Erst- und Zweitglied), rekurrente Gebrauchsmuster mit *Kitsch* (z. B. *Kunst und Kitsch, Kitsch und Kommerz, Kitsch und Kult*) sowie Bedeutungsveränderungen und -erweiterungen der beiden Wörter.

Die Herausgeber bedanken sich bei all denen, die zum Gelingen dieses Bandes beigetragen haben, insbesondere bei Kathrin Andree, deren hervorragende redaktionelle Mitarbeit große Anerkennung verdient, sowie bei Eva Mona Altmann und Bianca Ebert. Unser besonderer Dank gilt der Philosophischen Fakultät der Heinrich-Heine-Universität Düsseldorf für die Übernahme der Druckkosten.

Bibliografische Angaben

ACKERMANN, Kathrin/LAFERL, Christopher F. (2015). *Kitsch und Nation. Zur kulturellen Modellierung eines polemischen Begriffs.* Bielefeld: Transcript.

BRAUNGART, Wolfgang (2002a). „Kitsch. Faszination und Herausforderung des Banalen und Trivialen. Einige verstreute Anmerkungen zur Einführung", in: DERS. (Hg.) (2002b), 1–24.

DERS. (Hg.) (2002b). *Kitsch. Faszination und Herausforderung des Banalen und Trivialen.* Tübingen: Niemeyer.

DETTMAR, Ute/KÜPPER, Thomas (Hgg.) (2007). *Kitsch. Texte und Theorien.* Stuttgart: Reclam.

FLAUBERT, Gustave (1979). *Bouvard et Pécuchet* avec un choix des scénarios, du *Sottisier, L'Album de la Marquise* et *Le Dictionnaires des idées reçues.* Éd. présentée et établie par Claudine Gothot-Mersch. Paris: Gallimard.

LAROCHE, Hervé (2003). *Dictionnaire des clichés littéraires.* Paris: arléa.

LEINEN, Frank (1990). *Flaubert und der Gemeinplatz. Erscheinungsformen der Stereotypie im Werk Gustave Flauberts.* Frankfurt/Main u.a.: Peter Lang.

PROSS, Harry (Hg.) (1985a). „Kitsch oder nicht Kitsch?", in: DERS. (Hg.), *Kitsch. Soziale und politische Aspekte einer Geschmacksfrage.* München: List, 19–30.

DERS. (Hg.) (1985b). *Kitsch. Soziale und politische Aspekte einer Geschmacksfrage.* München: List.

SCHIFRES, Alain (1998). *Le nouveau dictionnaire des idées reçues, des propos convenus, et des tics de langage. Ou le dîner sans peine.* Paris: Lattès.

SCHULTE-SASSE, Jochen (1979). *Literarischer Kitsch. Texte zu seiner Theorie. Geschichte und Einzelinterpretation.* Tübingen: Niemeyer.

SOMMER, Peter (2002). „Kitsch-Art, ein Phänomen der Postmoderne", in: BRAUNGART (Hg.) (2002b), 259–272.

THULLER, Gabriele (2007). *Kitsch. Balsam für Herz und Seele.* Stuttgart: Belser.

Internetquellen

http://www.haraldgloeoeckler.de/ (02.06.2015).
http://ladygaga.co.uk/ (02.06.2015).

Emmanuelle Bousquet (Nantes)

L'opéra kitsch au début du XXe siècle en Italie : l'expression d'une modernité vouée à l'échec.

L'opéra est au début du XXe siècle un art central de la culture occidentale. En ce sens, il est un des témoins privilégiés des changements artistiques en Europe ; et cela depuis que l'art lyrique a obtenu, en particulier, avec Richard Wagner (cf. 1982a et 1982b), ce statut démesuré, et pour un temps indépassable, du *Gesamtkunstwerk* ou « œuvre d'art totale ». Cette forme artistique trouve un écho particulier en Italie. Elle fait corps avec les bouleversements que connaît ce pays depuis les guerres d'unification, à partir de la seconde moitié du XIXe siècle. Au début du XXe siècle, la place de l'opéra et son évolution au sein de la société italienne est aussi assimilable à l'expression de la modernité de l'époque et à tous les bouleversements qu'elle entraîne. L'usage du *kitsch* a été l'une des traductions sur scène, parmi d'autres, de la volonté de la part des artistes italiens de donner une réponse, le plus souvent vouée à l'échec, à la crise politique, économique, culturelle dans laquelle était alors plongée la Péninsule.

Gabriele D'Annunzio, poète et dramaturge, chantre de l'Unité nationale, déjà, en 1887, témoigne de cette crise lorsqu'il déclare dans un article du journal *La Tribuna* que le théâtre lyrique, l'art national par excellence, était mort et qu'il entrait dans une phase de transition dont on ne pouvait connaître le résultat. Une génération plus tard, au début du XXe siècle, les éléments dramaturgiques (livret, musique, scénographie) qui composent l'opéra italien sont plus que jamais remis en cause par les mouvements d'avant-garde; comme l'étaient, par voie de conséquence, les rôles de chacun des acteurs qui prenaient part au processus créatif : le compositeur, le librettiste, l'éditeur, le scénographe. Sont également critiquées les institutions qui œuvrent à la diffusion des opéras, en particulier, les théâtres et leur direction ainsi que les maisons d'éditions, en premier lieu les éditions Ricordi. Parmi ces mouvements contestataires, le mouvement futuriste – conduit par Filippo Tommaso

Marinetti – veut faire en sorte que l'opéra, comme l'ensemble des arts, au lieu de divertir, donne à penser. A travers la déconstruction voire la destruction des éléments dramaturgiques traditionnels et le dévoilement du processus créatif au sein de la représentation, le Futurisme se veut émancipateur du passé et dans le même temps « éducateur » des masses : le nouvel art théâtral et lyrique se doit être résolument tourné vers le « futur », la ville, le mouvement, la vitesse et la guerre. Les lieux de cet enseignement ne peuvent plus être les théâtres à l'italienne (avec la représentation sociale qu'il véhicule et avec la séparation entre l'espace où se tient le public et la scène). Cabarets, usines, théâtres extérieurs deviennent alors des scènes expérimentales pour un nouveau public. La création doit prendre le même chemin. Ainsi, le projet de *Teatro sintetico futurista* (1915) propose une action scénique au-delà de toute limite physique et morale, qui doit envahir la salle et susciter auprès des spectateurs et auditeurs des émotions jamais encore explorées. A cet effet, sont utilisées les techniques les plus modernes (éclairage, sonorisation, espace vidé de ses décors). *La casa d'Arte Bragaglia*, du nom d'un des adeptes romains, le *Teatro degli Indipendenti* installée dans les termes de Septime Sévère, est le lieu privilégié où les artistes s'efforcent de mettre en pratique cette vision inédite. On y représente par exemple le ballet de Stravinsky, *Feu d'artifice* (1917) sous la forme de jeux de lumières et de volumes ainsi que diverses revues de pantomimes.[1] Des compositeurs comme Luigi Russolo avec son *Art des bruits*[2] ou Giovanni Pratella avec des œuvres comme *L'aviatore Drò*[3] ou Vladimero

---

[1] Biet/Triau 2006.

[2] Luigi Russolo écrit le 11 mars 1913 ce manifeste, où il théorise notamment l'emploi du son-bruit dans le domaine musical et prévoit l'avènement d'une musique nouvelle qui trouvera son inspiration dans les nouveaux bruits produits par les machines inventées par l'homme. Ce manifeste et l'ensemble des théories développées par Russolo constituent aux yeux de certains « les bases du renouveau musical du XXe siècle ». Russolo étend la musique jusqu'à lui faire accepter tous les sons et bruits imaginables. Par la suite, il réalise avec Ugo Piatti des machines sonores baptisées « Intonarumori » (littéralement «joueur de bruits»), qui préfigurent ce que seront plus tard la musique concrète et la musique électronique.

[3] *L'Aviatore Drò*, poème tragique en trois actes de Francisco Balilla Pratella, livret du compositeur. Première représentation à Lugo di Romagna, théâtre Rossini, 4 novembre 1920.

Miletti dans ses tentatives de mélanges des arts comme *Aria di Jazz* (1934: 29) témoignent encore de cette modernité didactique plutôt qu'émancipatrice :

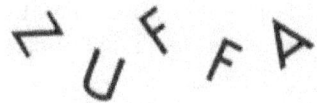

Cette expression de la modernité ne semble pas avoir d'avenir (elle en aura plus tard auprès de compositeurs tels que John Cage, Pierre Schaeffer ou Pierre Henry), si l'on note le peu de succès rencontré et le petit nombre d'œuvres écrites selon ces principes, et cela, malgré les critiques positives mais de parti-pris parues dans les quotidiens et les revues spécialisées bientôt au service de l'idéologie fasciste.

A ces mouvements d'avant-garde, Umberto Eco oppose, dans son *Histoire de la laideur* (2007), l'usage du *kitsch*.[4] Contre la contestation systématique des anciens modèles, établie comme règle dans l'art futuriste, l'utilisation du *kitsch* illustre le lien entre artiste et public. L'expression du détail alliée à l'exagération des procédés dans la musique, les dialogues, les décors ou la mise en scène doit aboutir à une adhésion renforcée du public (et non son éducation, comme je le signalais précédemment en ce qui concerne l'art avant-gardiste). Son utilisation est d'autant plus facilitée que les nouvelles

---

[4] Le *kitsch* est décrit dans le chapitre « la laideur d'autrui », immédiatement avant celui consacré au « Camp ».

technologies participent à l'excès qui le caractérise : l'usage de plus en plus innovant des lumières[5] et l'intérêt accru pour le cinéma, bientôt concurrent direct des spectacles lyriques ; ce qui oblige l'accentuation du caractère « total » des œuvres et le renforcement des effets à travers la mise en scène, en accélérant le rythme des scènes et surtout en stigmatisant le réel par l'accumulation de détails scéniques. Puisant ses exemples dans l'art italien de cette époque, Umberto Eco définit le *kitsch* comme « ce mélange que les artistes s'évertuent à réaliser de ce qui relève des principes d'un art classique, facilement reconnaissable et donc 'consommable' par la masse » ; il le compare à « l'Art, dans ce qu'il pouvait apparaître de plus 'aristocratique' » (2007 : 400). Cette définition, proche de celle lancée par Gabriele D'Annunzio, rappelle l'expression de l'Art du début du XXe siècle dans ce qu'il a de « Nouveau ».

Nombre de compositeurs de la *Giovine scuola* italienne tels que Ruggero Leoncavallo, Alfredo Catalani, Francesco Cilea, Umberto Giordano, Riccardo Zandonai partagent la vision de la modernité prônée par D'Annunzio. Contrairement au vérisme – autre expression de la modernité – dont le mot d'ordre est de traduire sur scène le réel à travers des faits, des actions et des sentiments, ces compositeurs cherchent, avant tout à sublimer le réel et à questionner le monde.[6] Les œuvres de Gabriele D'Annunzio[7] offerts à ces

---

[5] Il faudra cependant attendre l'entre deux guerres pour que les avancées en ce domaine proposées par l'école allemande d'architecture ou des scénographes tels que Edward Gordon Graig – opposé au vérisme et l'historicité, et centré sur la symbolique des personnages – puissent rivaliser avec les toiles peintes. Des avancées souvent refusées par les éditeurs et les théâtres et ce malgré l'intérêt que les compositeurs portaient à ces évolutions.

[6] Du vérisme et son expression sur scène, ces auteurs ont gardé l'exaltation de la voix et de l'orchestre, celle des sentiments au travers des livrets aux propos provocateurs.

[7] D'Annunzio se lie, entre autres, à Franchetti pour *La figlia di Iorio* (1906), Pizzetti pour *La Nave* (1908), *I Pastori* (1909) et *Fedra* (1915), Debussy pour *Le martyr de Saint Sébastien* (1911), Mascagni pour *Parisina* (1913), Zandonai pour *Francesca da Rimini* (1914), ainsi que Montemezzi pour à nouveau *La Nave* (1918). Ces nombreux compositeurs qui partagent avec D'Annunzio cette longue période de création ne se distinguent pas par des différences de talents mais par des références diverses à la modernité musicale. Mascagni, Zandonai et Montemezzi sont encore liés à la tradition italienne, même s'ils se rapprochent de

compositeurs sont ainsi exemplaires de cette volonté nouvelle ; premier entre tous, *Francesca da Rimini*, créée, à Rome, au Théâtre Costanzi, en 1901.[8] L'adaptation de la pièce de théâtre en opéra, treize ans plus tard, par Riccardo Zandonai et Tito Ricordi s'en fait, à son tour, l'écho. L'abondance des décors, la richesse des costumes, la multiplication des rôles, l'ampleur de la scénographie, tout en contraste dont rendent compte les didascalies dannunziennes sont reprises sans aucune modification dans le livret de l'opéra. Le tout est renforcé par une multiplicité de couleurs au chant et à l'orchestre qui redessine, sans pour autant le singer, un monde infini et à la fois uni tout entier sur scène.

Cette œuvre symbolise une union patriotique rêvée entre un public, son auteur, D'Annunzio et un compositeur, Riccardo Zandonai. Il rend ainsi hommage aux fondements mêmes de la culture italienne, à ses artistes et à ses écrivains illustres : le thème de *Francesca da Rimini* s'inspire de deux textes du XIVe siècle, le chant V de l'*Enfer* de la *Divine comédie* de Dante et une

---

différentes façons de la culture européenne. Au contraire, Pizzetti, Debussy et Malipiero cherchent à créer des espaces individuels : Debussy veut se renouveler après le succès de *Pelleas et Melisande* (1902), pour Pizzetti et Maliperio, l'impératif est de ses soustraire au mélodisme des successeurs de Verdi. La rencontre avec D'Annunzio devient une étape obligée dans leurs parcours, avec une différence notable entre le compositeur français et les deux créateurs italiens. Debussy rencontre le dramaturge en France, ce dernier y a assimilé la langue, l'esthétique et l'esthétisme du courant décadent français. Pizzetti et Malipiero, à l'inverse, s'associent, chacun de leur côté au poète, et espèrent trouver dans sa poésie, un moyen de les conduire sur des terrains encore inconnus.

[8] *Francesca da Rimini* de Gabriele D'Annunzio mise en scène pour la Duse le 9 décembre 1901. Cette dernière, principale mécène des spectacles grandioses de D'Annunzio, engage plusieurs acteurs connus et le styliste de renom Mariano Fortuny pour les ébauches de la mise en scène. D'Annunzio écrit la pièce mais dirige également les répétitions, il établit les jeux de scène et de décor, il choisit les tissus, il dessine les costumes, les armes, le matériel de guerre, il guide les mouvements de foule, il organise les feux de bataille et souvent il construit les objets qui apparaissent sur scène. Le climat moyenâgeux ainsi mis en place commande le jeu des acteurs en particulier l'usage de la prononciation « faux antique » que le poète aimait à utiliser. Ce langage recréé qui évoque la langue du trecento ne se réfère en réalité à aucune langue régionale italienne ; il s'agit d'une langue exotique dont l'auteur se sert à surmonter l'impasse que représente pour lui l'italien parlé. La musique de scène composée par Alessandro Scontrino corrobore l'originalité de ce langage.

nouvelle inspirée de l'histoire de *Francesca* attribuée à Boccace et objet d'une nouvelle publication au XIXe siècle. Cet ancrage dans l'histoire et la culture italiennes assure à l'auteur, Gabriele D'Annunzio, comme au compositeur, Riccardo Zandonai, une légitimité nationale. Tous deux intègrent en même temps ce récit dans un mouvement artistique attentif à la restitution d'une époque. Il ne faut pas voir, pour autant, dans cet effort, le souci d'une restauration purement archéologique mais bien, comme le suggère D'Annunzio dans sa pièce de théâtre, et en particulier au travers des didascalies, la représentation d'une Italie immuable, célébrée sur scène, qui rassemble les acteurs comme le public, dans un même théâtre, tous unis dans une même célébration.

Bien que proche, dans son rôle métaphorique, de l'usage qui en est fait à l'époque médiévale, âge d'or de la civilisation italienne, l'usage du symbole utilisé dans la scénographie dannunzienne tourne pourtant au pastiche et s'accorde à l'expression du *kitsch*. Il ne recouvre plus, alors, la même signification. Tout comme dans l'acte II et IV, la coupe de vin est représentation d'une eucharistie mais aussi de l'enchantement amoureux, dans les actes I et III, le groupe de jeunes filles qui apporte des guirlandes de narcisses blancs et de violettes tenues par un fil d'or, projections médiévales chrétiennes de la pureté et de la croyance dans la foi, suscite de fait le désir et l'amour terrestre des héros du drame plus que celui d'une transcendance divine.[9]

---

[9] L'affiche en couleur de L. Palanti représentant Francesca et Paolo enlacés présentent bien plus le désir dans un style fin de siècle qu'il n'insiste sur la dimension mystique de l'œuvre.

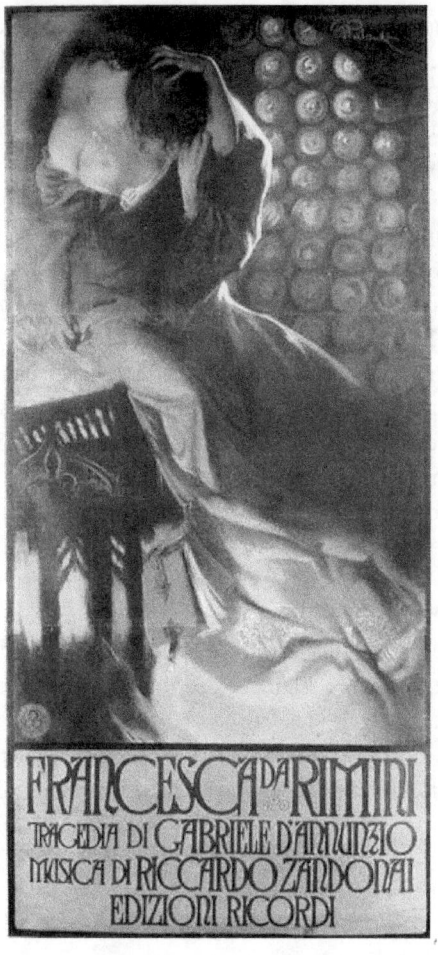

Il se veut au service d'un art que Zandonai désigne le plus souvent dans sa correspondance comme « aristocratique »,[10] en contradiction affirmée avec les mouvements réaliste et vériste qui dominent encore à cette époque la scène opératique en Italie et le mouvement décadent dont témoigne pourtant l'affiche présentée plus haut. En ce sens, Zandonai utilise abondamment les références à l'œuvre de Wagner dont il fait un modèle à égaler : « Qui sait si

---

[10] Zandonai emploie cette expression à plusieurs reprises dans sa correspondance.

ce ne sera pas un *Tristan et Isolde* italien » écrit-il ainsi à son ami Leonardi, en 1912. Les réminiscences wagnériennes sont musicales mais aussi littéraires. Comme D'Annunzio l'avait fait en son temps dans sa pièce de théâtre, Zandonai maintient la structure théâtrale classique du troisième personnage imaginé par le compositeur allemand, Melot, l'ami fidèle de Tristan qui trahit par jalousie et le dénonce au roi Mark. Dans *Francesca da Rimini*, le compositeur fait du jeune Malatestino un personnage semblable, dont la rivalité avec ses frères provoque le dénouement tragique de l'opéra. Il inclut ensuite d'autres références au drame lyrique par le biais de digressions théâtrales. Dès le premier acte, le jongleur chante aux jeunes suivantes de Francesca « le grand amour du bon Tristan et de la fleur Iseult ». Au cours de l'acte III, les jeunes filles rappellent encore la passion des deux amants. Dans les opéras wagnérien et zandonien, l'héroïne subit l'effet imparable du philtre d'amour. Le vin, aux propriétés identiques, apporté par l'esclave Smaragdi, personnage secondaire proche de celui de la servante d'Isolde, révèle un même amour déjà réalisé au moment de la rencontre des futurs amants. Le lien étroit entre les deux récits s'affirme au cours de l'ultime nuit du drame, lorsque d'une fenêtre ouverte sur la mer, comme les héros wagnériens, Paolo et Francesca acceptent leur destin. Cela donne prétexte à une scène parmi les plus célèbres de l'opéra, également décrite en détail dans les didascalies. En écho à l'histoire du cycle de *Tristan et Isolde*, en écho à Dante, le livre de Lancelot du lac du cycle arthurien est placé en évidence sur un pupitre. Il scelle métaphoriquement le rapprochement progressif et inévitable des amants :[11]

---

[11] *Francesca da Rimini*, Metropolitan Opera, New York, 1916, acte III.

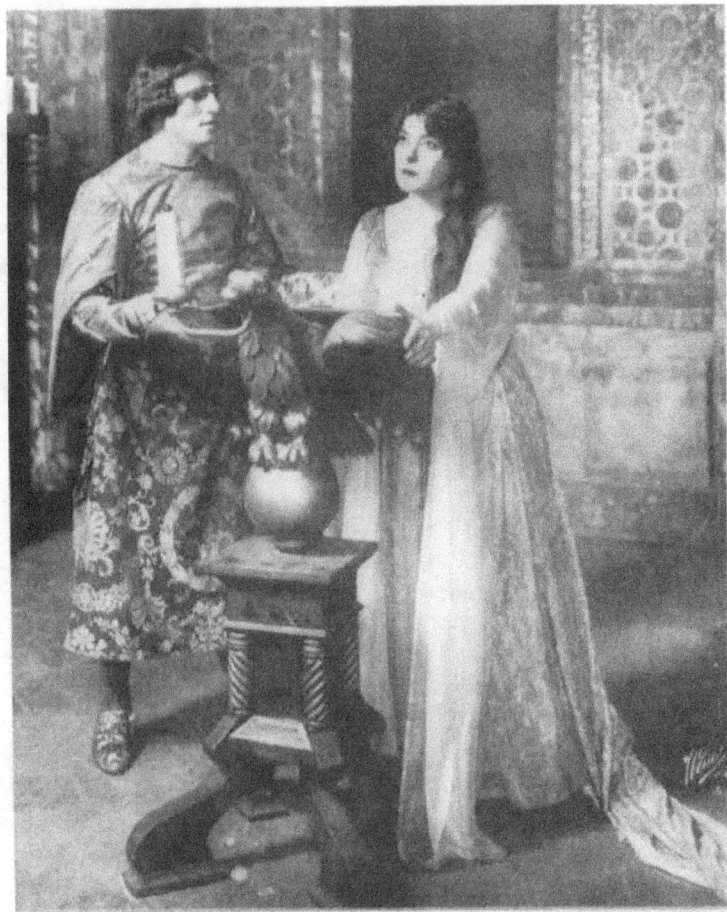

Scene from Act III of "Francesca da Rimini", Which Had Its American Première at the Metropolitan Opera House on Dec. 22. "Paolo" (Mr. Martinelli) and "Francesca" (Mme. Alda) Reveal Their Mutual Love While Reading the Legend of Guinevere.

Toutes les représentations de *Francesca da Rimini* reflèteront non seulement cette nature artificielle, mais aussi cette élévation du théâtre lyrique qui doit parler à tous et non seulement à une élite, dans une vision à la fois très réaliste et surchargée de détails pour répondre à cet accord voulu et désiré à travers l'expression du *kitsch* définit par Umberto Eco. Parmi les représentations les plus récentes dont nous possédons des images, celle du Metropolitan Theater, en 1983, avec Renata Scotto et Placido Domingo, redonne vie à cet élan *kitsch* début de siècle :[12]

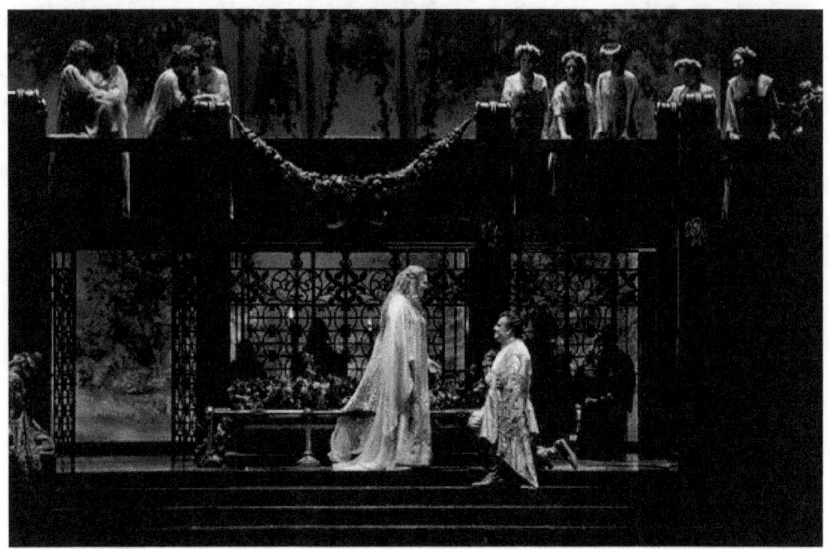

La version de l'opéra donnée à l'Opéra Bastille, en 2011, mise en scène par Del Monaco avec Roberto Alagna et Svetla Vassileva l'est encore plus dans le sens où elle cumule, dans une mise en abyme, la vision *kitsch* dannunzienne et réélaborée par le metteur en scène Giancarlo Del Monaco. Ainsi, le décor reprend des éléments parmi les plus incongrus de la villa dannunzienne (décors muraux, citrouille en verre, multiplication des éléments floraux, prou de corvette militaire), les costumes rappellent à la fois l'intemporalité de l'intrigue et les références à la légende de Tristan et Iseult (duo entre Paolo et Francesca). L'ensemble doit présenter au public du XXIe siècle, cent ans après la Première représentation de l'opéra, la volonté de D'Annunzio et celle de Zandonai d'inscrire cette œuvre dans un art total, poussé à l'extrême dans l'expression des éléments dramaturgiques :[13]

---

[12] *Francesca da Rimini*, Metropolitan Opera, New York, 1983, acte III.
[13] *Francesca da Rimini*, Opéra Bastille, Paris, janvier-février 2011, photos de l'acte I et IV.

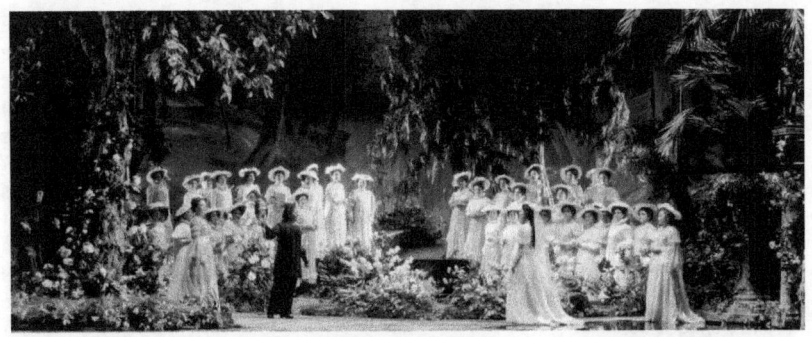

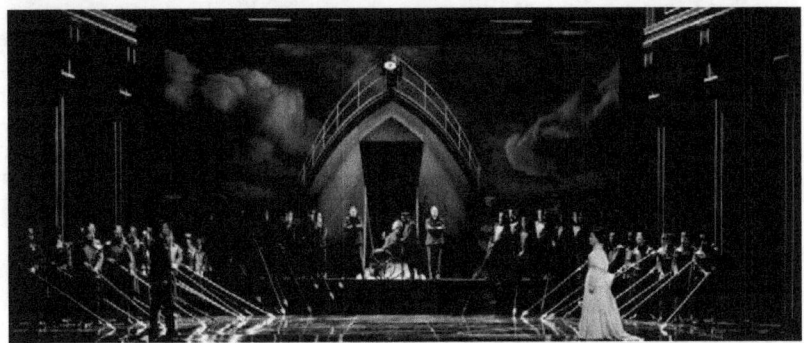

Cette mise en scène a été incomprise et décriée par le public lors de la Première et par la critique. Preuve en est, ces différentes critiques publiées au lendemain des représentations parisiennes :

> (…) Il reste la mise en scène… Moins on en dira, mieux ça vaudra. Que Giancarlo del Monaco aime les lectures illustratives, certes ; mais qu'il se contente d'un décor colossal et lourdaud pour y caser les chanteurs avec une imagination de Playmobil : quel gâchis ! « Ce chef-d'œuvre inconnu aurait dû le rester », perruchait un élégant, à l'entracte. Monsieur, pour éviter le naufrage, il fallait fermer les yeux…[14]

Noël Tinazzi écrit encore pour la revue *Rue du théâtre* :

> Comment mettre en scène cette histoire de bruit et de fureur traversée par une foule de personnages et censée se passer au XIIIème siècle ? Le metteur en scène

---

[14] http://www.lefigaro.fr/theatre/2011/02/02/03003-20110202ARTFIG00691-roberto-alagna-de-retour-a-l-opera-de-paris.php (26/05/2015).

> Giancarlo del Monaco a renoncé à la reconstitution historique et a préféré la mise en abîme. Il en a fait le fruit de l'imaginaire de d'Annunzio, une vision qu'il a située dans son palais des bords du Lac de Garde, le Vittoriale, que le poète nommait justement le « lieu de l'imaginaire ». En fait, ceux qui connaissent l'endroit le trouvent d'un *kitsch* inouï, surchargé d'un fatras d'objets de toutes sortes et de reproductions d'oeuvres d'art, sculptures, peintures...
> Sur la scène de la Bastille, on passe donc de la cour fleurie d'un palais médiéval façon troubadour 1900, à la tour néo-gothique de Rimini d'où parvient l'écho d'une invisible bataille avant de pénétrer dans l'étouffante chambre de Francesca, copie de celle de d'Annunzio. Le tout sous les auspices très mortifères du masque mortuaire du poète dont la photo est projetée sur le rideau de scène entre chaque acte.
> Résultat, l'opéra qui se voudrait évanescent est plombé par tant de citations et l'art Nouveau qu'il revendique paraît très daté. De plus, il faut attendre l'arrivée de Roberto Alagna au deuxième acte pour trouver quelque charme à la musique qui jusque là semble noyée dans la grandiloquence et le pompier. Et il faut passer le cap des deux premiers actes (et des entractes qui les ponctuent) pour voir l'opéra décoller et s'intéresser vraiment au sort de deux amants. Encore trouve-t-on bizarre, et passablement pervers, de les entendre toujours évoquer des antécédents célèbres, Tristan et Yseut, Lancelot et Guenièvre, pour s'échauffer avant – si l'on peut dire – d'entrer en matière![15]

Et il ajoute plus loin :

> Le bonheur d'entendre enfin l'ouvrage en scène est certain. Celui de le voir beaucoup plus modéré. Importée de Zurich, la production de Giancarlo del Monaco déçoit et par son concept global, et par sa mise en œuvre. Plutôt que nous plonger dans l'atmosphère médiévale fantastique et morbide de Dante, le metteur en scène nous invite dans les surcharges fastueuses de l'époque de Gabriele d'Annunzio. Je n'ai par principe rien contre les transpositions temporelles. Pourtant, renoncer à tout ce que peut-avoir de suggestif les ombres et noirceurs d'un Moyen-âge légendaire me paraît incompréhensible à qui se contente d'une lecture au premier degré. Cet opéra appelle à l'onirisme, à l'imaginaire. Le banaliser de la sorte jure avec tout ce que ce sujet possède d'originale grandeur, de force poétique et expressive. Nous attendions une histoire d'amour morbide où se mêlent sang, sperme et sueur, et on nous sert une comédie bourgeoise. Lorsque l'histoire est plus grande que nature et touche au mythe et à l'onirisme, le meilleur traitement reste souvent la suggestion la plus simple. Ici, Giancarlo del Monaco nous inonde de tout un fatras de décors et de costumes lourds, indigestes et abominablement kitsch qui tue tout imaginaire à l'œuvre. Qui voudrait croire que ces amants sont de légende dans leur intérieur bourgeois surchargé de luxes de nouveaux riches et de statues colossales enfilées les unes derrière les autres ? Pire encore, la débauche de décors surchargés impose un découpage de l'œuvre

---

[15] http://www.ruedutheatre.eu/article/1239/francesca-da-rimini/ (26/05/2015).

assassin : trente minutes puis entracte, trente minutes à nouveau, puis entracte encore, et enfin une heure trente de troisième partie entrecoupée de deux précipités bien longuets... Pour parachever ce pénible tableau, ne reste plus qu'à ajouter sans coup férir une direction d'acteurs digne des plus mauvais soirs des Arènes de Vérone : soldats en rang par deux et en petite foulée sortis tout droit d'Astérix, attitudes caricaturales, tombées à genoux et autres signes de croix, course poursuite en chaise roulante, et même l'ultime image, vulgaire à souhait, d'un Giovanni brisant en deux sa lance de rage... N'en jetons plus : l'entreprise est un échec, et bien souvent d'un goût fort douteux, à l'instar de ce masque funéraire de d'Annunzio que nous impose la production en rideau de scène, et même parfois en surimpression. Preuve s'il en est qu'à trop vouloir souligner on ne montre plus rien, et que la débauche de moyens ne remplace jamais une sensibilité vraie. Le tombereau de huées déversées par la salle sur le metteur en scène lors des saluts finals – mais aussi à l'issue des premiers tableaux – n'est décidément pas volé. Devant tant de vieilleries désormais tant datées dans leur esthétique théâtrale, on glisserait volontiers à l'oreille de Nicolas Joel ce mot si juste de Gustav Mahler : « La tradition c'est la transmission du feu et non pas des cendres. »[16]

Dans ce temple de la haute culture, le public semble avoir été bafoué par une représentation qui ne symbolise pas sur scène l'image de la modernité du début du XXe siècle, telle qu'il se l'imagine au début du XXIe siècle. Les questionnements au centre de la pensée occidentale depuis le romantisme, sur les liens entre « nature et culture » qui sous-tend l'ensemble des théories artistiques que nous avons cités, semblent ne plus être viables. Elle est l'une des clés pour saisir l'expression du *kitsch* sur scène au début du XXe siècle, symbole d'un art aristocratique et partagé par tous et dont la vision présentée sur la scène de l'opéra Bastille se veut l'illustration.

Faisant fi du vrai et du factice, de la beauté et de la laideur, de l'ancien et du moderne, l'inspiration du poète D'Annunzio est très symboliquement et en totalité rassemblée dans la villa qu'il occupe près du lac de Côme, le *Vittoriale degli Italiani*. Elle est, telle une scène de théâtre, le lieu central de sa pensée tout entier consacré à rendre visible, palpable, sa « représentation totale » du monde. Mais là où l'esthétique depuis l'Antiquité jusqu'à la Renaissance et plus tard celle de Richard Wagner – dont D'Annunzio n'a jamais caché les influences – renvoyaient à un possible ordonnancement du monde, c'est la fonction purement poétique, sans ordre apparent, des

---

[16] http://operachroniques.over-blog.com/article-francesca-da-rimini-bastille-31-01-2011-67055664.html (26/05/2015).

accumulations *ad infinitum* qu'ils entassent dans la vie comme dans ses pièces de théâtre devenues livrets d'opéras qui nous interpelle ici. Et c'est bien un culte pour l'exceptionnel, très « aristocratique », si cher à D'Annunzio, qui nourrit ces précieuses collections tout autant que ses œuvres théâtrales perdues dans une nature-jardin totalement recomposée. L'exagération des scénographies florales dannunziennes utilisées à cette époque au théâtre comme à l'opéra met ainsi en évidence un goût *Liberty* très prononcé. Cette nature reconstruite sur scène et artificielle dans sa représentation qui fonde l'Art Nouveau, est, à cette époque, un des éléments du *kitsch* européen particulièrement prisée par le public. Le théâtre lyrique symbolise en effet bien plus qu'un lieu social, il est aussi un lieu d'utopie où se mêlent des imaginaires multiples : celui des acteurs de la création mais encore des publics. Il est un espace géographique qui concentre les bouleversements historiques et intimes de ceux qui le peuplent. Dans l'espace européen à cheval entre le XIXe et le XXe siècle, ce lieu idéal ne cesse d'être questionné, modifié, renouvelé. En Italie, le lieu théâtral devient le témoin des bouleversements sociaux, politiques et artistiques auxquels, comme nous l'avons précisé précédemment, sont confrontés les artistes. Nous revenons, par ce biais, aux origines de l'opéra, c'est-à-dire une représentation du monde. Cet idéal est repensé en ce début de XXe siècle à travers l'union des subjectivités, celle des acteurs du processus créatif (compositeur, librettiste, metteur en scène, entre autres) et du public, et cela afin d'obtenir une adhésion universelle, au-delà du temps, de l'espace et des modes. Pour Riccardo Zandonai, la scène cumule ses inspirations. Contrairement aux avant-gardes qui verront dans le lieu théâtral l'espace rétrograde à bannir de toute modernité, l'espace théâtral – le bâtiment comme la scène – demeure, aux yeux du compositeur, comme à ceux de beaucoup d'autres, mais toutefois sans beaucoup d'avenir, un lieu cathartique de l'altérité sociale et individuelle.

Bibliographie

BIET, Christian/TRIAU, Christophe (2006). *Qu'est-ce que le théâtre.* Postface d'Emmanuel Wallon. Paris : Gallimard.

ECO, Umberto (2007) (dir.). *Histoire de la laideur.* Traduit de l'italien par Myriem Bouzaher, traductions du latin et du grec par François Rosso. Paris : Flammarion.

MILETTI, Vladimero (1934). *Aria di Jazz*, Trieste : Edizioni dell'Alabarda.

RUSSOLO, Luigi (2003). *L'Art des bruits.* Manifeste Futuriste 1913. Paris : Allia.

WAGNER, Richard (1982a [^{1}1849]). *L'Œuvre d'art de l'avenir.* Paris : Éditions d'Aujourd'hui.

WAGNER, Richard (1982b [^{1}1851]). *Opéra et drame.* Paris : Éditions d'Aujourd'hui.

Pages web

http://www.lefigaro.fr/theatre/2011/02/02/03003-20110202ARTFIG00691-roberto-alagna-de-retour-a-l-opera-de-paris.php (26/05/2015).

http://www.ruedutheatre.eu/article/1239/francesca-da-rimini/ (26/05/2015).

http://operachroniques.over-blog.com/article-francesca-da-rimini-bastille-31-01-2011-67055664.html (26/05/2015).

Hans T. Siepe (Düsseldorf)

Kitschig, ideologisch, schräg und schrill.
Zum Heimatkitsch der Geierwally oder:
Wie man mit Kitsch umgehen kann.

> Tief unten durch's Oetz-Thal zog ein fremder Wanderer. Oben in Adlershöhe über ihm am schwindelnden Abhang stand eine Mädchengestalt, von der Tiefe heraufgesehen nicht größer als eine Alpenrose, aber doch scharf sich abzeichnend vom lichtblauen Himmel und den leuchtenden Eisspitzen der Ferner. Fest und ruhig stand sie da, wie auch der Höhenwind an ihr riß und zerrte, und schaute nieder schwindellos in die Tiefe, wo die Ache brausend durch die Schlucht stürzte und ein schräger Sonnenstrahl in ihrem feinen Sprühregen schimmernde Prismen an die Felswand malte. (...) Schrankenlos war ihr Muth und ihre Kraft, als hätte sie Adlerfittige, schroff und unzugänglich ihr Sinn wie die scharfkantigen Felsspitzen, an denen die Geier nisten und die Wolke des Himmels zerreißen.

So heißt es am Anfang des Romans Die Geier-Wally von Wilhelmine von Hillern, der 1875 zunächst als Fortsetzungsroman in zwei Teilen erschienen war. Auch 100 Jahre später wird er noch – zum Teil modifiziert – aufgelegt und in mehrere Sprachen übersetzt.[1]

Dies war ferner der erste deutsche Roman, der 1877 in der *Revue des deux Mondes* erschienen ist, in einer Besprechung und in Auszügen, im gleichen Jahr wurde er zudem in Frankreich bei Hachette unter dem Titel *La Fille au Vautour, récit des Alpes tyroliennes* in einer Übersetzung von Jules Gourdault publiziert. In der *Revue des deux Mondes* heißt es über den Roman, er sei „un conte rustique, plein d'une saveur originale, d'une énergie un peu sauvage, et qui en certains endroits, pour la hauteur du coloris, semble prendre figure d'épopée" (Revue des deux Mondes 1877: 353).

---

[1] Der ursprüngliche Text ist in einer Ausgabe von 1883 verfügbar auf https://archive.org/details/geierwallyeineg00hillgoog (16.01.2014).

Dass die Autorin den Stoff fünf Jahre später als Theaterstück adaptierte und damit weiter popularisierte, dass 1960 und dann auch in den 1980er Jahren erneut Theaterfassungen auf die Bühnen kamen – dies alles mag den lang anhaltenden Erfolg dieses Romans beim Lese- und Theaterpublikum veranschaulichen. Selbst in den Opernhäusern gibt es seit der Uraufführung 1892 in der Mailänder Scala bis heute noch *La Wally* des italienischen Komponisten Alfredo Catalani zu sehen und zu hören.[2] Victor von Bülow (alias Loriot) bemerkte einmal treffend:

> Um das Jahr 1800 wurde in der ötztaler Bergwelt weder Ski gelaufen noch gerodelt. Stattdessen lauschten missgelaunte Dörfler dem Brunftschrei der Hirsche und ergingen sich in hochalpiner Eifersucht. Der ideale Hintergrund für eine ebenso melodiöse wie absurde italienische Oper.[3]

Die Verbindung von Sehen und Hören kommt jedoch besonders in einem anderen Medium, dem Film, zum Tragen, und bereits 1921 wurde die Geier-Wally in den damals noch jungen Kinos gezeigt.[4] 1940 drehte dann der Regisseur des nationalsozialistischen Propagandafilms *Hitlerjunge Quex* von 1933, Hans Steinhoff, seine äußerst populäre Fassung der Geier-Wally, ein Vierteljahrhundert später gefolgt von einer dritten Verfilmung:

> Die Rolle der Wally spielte Heidemarie Hatheyer, die schon vorher mit Luis Trenker gearbeitet hatte (...). Diese Geier-Wally als „monumentales Bergdrama" mit ihren eindrucksvollen Bildern ist in seiner Ästhetik ein typisch nationalsozialistischer Film, dem keine direkte Propaganda nachzuweisen ist, der aber trotzdem als Träger der ideellen Werte und Vorstellungen des Nationalsozialismus fungiert. (...) Die Geier-Wally von 1940 wird bis heute in regelmäßigen Abständen immer wieder im Fernsehen gezeigt.
>
> Im Zuge der massenhaft produzierten Heimatfilme der fünfziger Jahre wurde die Geier-Wally erneut verfilmt (...) und am 30.8.1956 in Düsseldorf uraufgeführt. Die Titelrolle spielte Barbara Rütting, eine bekannte Filmschauspielerin. Die Geierwally von 1956 war ein Erfolg, der sich nur auf die fünfziger Jahre beschränkte. (Päsler 1995: 29f.)

---

[2] Alfredo Catalani: *La Wally*; Dramma lirico in vier Akten; Libretto von Luigi Illica nach dem Roman *Die Geier Wally* von Wilhelmine von Hillern.

[3] Frey 2013.

[4] Regie: Ewald André Dupont.

Dennoch erschien 1967 eine vierte Verfilmung von Gretl Löwinger. Man kennt weiterhin ein steirisches Musical von Reinhard P. Gruber, und die letzte Verfilmung durch Peter Sämann, eine TV-Produktion mit Christine Neubauer als Wally, die von sieben Millionen Zuschauern gesehen wurde,[5] stammt von 2005, vorgestellt in einer Fernsehzeitschrift eben als „Heimatfilm" mit folgendem Stoff:

> Bergbauer Franz Flender will seine Tochter Wally mit dem wohlhabenden Landwirt Joseph Gruber verheiraten. Von Joseph schon einmal enttäuscht, widersetzt Wally sich seinem aufrichtigen Werben, worauf der verbohrte alte Flender seine eigensinnige Tochter vom Hof vertreibt. Seine intrigante Magd Veronika hat nur auf diese Gelegenheit gewartet, um sich als Bäuerin aufzuspielen und den reichen Witwer Joseph zu umgarnen. (Prisma)

„Unterhaltung", das ist hier das Stichwort, dem die Geierwally in allen medialen Gestaltungen nachkommt, und man kann davon ausgehen, dass wir es hier mit einem melancholisch-gefühlstrunkenem Unterhaltungskitsch zu tun haben, der nicht nur in schablonenhafter Reduktion einem breiten Publikum über viele Jahrzehnte hinweg „Identifikationsmöglichkeit per Rührung" (Langenbucher nach Päsler 1995: 31) bereitstellt, sondern natürlich auch in seinen Typisierungen moralische Fixierungen bzw. Ideologien transportiert, beispielsweise über die gesellschaftlich angemessene Rolle der Frau.

Und so ist es auch (fast) zu erwarten, dass die Darstellung des Erzählten im deutschen Wikipedia für ein breites Publikum einen ungewöhnlich breiten Raum einnimmt, der hier im Kleindruck vier Druckseiten umfassen würde. Im französischen Wikipedia geht es mit der Zusammenfassung dagegen etwas kürzer:

> Dans les Alpes du Tyrol vers 1840. Wally, (...) une jeune montagnarde, est la fille unique d'Aloïs Fender, (...) un riche veuf, agriculteur dans la vallée d'Ötztal. Elle est jeune, belle, intrépide, volontaire et travaille à la ferme comme un homme. Quand au péril de sa vie, elle escalade une falaise et capture un jeune vautour dans son aire malgré les attaques d'un rapace, elle suscite l'admiration de son père mais le mépris de Joseph,(...) surnommé "L'ours", un jeune chasseur qui chasse avec le châtelain de la vallée (...), Il la tourne en ridicule en l'appelant "La fille au vau-

---

[5] BR-online (2008).

tour" car il pense qu'une jeune fille ne peut porter des pantalons et grimper dans les montagnes alentour.

Ce qu'il ne perçoit pas encore, c'est que Wally est follement éprise de lui et trop fière pour se l'avouer. Pour compliquer les choses, son père veut la marier à Vinzenz, (…) un fermier voisin mais Wally ayant de la répulsion pour ce dernier et se consumant d'amour pour Joseph refuse tout net. Fou de colère, le vieux Fender la corrige avec un bâton et comme elle ne veut pas changer d'avis, malgré ses pleurs, il lui ordonne d'aller vivre dans une hutte qu'il possède très haut dans la montagne jusqu'à ce qu'elle capitule.

Là-haut, dans la neige et près des glaciers, au-dessus des nuages, avec pour seule compagnie Hansl, le vautour qu'elle a apprivoisé, elle maudit le monde qui la tient à l'écart.

Elle reviendra au village et après avoir suspecté Afra (…) d'avoir séduit Joseph qu'elle épousera, elle rendra la liberté à son vautour, fidèle compagnon de ses infortunes.[6]

Es geht hier nun nicht darum, Elemente von Kitsch in diesem Roman bzw. in dessen Verfilmungen nachzuweisen, sondern um die Frage, wie man mit Kitsch umgehen kann, den ich für diesen Roman und dessen Verfilmungen ganz einfach behaupte.

Wenn Kitsch mit Clement Greenberg „Erfahrung aus zweiter Hand, vorgetäuschte Empfindung" ist und „Inbegriff alles Unechten im Leben unserer Zeit", wenn Kitsch sich mit Umberto Eco „zum Zwecke der Reizstimulierung (…) mit dem Gehalt fremder Erfahrungen brüstet und sich gleichwohl vorbehaltlos für Kunst ausgibt", oder wenn Kitsch mit Harry Pross „ein Kommunikationsmittel [ist], ein Medium, das rasch Affekte transportieren soll, indem es Unterscheidungen von Vorstellung und Wahrnehmung, von Wunsch und Erfüllung, von Bild und Sache zu überspielen versucht", dann sind in der Geierwally eine Fülle an Kitschmomenten offensichtlich: „versöhnliche, naive, Widersprüche übertünchende und unmotiviert harmonisierende Darstellungen" (alle Zitate nach Illing 2006: 221) vereinfachen als Kitsch „den Zusammenhang zwischen einer ästhetischen Gestaltungsweise und einer beabsichtigten außerästhetischen Wirkung" (ebda.: 223). Man kann – mit Hans-Ulrich Gumbrechts Verweis auf die Kitsch-Definition von Ludwig Giesz als „Gerührtsein über die eigene Rührung" – auch festhalten:

---

[6] Wikipedia: *La Fille au vautour*. Hier wird allerdings eine Zusammenfassung des Films von Hans Steinhoff gegeben, und die Auslassungen im Zitat enthielten die Namen der Schauspieler.

Der Kitsch-Begriff fokussiert auf jene besondere Genüsslichkeit, deren Gegenstand die eigene Fähigkeit zur Rührung ist, die Fähigkeit, sich von der Welt in mitfühlende Schwingungen versetzen zu lassen, auf die der Kitschmensch dann in mitfühlender Schwingung mit sich selbst reagiert. (Gumbrecht 2004)

Nun habe ich bei der Auflistung der Verfilmungen der Geier-Wally allerdings einen Film ausgelassen, der ganz anders ist als die üblichen Heimatfilme und der in seiner Realisierung einem Kabarettstück mit dem Titel *Die Geierwally* folgt, aufgeführt im Kölner „Theater in der Filmdose" von Walter Bockmayer zwischen Oktober 1984 und März 1986, aber auch 1985 beim Festival „Theater der Welt" in Frankfurt und den Theaterfestspielen in Berlin sowie bei der Eröffnung des Thalia-Theaters unter Jürgen Flimm in Hamburg. Verfilmt wurde dieses parodistische Kabarettstück dann 1987 von Walter Bockmayer und Rolf Bührmann und 1988 bei den Internationalen Filmfestspielen in Berlin eingereicht.

Als nun der deutsch-französische Fernsehsender *arte* diesen Film im Februar 2010 auch (wohl erstmals) in Frankreich ausstrahlte, vermerkte der Sender:

Opéra trash.

En 1940, Hans Steinhoff, l'un des metteurs en scène les plus sollicités du IIIe Reich, adapte le célèbre roman de terroir de Wilhelmine von Hillern pour réaliser un film de propagande. « Die Geierwally » de Hans Steinhoff appartient au genre du Heimatfilm, ces films qui, après la guerre, avec leur lot de petites histoires d'amour et d'intrigues à la limite de la niaiserie, colorent l'essentiel de la production allemande. La version de 1940 met en scène une fière et pure Tyrolienne et son amour contrarié. Dans la version de 1988, l'acteur-réalisateur Walter Bockmayer se délecte de ce décor bavarois.

Au pays d'Heidi et des vaches Milka, il livre une caricature acide du film de Steinhoff, d'Hitler (dont Joseph est le double efféminé) et du folklore germanique où la bière coule à flots, en grimant ses comédiens d'allures outrancières et de costumes colorés: salopettes en cuir trop petites, maquillages et coiffes de cabaret... Lointainement inspirée d'une trame oubliée et obsolète, cette série Z produite avec beaucoup de moyens est sans doute le signe, en ces années 80, d'une Allemagne décomplexée. Si aujourd'hui cette parodie ultratrash passe les frontières, c'est grâce à ses parties chantées dont on se demande après visionnage s'il est possible de faire plus exubérant et plus kitsch. (Arte 2007)

„On se demande s'il est possible de faire plus kitsch" – hier muss man allerdings etwas differenzierter ansetzen – wenn nämlich in dieser Notiz selbst das Stichwort „trash" erscheint und der Film als „parodie ultratrash" gekennzeichnet wird. Denn dem Trash – von Frank Illing einmal definiert als „der gute schlechte Geschmack" – ist doch Folgendes zuzuordnen:

> Trash als Geschmacksrichtung hat (...), anders als der Kitsch, von Beginn an eine selbstreflexive Komponente. (...) Aus dieser Selbstreflexion heraus entstand dann das Phänomen des absichtlichen Trash: Produktionen, die nicht aus Unvermögen oder begrenzten finanziellen Mitteln, sondern mit Absicht Trash sind. (Illing 2006: 231f.)

Anders gesagt: Wie kann man mit Kitsch anders umgehen, sich mit ihm produktiv-kritisch auseinandersetzen (wenn es nicht analytisch sein soll) als in der Parodie, als in der Persiflage? Und die Parodie des Kitsches oder die Persiflage des Heimatfilms kann nur so sein, wie es in Kritiken zum Bockmayer-Film hieß:

- eine tolle Groteske, die mit hemmungsloser Geschmacklosigkeit und purem, bisweilen garstigem Spott durch alle Klischees des Heimatfilms hetzt.
- eine überdrehte, nicht immer geschmackssichere Persiflage auf Heimatfilme der 50er Jahre mit einer Kaskade mehr oder weniger witziger Einfälle.
- ein greller, respektloser Mix aus Musical, Volkstheater, Slapstick und Trashentrash![7]

Die Parodie des Kitsches kann also nur in der Steigerung des Kitsches erfolgen, so wie die Parodie oder Persiflage als übertreibende, überzeichnende Nachahmung mit einem humoristischen Aspekt verbunden ist, welcher dem parodierten Handlungsrahmen oder der persiflierten Gattung „Heimatfilm" gänzlich fehlt.

Der Film von Walter Bockmayer ist schräg und schrill; er muss so sein, wenn er parodieren will, und er will so sein: Letztlich ist er eine bissige filmische Auseinandersetzung mit einem filmischen Genre, das typisch deutsch ist bzw. den einzigen speziell deutschen Beitrag zur Filmgeschichte darstellt: dem Heimatfilm (film de terroir; film régionaliste sur les moeurs villageoises) oder auch Bergfilm (cinéma de montagne) vor allem der 1950er und 1960er Jahre mit urigen Menschen inmitten hoher Berge, klarer Wildbäche

---

[7] Zitiert nach Wikipedia: *Die Geierwally* (2014).

im grünen Wald und blühender Wiesen.⁸ Insbesondere Bayern und Österreich sind hier die Gemütslandschaften für Bierruhe und Wein- ebenso wie Gefühlsseligkeit. In Bockmayers Film ist das ganz anders:

> Le beau chant d'une Bavaroise crisse le long des rochers, rebondit et déclenche une avalanche. Cette femme riche et intrépide part, non loin d'une décharge à ordures, à l'assaut d'une paroi, en quête d'un nid de vautour. Elle en trouve un, en plastique et surmonté d'un bel œuf entouré d'un ruban bleu. Un vautour apparaît qu'elle tue d'un coup de poignard; l'oiseau explose. (Arte 2007)

„Außer Rand und Band, beschwingt mit Pop, Schlagern und wildem Rock" (BR-online 2008) begegnet uns hier das, was Heimat sein soll:

> Die Dörfler stellen in dieser krachledernen Geierwally-Parodie Stall und Dorfleben auf den Kopf, der Geier ist ein explodierender Gag. Bockmayers Geierwally-Version verkäme zur bloßen Klamotte, wenn sie nicht mit Spaß lauter Menschen versammelte, die seit dem Autorenkino der 60er die Dörfer fliehen mussten: Homosexuelle, Transvestiten, Freigeister, Abweichler aller Couleur. (…) Die Provinz nimmt sich bei Bockmayer und Co. selbst auf die Schippe. Sie kann das, weil sie mit der großen weiten Welt verdrahtet ist, aus der ihr Neues und Anderes gesendet wird. Statt Blaskapelle sorgt hier jetzt Karaoke für Stimmung. Fürs Gelächter sorgen jetzt die Ordnungshüter von einst, die in den Antiheimatfilmen der 60er und 70er die Provinz zur Folterkammer machten: Väter; Pfarrer, Bürgermeister, flankiert und korrumpiert von (macht-)geilen Mägden mit viel rohem Fleisch. (ebda.)

„Geierwally, Geierwally, I love you", der Eurodance-Track, der 1995 in der Schweizer Hitparade bis zum Platz 10 vordrang, gesungen/gesprochen von Peter ‚Cool Man' Steiner, kann hier leider ebenso wenig wiedergegeben werden wie Bilder oder Filmauszüge aus Bockmayers Geierwally, die aber allen Interessierten zur Anschauung im Internet zur Verfügung stehen.⁹

---

[8] Zum deutschen Heimatfilm vgl. das Dossier des Bayrischen Rundfunks (BR-Online 2011) sowie Ludewig (2011).

[9] Man kann in den Song hineinhören unter http://www.hitparade.ch/song/XXL-feat.-Peter-%27Cool-Man%27-Steiner/Geierwally-3007 (07.05.2015), und man kann Filmausschnitte verfolgen, z.B. unter http://www.looki.de/video/walter_bockmayers_geierwally_dvd_trailer_video_v3461.html oder http://www.youtube.com/watch?v=HK4duAmSSmM (07.05.2015).

Bibliografische Angaben

ILLING, Frank (2006). *Kitsch, Kommerz und Kult. Soziologie des schlechten Geschmacks*. Konstanz: UVK Verlagsgesellschaft.

LUDEWIG, Alexandra (2011). *Screening Nostalgia. 100 Years of German Heimat Film*. Bielefeld: Transcript.

NIES, Martin (2007). „Aus einem knorrigen Stück eine Heilige schnitzen. Bergweltliche Geschlechterkonzeptionen in Wilhelmine von Hillerns Roman *Geier-Wally* und seinen Verfilmungen vom Nationalsozialismus bis zur Gegenwart", in: Hans KRAH (Hg.), *Bayern und Film*. Passau: Stutz, 171–206.

PÄSLER, Susanne (1995). „Die Geier-Wally. Eine Romanfigur im Spiegel ihrer Popularität", in: *Augsburger Volkskundliche Nachrichten* 1, Heft 1, 24–37.

Internetquellen

ARTE (2007). „La fille au vautour" (http://fr.1001mags.com/parution/arte-magazine/numero-34-18-aou-2007/page-24-25-texte-integral [07.05.2015]).

BR-ONLINE (2008). „Heimatfilm-Special Geierwally reloaded" (29.02.2008) (http://web.archive.org/web/20101012022955/http://www.br-online.de/kultur/film/heimatfilm-special-DID120324157996/almenrausch-und-bauernsterben-heimatfilm-geierwally-reloaded-ID1204283584766.xml [07.05.2015]).

BR-ONLINE (2011). „Heimatfilm-Special. Ein Genre kehrt zurück" (http://web.archive.org/web/20110828061850/http://www.br-online.de/kultur/film/heimatfilm-special-DID120324157996/index.xml [07.05.2015]).

FREY, David (2013). *La Wally* (http://www.webcitation.org/6MfNw3Mld [16.01.2014]).

GUMBRECHT, Hans-Ulrich (2004). „Achtung Statement! Kitsch as Kitsch can", in: *Süddeutsche Zeitung* (29.11.2004) (http://www.webcitation.org/6MfR37PRf [16.04.2014]).

HILLERN, Wilhelmine von (1883). *Geier-Wally; eine Geschichte aus den Tyroler Alpen*. Berlin: Gebrüder Paetel (https://archive.org/details/geierwallyeineg00hillgoog [16.01. 2014]).

MOLES, Abraham (1971). „Qu'est-ce que le Kitsch?", in: *Communication et Langages*. 9, 74-87 (http://www.persee.fr/web/revues/home/prescript/article/colan_0336-1500_1971_num_9_1_3856).

PRISMA. „Geierwally" (http://www.webcitation.org/6MfOc4AN8 [16.01.2014]).

REVUE DE DEUX MONDES (1877). Livraison du 15 mars 1877 (gallica.bnf.fr [07.05.2015]).

SEESSLEN, Georg (2009). „Todeskitsch und weiter Blick (Heimatfilme)", in: *Zeitzeichen*, August 2009 (http://www.getidan.de/film/georg_seesslen/3507/todeskitsch-und-weiter-blick-heimatfilme [16.01.2014]).

WIKIPEDIA. „Die Geier-Wally (Roman)" (http://www.webcitation.org/6MfP4enJy [16.01.2014]).

WIKIPEDIA. „La Fille au vautour" (http://www.webcitation.org/6Mwjv892e [27.01.2014]).

http://www.hitparade.ch/song/XXL-feat.-Peter-%27Cool-Man%27-Steiner/Geierwally-3007 (07.05.2015).

http://www.looki.de/video/walter_bockmayers_geierwally_dvd_trailer_video_v3461.html (07.05.2015).

http://www.youtube.com/watch?v=HK4duAmSSmM (07.05.2015).

Michael Overdick (Düsseldorf)

Protestantische Positionen gegen den religiösen Bilderkitsch im 19. Jahrhundert

Im Jahre 1841 wurde in Düsseldorf auf Initiative von Künstlern, Geistlichen und Kaufleuten der *Verein zur Verbreitung religiöser Bilder* gegründet.[1] Der in den Statuten festgelegte Zweck des Vereins bestand darin, „religiöse Bilder von bewährten ältern und neuern Künstlern durch den Stahlstich in allen Klassen des Publikums zu verbreiten" (O. V. 1851: 27) (Abb. 1). Den Anstoß hierzu gab die generelle Unzufriedenheit mit dem bestehenden Angebot an preiswerter religiöser Druckgrafik. Deutlich ausgesprochen wird dies in einem 1851 im *Organ für christliche Kunst* erschienenen Artikel, der die nunmehr zehn Jahre während Tätigkeit des Düsseldorfer Bildervereins würdigt. Der anonyme Autor hebt hervor, dass man sich lange mit den „elendesten und mitunter sogar unwürdigsten" Bildern begnügte,

> weil man eben nichts besseres kannte und die spekulativen Fabrikanten dieses ergiebigen Handelsartikels oft gar geschickt die Versündigung gegen eine würdige Darstellung und edle Zeichnung durch effectvolle Schattierungen oder durch brillante Farben und beliebte Verzierungen zu vertuschen wussten. (O. V. 1851: 27)

Das Zitat benennt drei wichtige Punkte:
1. Die Produktion und der Vertrieb religiöser Drucke werden in erster Linie von kommerziellen Interessen bestimmt.
2. Auf künstlerische Qualität wird kein Wert gelegt. Den Herstellern erscheint dies auch nicht notwendig, da das gemeine Publikum ohnehin nicht in der Lage ist, zwischen guten und schlechten Bildern zu unterscheiden.
3. Kaschiert wird die fehlende künstlerische Qualität oftmals durch auffällige gestalterische Effekte, die vom eigentlichen Bildgegenstand ablenken,

---

[1] Zum *Verein zur Verbreitung religiöser Bilder* siehe: o. V. 1851; M. 1867; Gierse 1980; Gierse 1982; Mayr 1997.

dafür aber beim Publikum bestens ankommen. Hierzu gehören vor allem grelle Kolorierungen, in Stanzspitze (Abb. 2) oder Goldprägedruck ausgeführte Rahmenornamente und glitzernde Applikationen aus Metallfolie (sogenannte „Tinseln") (Abb. 3).

Der Maßstab, der hier an die populäre Andachtsgrafik angelegt wird, entstammt offenkundig einem akademischen Kunstverständnis. Ein halbes Jahrhundert zuvor wäre es sicherlich noch niemandem in den Sinn gekommen, derart streng mit den billigen Heiligenbildchen ins Gericht zu gehen. Man könnte zunächst geneigt sein, die zunehmende Industrialisierung der Bilderherstellung für die veränderte Sichtweise verantwortlich zu machen. Doch dies war letztendlich nur ein Nebenaspekt. Weitaus entscheidender war ein gewandeltes Kunstverständnis.

Hinter dem Düsseldorfer Bilderverein steht die nazarenisch geprägte religiöse Malerei der Düsseldorfer Akademie.[2] Die Nazarener waren zu Beginn des 19. Jahrhunderts angetreten, die Kunst aus dem Geiste der christlichen Religion heraus zu erneuern. Ihr Ideal war das einer demütig dienenden Kunst, die sich sowohl formal als auch inhaltlich jeder Extravaganz enthält. Kunst sollte einfach, klar und verständlich sein.[3] Und damit verbunden war nicht zuletzt auch die Vorstellung einer volkstümlichen Kunst, also einer Kunst, die den Gebildeten ebenso anspricht wie den einfachen Handwerker und Bauern.[4]

Vor diesem Hintergrund erklärt sich dann auch die zeitgenössische Sicht auf die Unterschiede zwischen den Bildern des Düsseldorfer Vereins und den Bildern der kommerziellen Hersteller. Man sah hier eben nicht einen Gegensatz von elitärer Hochkunst und volkstümlicher Massenkunst. Man konnte ihn auch nicht sehen, da man ja die Düsseldorfer Bildchen als herausragende Beispiele einer volkstümlichen Massenkunst verstand. Und so verengte sich

---

[2] Zur Düsseldorfer religiösen Malerei und ihrer Bedeutung siehe Finke 1896: 101ff.
[3] Vgl. Jansen 1992: 129ff.; Pahl 2003: 274f.
[4] Vgl. Passavant 1820: 71: „Dabei erkannten Sie [scil. die Nazarener], dass ein Künstler hauptsächlich volksthümlich wirken soll, und verließen die fast ausschließlich üblich gewordenen Darstellungen aus der griechischen und römischen Geschichte und Mythologie, um Gegenstände zu behandeln, welche auf unsere vaterländische Geschichte und Religion Bezug haben."

die Betrachtung auf den Aspekt der künstlerischen Qualität. Es ging also einzig und allein um den Gegensatz von guten und schlechten Bildern. Warum aber wird es als für so wichtig erachtet, dass das Volk gute Bilder in die Hände bekommt? Die Begründung, die unser Autor gibt, ist denkbar knapp. Nur gute Bilder, so schreibt er,

> vermögen in jeder Beziehung nützlich auf Geist und Herz des Beschauenden einzuwirken, wohingegen schlechte Nachbildungen, auch der besten Kunstwerke, oder, die besten Nachahmungen unchristlicher oder gar unschicklicher und frivoler Bilder in gleichem Maße verderblich sein müssen. (O. V. 1851: 26f.)

Bemerkenswert an dieser Aussage erscheint, dass der künstlerisch minderwertigen Darstellung eines religiösen Themas dieselbe schädliche Wirkung zugesprochen wird wie der kunstvollen Darstellung eines moralisch anstößigen Themas. Form und Inhalt werden als gleich bedeutsam erachtet und können demnach nicht getrennt voneinander gesehen werden.

Der Düsseldorfer Bilderverein war – was angesichts seiner rheinischen Heimat nicht verwundert – vornehmlich katholisch ausgerichtet. Ich habe ihn hier erwähnt, weil er im deutschen Raum eines der frühesten Beispiele bietet für das Ansinnen, künstlerisch hochwertige religiöse Bilder ins Volk zu tragen um somit die als verderblich eingeschätzten Erzeugnisse der kommerziellen Anbieter zurückzudrängen. Das Wirken des Düsseldorfer Vereins fand weitreichende Beachtung, sogar aus dem Ausland kamen Lob und Anerkennung.[5] Dennoch blieb im katholischen Bereich die Sorge um die künstlerische Qualität der populären Andachtsgrafik ein eher randständiges Phänomen.

Es wäre sicherlich übertrieben zu behaupten, dass es sich im protestantischen Bereich grundlegend anders verhielt. Dennoch gewann das Thema als Anliegen der inneren Mission im Laufe der 1850er und 1860er Jahre durchaus eine gewisse Präsenz. Die Forderung, auf den Bildergebrauch des Volkes Einfluss zu nehmen, begegnet uns auf den Konferenzen zur christlichen Kunst, die regelmäßig im Rahmen der Kirchentage abgehalten wurden.[6] Sie findet sich in den Statuten der ersten evangelischen Kunstvereine, die 1853 in

---

[5] Siehe etwa Wiseman 1854: 307f.
[6] Oldenberg 1859a: 4, 11ff., 35f.; Baur 1861: 34; Oldenberg 1863: 10, 14. Siehe hierzu außerdem Pahl 2003: 267ff.

Berlin und 1857 in Stuttgart gegründet wurden.[7] Und sie durchzieht diverse Publikationen. Zu nennen ist hier vor allem das Sprachrohr der kirchlichen Kunstvereine, die 1858 erstmals erschienene Zeitschrift *Christliches Kunstblatt für Kirche, Schule und Haus*.[8]

Bereits 1847 hatte die *Evangelische Gesellschaft* in Stuttgart begonnen, preiswerte kolorierte Lithografien herauszugeben, und zwar mit dem ausdrücklichen Ziel, die „unwürdigen und schlechten" (Hofacker 1880: 39f.) Bilder, die im Volk kursierten, zurückzudrängen (Abb. 4).[9] Allerdings stießen die Stuttgarter Bilder auf eine eher zwiespältige Resonanz. Das Anliegen, das hinter den Bildern stand, wurde uneingeschränkt begrüßt, ebenso die Auswahl der Motive. Kritisiert wurden jedoch eine gewisse Süßlichkeit und Sentimentalität, ein Mangel an Charakter und Ausdruck sowie eine viel zu grelle Farbigkeit.[10] Auch hier zeigt sich wieder das Phänomen, dass volkstümliche Bilder nach Maßgabe eines akademischen Kunstverständnisses beurteilt wurden.

Über solcherlei Kritik erhaben war dagegen die 240-teilige Holzschnittfolge *Bibel in Bildern* von Julius Schnorr von Carolsfeld (Abb. 5). Schnorr von Carolsfeld repräsentiert die – oftmals übersehene – protestantische Seite der Nazarener. Wie vielen seiner Künstlerfreude, so war es auch ihm nach der gemeinsamen Zeit in Rom gelungen, sich in Deutschland im offiziellen Kunstbetrieb zu etablieren. Seit 1846 war er Professor an der Dresdener Akademie und Leiter der Dresdener Gemäldegalerie. Überdies fungierte er zusammen mit dem Theologen Carl Grüneisen und dem Kunsthistoriker Karl Schnaase als Herausgeber des *Christlichen Kunstblattes*.

Die bei Georg Wigand in Leipzig verlegte *Bibel in Bildern* erschien zwischen 1852 und 1860 in 30 Lieferungen à 8 Blättern.[11] Anschließend wurde das vollständige Werk – ergänzt durch einen einleitenden Text – auch in gebundener Form angeboten. Erhältlich war die *Bibel in Bildern* als Pracht-

---

[7] Zu den evangelischen Kunstvereinen siehe Scharfe 1968: 69f.; Langner 1992: 25ff.; Schmitz 2001: 200ff.; Pahl 2003: 272f.
[8] Zur Geschichte des *Christlichen Kunstblatts* siehe Langner 1992: 28ff.
[9] Siehe auch Scharfe 1968: 67ff.
[10] Huber 1859: 142; Oldenberg 1859b: 77f.; Merz 1860: 90.
[11] Feldhaus 1982: 12f.; Riegelmann 1999: 126.

ausgabe auf Chinapapier, als gewöhnliche Prachtausgabe und als preiswerte Volksausgabe. Ob letztere tatsächlich das Volk in seiner ganzen Breite erreichte, ist fraglich. Die Käufer dürften wohl überwiegend dem kleinbürgerlichen Milieu zuzurechnen sein.

Insgesamt gesehen aber war die Wirkung der *Bibel in Bildern* enorm. Schon bald nach ihrer Publikation nutzten Pfarrer und Lehrer die Darstellungen als Anschauungsmaterial im Unterricht.[12] Wigand reagierte darauf 1861 mit einer Sonderausgabe von 100 Motiven auf Karton. 1875 folgten 30 als Schulwandtafeln konzipierte lithografische Reproduktionen im Format 55 x 65 cm.[13] Ab 1878 bot Wiegand einige Motive auch als kleinformatige Lithografien an; gedacht waren sie vor allem als Geschenkbilder für Kinder.[14] Daneben wurde die ursprüngliche Holzschnittfolge mehrfach neu aufgelegt, wobei die Blätter aus Rücksicht auf weniger zahlungskräftige Käuferkreise nun nicht mehr ausschließlich als Serie, sondern auch einzeln erhältlich waren.

Aber nicht nur Wiegand nutzte das Potential der *Bibel in Bildern*. Andere Verlage griffen die Schnorrschen Kompositionen auf und adaptierten sie für farbige Wandbilddrucke, Bilderbogen, kleinformatige Andachtsbildchen, Konfirmationsscheine und andere Artikel. Nicht immer geschah dies mit Billigung Schnorrs und Wigands. So sah man sich im Falle einer 1856 erschienenen Bilderbogenfolge aus der Neuruppiner Offizin Gustav Kühn sogar zu gerichtlichen Schritten veranlasst.[15] Mit dem Ende der Urheberschutzfrist im Jahre 1902 erhielt die Verbreitung der Schnorrschen Kompositionen einen abermaligen Schub. Als geradezu inflationär sollte sich dabei insbesondere die nun einsetzende Verwendung als Illustrationen in evangelischen Bibelausgaben erweisen.[16]

Die *Bibel in Bildern* kann in jeder Hinsicht als paradigmatisch für die Bemühungen um die Popularisierung guter evangelischer Kunst im dritten

---

[12] Nagy 1999: 28ff.; Riegelmann 1999: 127f.
[13] Nagy 1999: 34; Riegelmann 1999: 128.
[14] Nagy 1999: 39f.
[15] Nagy 1999: 94f., Riegelmann 1999: 133; Nieke 2008: 55ff.
[16] Nagy 1999: 43ff. Es gab darüber hinaus sogar einige katholische Bibelausgaben mit Illustrationen nach den Schnorrschen Bildern.

Viertel des 19. Jahrhunderts gesehen werden. Vorbildlich erschienen vor allem die Prägnanz der Kompositionen und die souveräne Zeichnung, die den Darstellungen ein hohes Maß an Ausdruck und Charakter verlieh.[17] Hinzu kam, dass Schnorr jeden Anschein des Süßlichen, Weichen und Sentimentalen vermied. Kennzeichnend ist vielmehr ein milder, erhabener Ernst, wie man ihn für das biblische Sujet als notwendig und angemessen erachtete. Und schließlich ist hervorzuheben, dass die *Bibel in Bildern* in der Technik des Holzschnitts ausgeführt wurde. Schnorr weist im Vorwort zur Gesamtausgabe von 1860 ausdrücklich darauf hin, dass ihm die Möglichkeit zu einer feineren künstlerischen Durchbildung, wie sie etwa der Kupferstich geboten hätte, für sein Anliegen nicht notwendig erschien:

> Was nicht in kräftigen Zügen gegeben werden kann, möge immerhin ungegeben bleiben. Das Werk will ein Volksbuch werden, im wahrsten Sinne des Wortes, und in kräftigen frischen Zügen dem Volke die heilige Weltgeschichte vor Augen halten. (Schnorr von Carolsfeld 1919: 241)

Mit der Propagierung des Holzschnitts als Medium einer wahrhaft volkstümlichen Kunst steht Schnorr in seiner Zeit nicht allein.[18] Auch andere Autoren werten die technisch bedingte Notwendigkeit zu formaler Schlichtheit und Klarheit als einen großen Vorzug.[19] Der Holzschnitt gilt als „kernhaft" (Oldenberg 1859b: 51ff.) und „markig" (Merz 1860: 90), dem Charakter des einfachen Mannes entsprechend. Und man sah ihn als ausgesprochen deutsch an, nicht nur in Bezug auf seinen Ursprung, sondern auch darauf, dass es Künstler wie Albrecht Dürer und Hans Holbein d.J. waren, die ihn im 16. Jahrhundert zu höchster Meisterschaft führten.[20] Der Hamburger Prediger Friedrich Oldenberg verweist in diesem Zusammenhang außerdem noch auf die wichtige Rolle des Holzschnitts als Vorbote und Wegbereiter der Reformation (Oldenberg 1859b: 52f.). Somit käme zur nationalen Konnotation zusätzlich eine konfessionelle.

---

[17] Vgl. Merz 1961: 84f.
[18] Vgl. Scharfe 1968: 65ff.
[19] Siehe etwa Schnaase 1859: 102.
[20] C. 1858: 51f.; Oldenberg 1859b: 52ff.; Merz 1860: 86. Diese Auffassung steht im Einklang mit der zeitgenössischen kunsthistorischen Lehrmeinung, siehe etwa Kugler 1842: 841: „(...) sein Ursprung und seine vorzüglichste Ausbildung gehören Deutschland an (...)."

Es ist sicherlich kein Zufall, dass die Sorge um die Qualität der religiösen Populargrafik im evangelischen Bereich ausgeprägter war als im katholischen. Ein Hauptgrund hierfür war, dass der Protestantismus traditionell ein eher kritisches Verhältnis zum Bild pflegte.[21] Damit verbunden war nicht zuletzt auch eine andere Vorstellung von dessen Funktion. Stand das Bild im Katholizismus vor allem im Dienste der Heiligenverehrung, so galt es im Protestantismus vornehmlich als Mittel der Erinnerung und der Belehrung. So postulierte der Maler Otto Mengelberg 1850 auf dem Elberfelder Kirchentag: „Die wahre Kunst ist ein großes, vielseitig wirkendes Erziehungsmittel, und die Beschäftigung mit den bildenden Künsten ist wahrhaft bildend" (Mengelberg 1851: 375). Grundlegend für das protestantische Bilderverständnis war offenbar der didaktische Aspekt. Unter diesen Voraussetzungen erschien es natürlich angebracht, sorgfältig darauf zu achten, mit welchen Bildern sich das Volk umgab.

Hinzu kam, dass der größte Teil des kommerziell vertriebenen Angebots an religiöser Grafik auf das bilderfreudige katholische Publikum hin ausgerichtet war. Es konnte also leicht passieren, dass Bilder mit dezidiert katholischen Motiven – wie etwa der Himmelfahrt Mariens oder dem Herz Jesu – ihren Weg in evangelische Wohnungen fanden. Auch dies trug mit dazu bei, dass man im protestantischen Bereich dem Problem der Populargrafik eine besondere Aufmerksamkeit schenkte.[22] Darüber hinaus war das Bemühen um die Popularisierung guter Bilder eingebunden in einen allgemeinen Diskurs um die Aufgaben und Ziele christlich-evangelischer Kunst.

Ein interessantes Zeugnis für die Bilderdiskussion ist die 1859 erschienene Schrift *Ein Streifzug in die Bilderwelt* des bereits erwähnten Friedrich Oldenberg.[23] Oldenberg war Mitarbeiter des sogenannten *Rauhen Hauses* in

---

[21] Vgl. Mengelberg 1851: 374: „Die Katholische Kirche hat (...) einen Vorsprung in Betreff der Kunst darin, daß sie in ihren Anforderungen an dieselbe weniger christlich strenge zu sein braucht, und sich auf dem breiten Strange der Tradition, zu welcher wir eine kritische Stellung einnehmen, gehen läßt. Die evangelische Kirche muß auch in der Kunst den Wahlspruch haben: Lieber entsagen, als missbrauchen (...)."

[22] Siehe hierzu etwa Huber 1859: 93; o. V. 1860: 176; o. V. 1888: 99.

[23] Die Abhandlung war bereits 1857 in den *Fliegenden Blättern des Rauhen Hauses* erschienen. Siehe hierzu Gerhardt 1931: 69. Siehe ferner die Rezension von Grü-

Horn bei Hamburg, jener 1833 von Johann Hinrich Wichern gegründeten Anstalt zur Rettung verwahrloster und schwer erziehbarer Kinder, die aufgrund ihrer reformpädagogischen Ausrichtung großes Ansehen genoss. Seit 1844 war dem *Rauhen Haus* ein Verlag mit eigener Druckerei angegliedert.[24] Das Verlagsprogramm umfasste vor allem Bibeln, christliche Belletristik und pädagogische Schriften. Zum Teil waren diese Publikationen mit einfachen Holzschnitten illustriert. Außerdem produzierte man Andachtsbildchen und Wandbilddrucke, die ebenfalls in der Technik des Holzschnitts ausgeführt waren (Abb. 6).[25] Oldenbergs Interesse an der Bilderfrage kam daher nicht von ungefähr. Von seinem Engagement in der Sache zeugt zudem seine regelmäßige Teilnahme an den Konferenzen zur christlichen Kunst im Rahmen der Kirchentage.

Oldenbergs Position unterscheidet sich nicht wesentlich von der, die wir im Zusammenhang mit dem Düsseldorfer Bilderverein kennengelernt haben. Auch für Oldenberg sind Form und Inhalt nicht zu trennen. Schlecht gemachte religiöse Bilder haben in jedem Fall eine schädliche Wirkung und müssen von daher genauso bekämpft werden wie Bilder mit moralisch anstößigen Inhalten. Und natürlich erkennt er den Hauptgrund für das Übel in der skrupellosen Profitorientierung der Massenhersteller. Daneben sieht er aber auch Unwissenheit und Naivität in den eigenen Reihen, ganz nach dem Motto: „Gut gemeint ist noch lange nicht gut" (Oldenberg 1859b: 36).

Was aber genau macht künstlerisch minderwertige religiöse Bilder so gefährlich? Der Artikel über den Düsseldorfer Bilderverein blieb in dieser Hinsicht ja äußerst vage. Oldenbergs Schrift hingegen zeichnet sich dadurch aus, dass sie die verderbliche Wirkung nicht nur behauptet, sondern auch ausführlich erläutert. Ausgangspunkt der Argumentation ist die Feststellung, dass Bilder selbstverständlicher Teil der Lebenswirklichkeit sind. Sie hängen an der Wand, sind an Türen geheftet oder finden sich als Illustrationen in Büchern. Durch ihre alltägliche Gegenwart erscheinen sie dem Menschen „als Spielkamerad, als Freund, als Hausgenosse" (ebda.: 9). Und nicht selten knüpfen sich prägende Erinnerungen an sie, vor allem aus Kindheitstagen.

---

neisen im *Christlichen Kunstblatt* (Grüneisen 1860). Zur Biografie Oldenbergs siehe Gerhardt 1928: 198.

[24] Gerhard 1931: 50ff.; Langner 1992: 58ff.
[25] Siehe hierzu Gerhard 1931: 67ff.

Für Oldenberg steht somit fest, dass Bilder alles andere als stumme Gegenstände sind. Sie sprechen zum Betrachter und wirken aktiv auf ihn ein:

> Bürgers- und Bauersmann illustrieren und decorieren ihre Stuben, aber die Illustrationen und Bilder illustrieren und bilden oder verbilden den Bürgers- und Bauersmann. Sie stellen sich hinein in die Phantasie und drücken auf unser innerstes Sein ihren Stempel. (ebda.: 10)

Und weiter heißt es:

> Was der Mensch produciert, wird wesentlich mitbestimmt durch das, was er recipiert, und wie das Bild ein Kind ist des Denkens und Wollens, so wird es für uns Alle Vater und Mutter von Gedanken, von Wollen und Tat. (ebda.: 11)

Der Umgang mit Bildern hat also einen tiefgreifenden Einfluss auf die Vorstellungswelt des einzelnen Menschen und damit auch auf sein Tun und Handeln. Und aus diesem Verständnis heraus erscheint es nur logisch, dass Bilder mit moralisch verwerflichen und unsittlichen Inhalten abzulehnen sind.

Doch damit erklärt sich immer noch nicht die vehemente Ablehnung von künstlerisch minderwertigen religiösen Bildern. Hier kommt noch eine weitere gedankliche Prämisse ins Spiel, nämlich die „untrennbare Zusammengehörigkeit von Wahrheit und Schönheit" (ebda.: 43). Oldenberg zufolge hat diese Zusammengehörigkeit „die Kunst prädestiniert eine christliche zu werden": „Christus, das Ziel der Geschichte, ist auch das Ziel der Kunst. Denn von dem, welcher bezeugt hat: ‚Ich bin die Wahrheit', gilt auch das Zeugnis: Ich bin die Schönheit" (ebda.).[26]

Christus als Inkarnation Gottes repräsentiert in seiner äußeren, körperlichen Schönheit die göttliche Wahrheit. Von daher betrachtet es Oldenberg als die höchste Aufgabe der Kunst, die Schönheit Christi zur Darstellung zu bringen. Allerdings stehen Wahrheit und Schönheit nicht für sich selbst, vielmehr sind sie „verschiedene Laute für Eines, welches Beider Sinn und inwendigstes Wesen ist, für die Liebe" (ebda.). Und dies bedeutet letztendlich, dass sich dem Betrachter in der Schönheit der Kunst das Wesen und Wirken der göttlichen Liebe offenbart.

In durchaus vergleichbarer Weise äußerte sich der Göttinger Theologe Ludwig Schoeberlein 1864 in Bezug auf die Gestaltung des Gottesdienstes:

---

[26] Vgl. o. V. 1870: 132f. (paraphrasierende Zusammenfassung eines Vortrags Oldenbergs, der die 1859 veröffentlichten Gedanken wieder aufgreift).

> Weil das Christlich-Heilige in sich selbst schön ist, muß auch seine wahre, vollkommene gottesdienstliche Darstellung das Gepräge der Schönheit tragen. Und hierbei ist das nicht zu übersehen, daß sich eben erst hiedurch wiederum das Leben des Heiligen in sich selbst vollendet. Denn das reine Ebenmaß in der äußeren Darstellung wirkt auch reinigend und fördernd auf das Innere zurück, indem es von der Seele das Falsche, Krankhafte, Excentrische, Disharmonische fern hält und sie zu dem gleichen Ebenmaße, zur gleichen heiligen Anmuth und Ruhe des Inneren leitet. (Schoeberlein 1865: 7f.)

Noch deutlicher als bei Oldenberg kommt in diesen Worten die Überzeugung zum Ausdruck, dass die wahrhaft schöne Darstellung des Göttlichen in der Lage ist, läuternd auf den Geist des Betrachters einzuwirken.

Anders verhält es sich nun bei einem religiösen Bild, dem das äußere Gepräge der Schönheit fehlt, das also dem Verständnis Oldenbergs nach „hässlich" ist (Abb. 7). Für Oldenberg repräsentiert das Hässliche „das Widerspiel und die Verzerrung des absolut Schönen": „Wie das Schöne nur die Gestalt gewordene Wahrheit ist, so alles Hässliche nur die Gestalt gewordene Lüge" (Oldenberg 1859b: 42). Das hässliche religiöse Bild ist somit in keiner Weise geeignet, eine Vorstellung von der Herrlichkeit Gottes zu vermitteln. Statt wahrer Frömmigkeit erzeugt es nur „Scheinfrömmigkeit" (Oldenberg 1859b: 12).

Und noch einen weiteren Punkt hebt Oldenberg hervor: Schlechte religiöse Bilder fordern zum Spott heraus. Sie ziehen den christlichen Glauben ins Lächerliche und leisten somit letztendlich den „Feinden des Evangeliums Vorschub" (Oldenberg 1859b: 41). Diese Argumentation ist überaus bemerkenswert. In der Behauptung, dass schlechte religiöse Bilder nur Scheinfrömmigkeit erzeugen, bewegt sich Oldenberg auf einer eher theoretisch-philosophischen Ebene. Doch in der Feststellung, dass schlechte religiöse Bilder Spott und Häme provozieren, wird er mit einem Male sehr konkret. Man spürt förmlich, dass ihm als gläubigen Protestanten diese Bilder peinlich sind. Offenkundig ist aber auch Oldenbergs Befürchtung, der Protestantismus könnte im Wettstreit der unterschiedlichen gesellschaftlichen Gruppen ins Hintertreffen geraten, weil er sich unwillentlich selbst der Lächerlichkeit preisgibt. Die in der bürgerlichen Öffentlichkeit des 19. Jahrhunderts allgegenwärtige Sorge um die eigene Ehre und Würde erweist sich somit als ein nicht unwesentlicher Motor für den Kampf gegen schlechte religiöse Bilder.

Interessant erscheint in diesem Zusammenhang, dass Oldenberg in seiner Schrift auch ausführlich auf das Genre der Karikatur eingeht. Karikaturen haben seiner Meinung nach durchaus ihre Berechtigung. Ihre Aufgabe sieht er vor allem darin, durch die Darstellung des Hässlichen „den Ernst des Sittlichen und Schönen in ein um so helleres Licht zu setzen" (ebda.: 30). Gegenwärtig aber zeige sich die Karikatur als „ein außerhalb des Gebietes aller Kunst auswucherndes und die edle Saat der Kunst erstickendes Unkraut" (ebda.: 31). Oldenberg konstatiert eine Kultur der derben Respektlosigkeit, die einen verheerenden Einfluss auf das sittliche Empfinden des Volkes ausübt: „Denn der Geist der Karikatur ist der Geist der Impietät und des Hasses, und wo Haß ist, da ist Häßlichkeit, und wo Häßlichkeit nistet, da stirbt die Liebe" (ebda.: 34).

Folgt man der Logik Oldenbergs, wird man unweigerlich zu der Feststellung gelangen, dass schlechte religiöse Bilder diese Tendenz zur Verrohung unterstützen. Denn als unfreiwillige Karikaturen entfalten sie letztendlich dieselbe Wirkung wie Karikaturen, die ganz bewusst darauf hin angelegt sind, Religion und Kirche zu verhöhnen.

Dass künstlerisch minderwertige Bilder mitunter eine karikaturhafte Anmutung entfalten, ist auch heute noch ohne Weiteres nachvollziehbar. Der Eindruck des Karikaturhaften tritt umso stärker hervor, je enger das dargestellte Sujet im allgemeinen Verständnis mit der Idee des Sittlich-Moralischen oder des Erhabenen verknüpft ist. Erinnert sei in diesem Zusammenhang an die weltweite Medienhäme, die sich im Sommer 2012 über die nordspanische Kleinstadt Borja ergoss.[27] Dort hatte sich eine Hobbykünstlerin daran gemacht, in der örtlichen Pfarrkirche ein kleines Wandbild, welches das dornengekrönte Haupt Christi zeigt, zu restaurieren (Abb. 8). Das Ergebnis erschien überaus grotesk, war doch der Sohn Gottes zu einer Art Monchichi-Äffchen entstellt worden.

Aber nicht immer zeigt sich der Sachverhalt so eindeutig wie im Falle des Jesus von Borja. Ob eine bildliche Darstellung als unfreiwillige Karikatur empfunden wird, hängt keineswegs nur von der handwerklichen Qualität der Ausführung ab. Entscheidende Faktoren sind ebenso das individuelle, durch bestimmte Vorprägungen geleitete Empfinden des Betrachters und die im steten Wandel begriffenen Normen des Zeitgeschmacks. Ein Beispiel dafür, wie unterschiedlich das Urteil ausfallen kann, bietet der Spätromantiker

---

[27] Zu dem Medienrummel und seinen Folgen siehe Frenzel 2012.

Ludwig Richter. Als Meister des „volkstümlichen" Holzschnitts genoss Richter zu Lebzeiten ein ähnlich hohes Ansehen wie sein Kollege und Freund Julius Schnorr von Carolsfeld.[28] Was Kritiker und Publikum an ihm schätzten, war vor allem die Fähigkeit, Naturbeobachtung und Idealität zu einer überzeugenden Einheit zu verbinden.[29] So heißt es im *Christlichen Kunstblatt* über den 1858 herausgegebenen Holzschnitt *Christlicher Haussegen*:

> Eine innige Frömmigkeit adelt und stilisiert die Gestalten Ludwig Richters, doch sucht seine unbefangene und harmonische Empfindung die Frömmigkeit nirgend in der Verachtung reiner lebensvoller Formenschönheit. Es ist kein gemachtes, künstliches, es ist athmendes Leben in seinen Gestalten, aus denen aber das Ewige der Psyche in seiner unzerstörbaren Einfalt leuchtet. (C. 1858: 53)

Wer nun heute im Internet zu Ludwig Richter recherchiert, gelangt möglicherweise auf die private Website des Akademikerehepaars Margarete und Alois Payer. Man findet dort zwei Holzschnitte aus Richters 1866 erschienenem Album *Unser tägliches Brod* [sic] *in Bildern* (Richter 1866) abgebildet (Abb. 9). Überraschend erscheint die Einordnung unter der Rubrik „Religionskritik", und zwar als Teil einer von Alois Payer zusammengestellten Sammlung antiklerikaler Karikaturen und Satiren aus mehreren Jahrhunderten (Payer 2005). Unter den beiden Holzschnitten ist jeweils vermerkt: „Keine Karikatur, sondern ernst gemeint."

Es ist offenkundig, dass Payer mit Richters Holzschnitten nicht allzu viel anfangen kann. Aus seiner aufgeklärten, religionskritischen Haltung heraus bleibt ihm die naive, devote Religiosität, die aus den Darstellungen spricht, fremd. Und auch die ästhetische Seite muss ihm vor dem Hintergrund heutiger Sehgewohnheiten fragwürdig vorkommen. Der für Richters Kunst so typische Hang zum Lieblichen und Idyllischen provoziert geradezu eine kritische Deutung als reaktionäre Heile-Welt-Fantasie. Was im 19. Jahrhundert noch als Alternative zu süßlichen und sentimentalen Bildern gepriesen wurde, ist nun selbst dem Vorwurf des Süßlichen und Sentimentalen ausgeliefert.[30] Kurzum: Für den modernen Betrachter steht Richters Kunst unter Kitschverdacht.

---

[28] Zu Richters Holzschnittkunst siehe Neidhardt 1984; Scholl 2012: 308f.

[29] Vgl. Oldenberg 1859b: 89.

[30] Interessanterweise findet sich bereits 1866 in der ansonsten sehr positiven Besprechung von Richters Album in der Zeitschrift *Die Grenzboten* ein kleiner Ansatz

Das Wort „Kitsch" wird man in Friedrich Oldenbergs Traktat vergeblich suchen. Der Grund hierfür ist natürlich, dass der Begriff vor dem Ende des 19. Jahrhunderts noch nicht im allgemeinen Sprachgebrauch etabliert war. Es sollte auch noch einige Zeit dauern, bis Gustav Pazaurek ihn in seinem 1912 erschienenen Buch *Guter und schlechter Geschmack im Kunstgewerbe* erstmals in Bezug auf religiöse Devotionalien und damit auch auf die populäre Andachtsgrafik anwandte (Pazaurek 1912: 350ff.). Doch der Begriff des Kitsches traf auf eine Diskussion, die längst im Gange war. Von daher waren die Kriterien, an denen man fortan den Kitsch festmachte, bereits eingeführt, nämlich die Vernachlässigung der künstlerischen Sorgfalt zugunsten einer möglichst preisgünstigen Herstellung, die einseitige Ausrichtung auf das Gefühl, der damit verbundene Hang zum Süßlichen und Gefälligen, die grelle Farbigkeit, das übertriebene Ornament, überhaupt die ungezügelte Freude am oberflächlichen Effekt. Dass man den Kitsch dabei nicht als bloß ästhetisches, sondern vor allem als ethisches Problem begriff, ist ebenfalls in der Tradition des 19. Jahrhunderts zu sehen. Wenn der Kitsch generell als Lüge, als „Inbegriff alles Unechten" (Greenberg 1997: 40), als „Niederschlag des Ungeistes, der den Geist töten will" (Karpfen 1925), als „das Böse im Wertesystem der Kunst" (Broch 1955: 307) dämonisiert wurde, dann zeigt sich darin im Grunde dieselbe Furcht vor einer ästhetisch-moralischen Verwahrlosung der Gesellschaft, wie sie schon Oldenbergs Traktat als Grundtenor durchzog.

Natürlich bildete die Mitte des 19. Jahrhundert einsetzende Diskussion um die populären religiösen Bilder nicht die einzige und auch nicht die am weitesten zurückreichende Wurzel für den Kitschbegriff des 20. Jahrhunderts. In dieser Hinsicht wäre vor allem der große Bereich der Trivialliteratur zu berücksichtigen. Für das Gebiet der bildenden Künste aber ist die hier vorgestellte Diskussion zweifellos von besonderer Signifikanz. Darüber hinaus bietet sie einen aufschlussreichen Blick auf das auch heute noch aktuelle Konfliktfeld von Kitsch und Religion.[31]

---

von Kritik (o. V. 1866: 518): „Immerhin mag in dem einen oder anderen Zuge ein wenig zu viel gethan sein; vielleicht braucht es mancher der kleinen Engelgestalten nicht, um uns zu erinnern, daß der Himmel in dieses Leben hineinschaut, (...) aber dennoch herrscht allenthalben reinster Geschmack, durchleuchteter Sinn."

[31] Siehe Würbel 1998; Friedrichs 2008.

Abbildungen

Abbildung 1

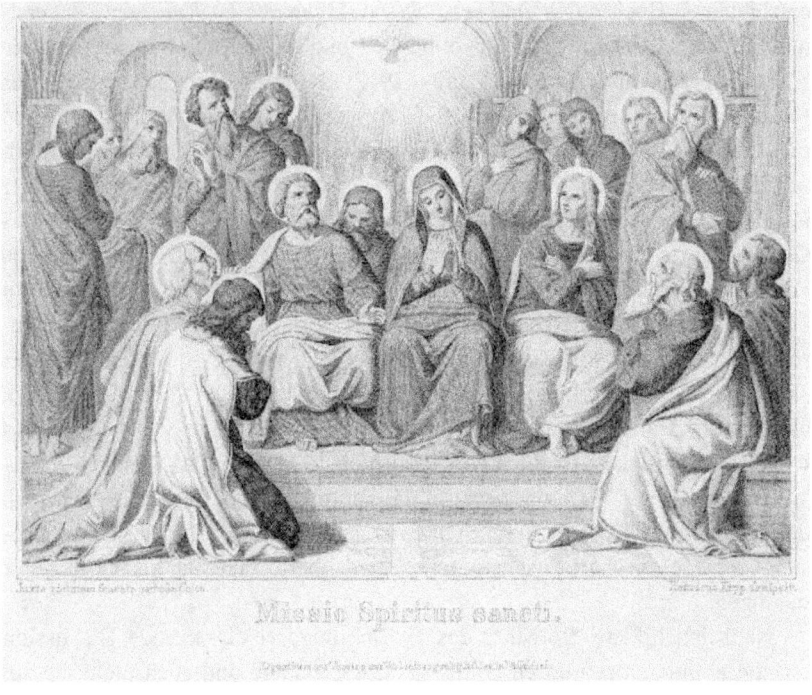

Missio Spirito sancti (Sendung des hl. Geistes), Verein zur Verbreitung religiöser Bilder in Düsseldorf, Stahlstich, um 1850.

Abbildung 2

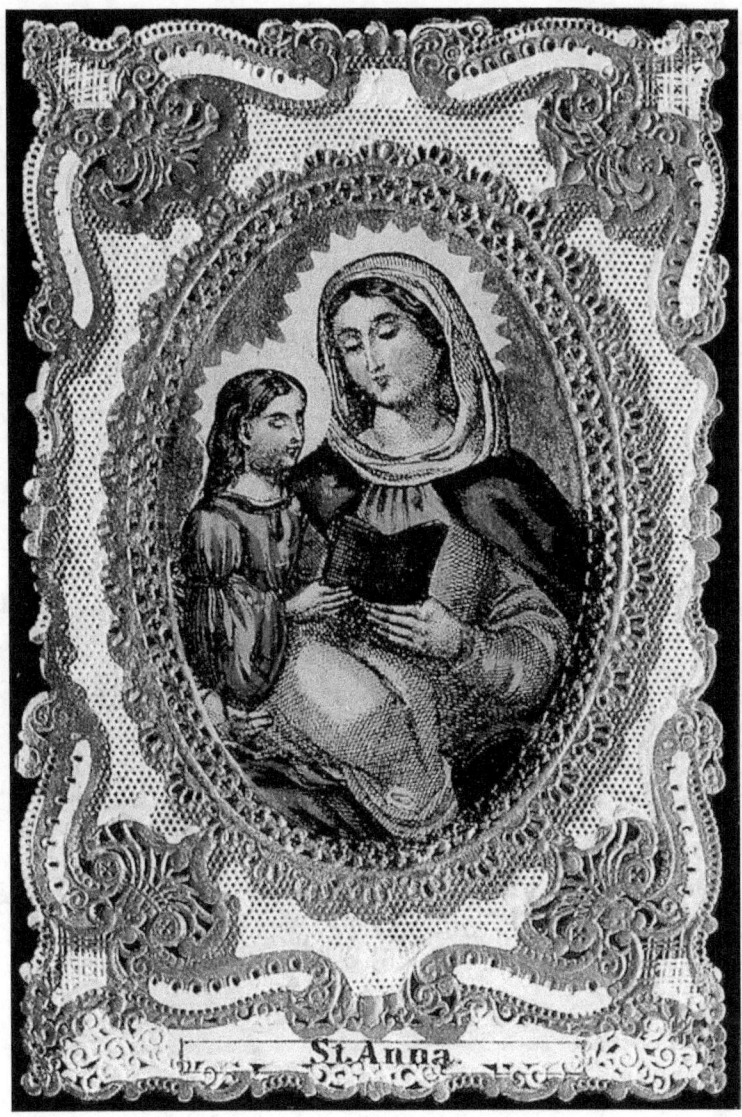

St. Anna, Prag, kolorierter Kupferstich mit Stanzspitze, 19. Jh.

Abbildung 3

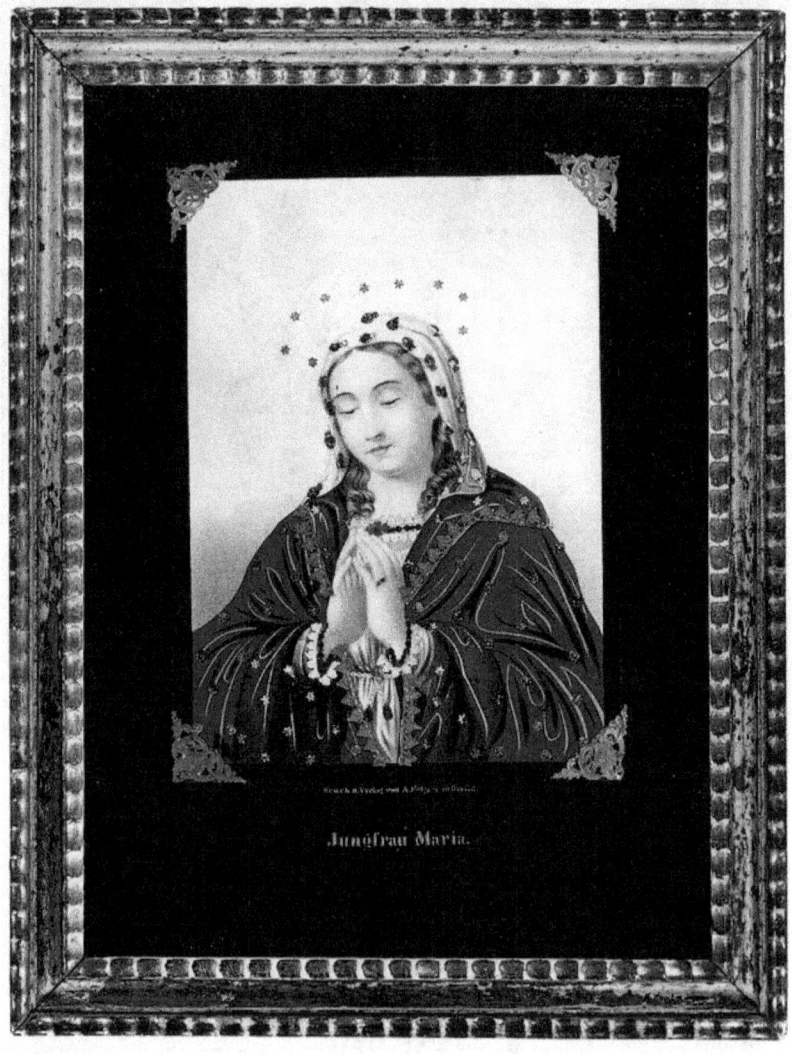

Jungfrau Maria, Verlag A. Felgner Berlin, kolorierte Lithografie mit Tinseln, um 1860.

Abbildung 4

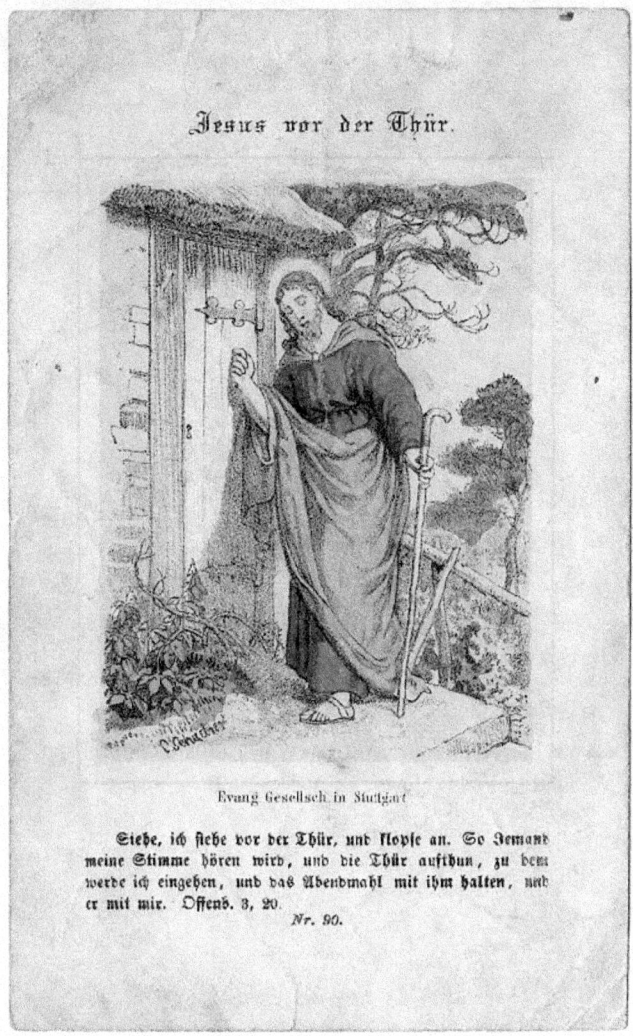

Jesus vor der Thür, Evangelische Gesellschaft in Stuttgart, kolorierte Lithografie, Mitte 19. Jh.

Abbildung 5

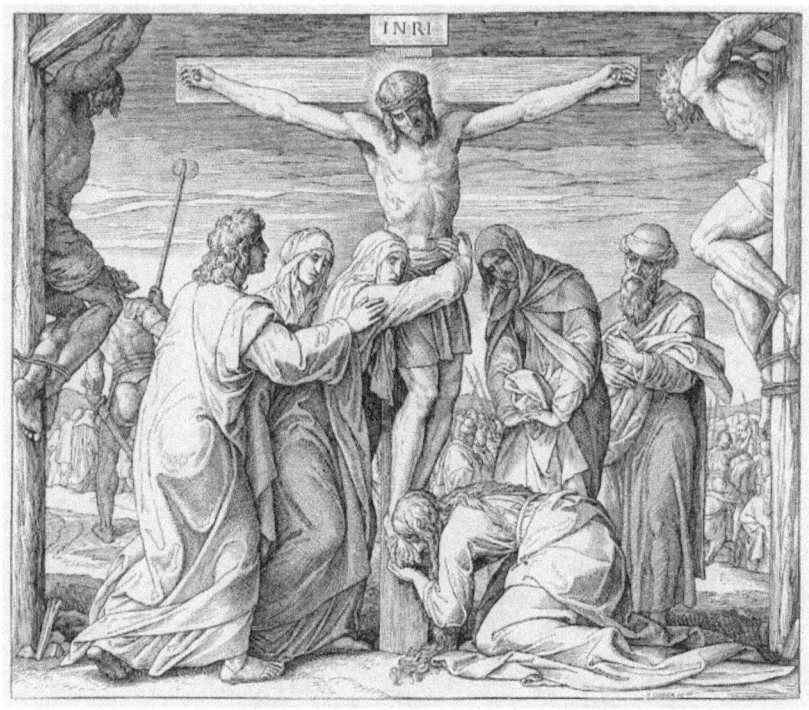

Kreuzigung, aus der *Bibel in Bildern* von Julius Schnorr von Carolsfeld, Verlag G. Wigand Leipzig, Holzschnitt, 1852–60.

Abbildung 6

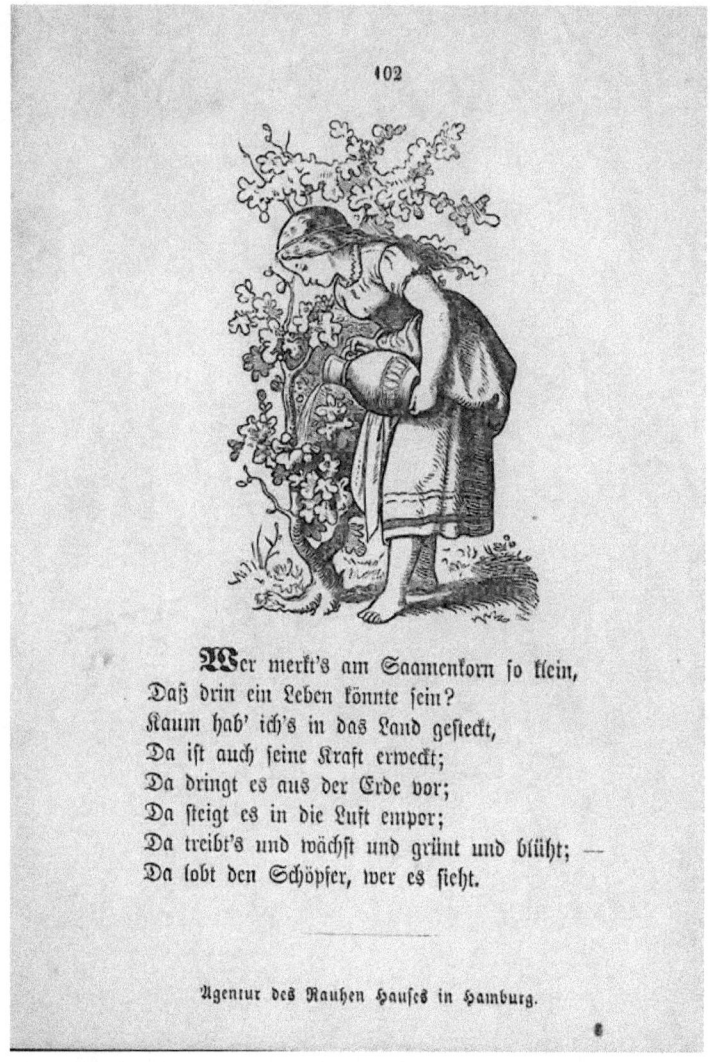

Wer merkt's am Samenkorn so klein, Agentur des Rauhen Hauses in Hamburg, Holzschnitt, Mitte 19. Jh.

Abbildung 7

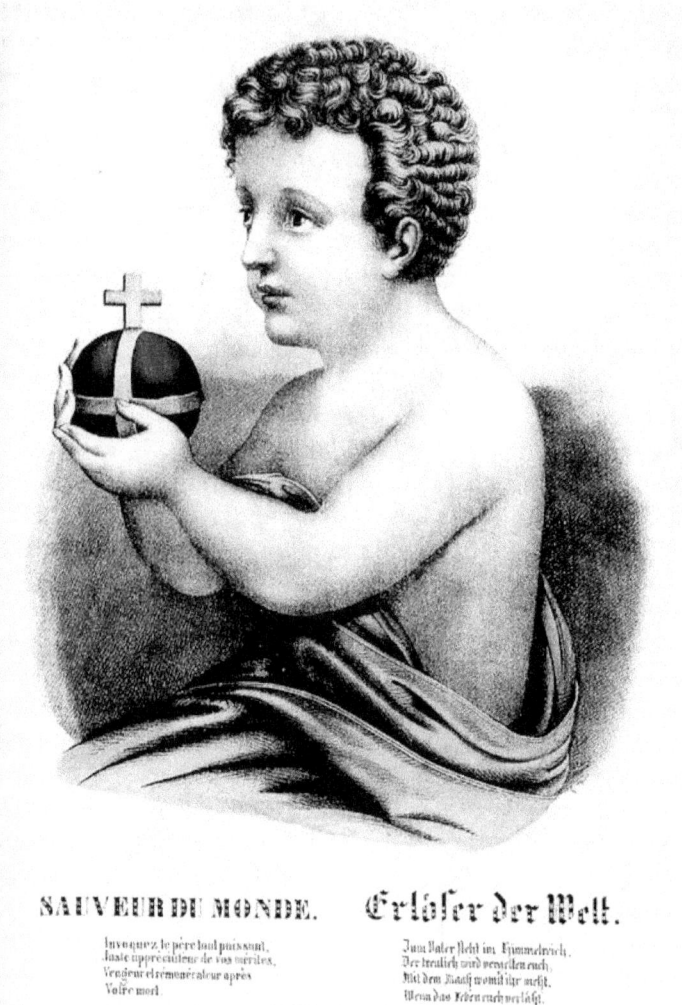

Sauveur du Monde/Erlöser der Welt, Verlag Fr. Wentzel Wissembourg, kolorierte Lithografie, nach 1835.

Abbildung 8

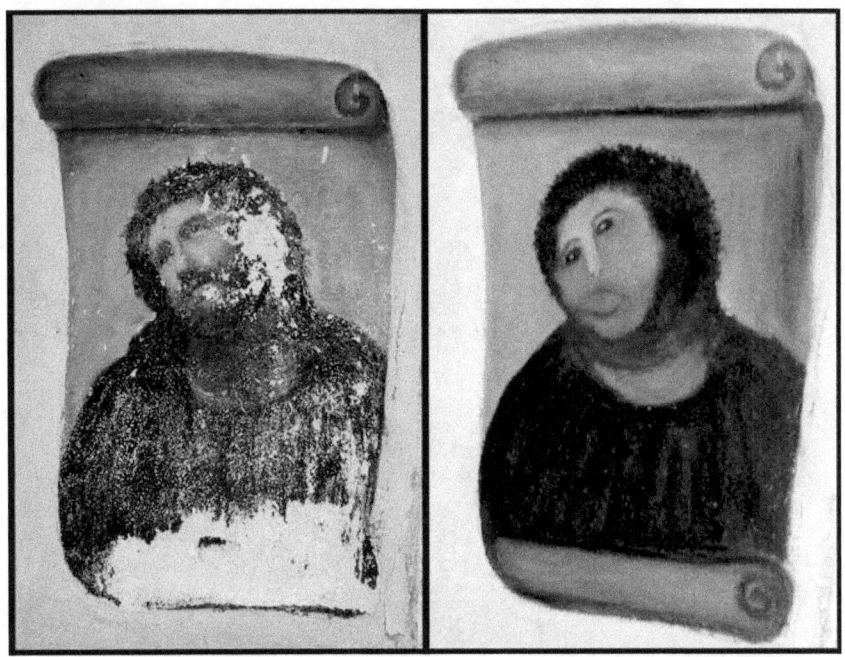

Wandbild in der Pfarrkirche von Borja/Spanien, vor und nach der „Restaurierung" durch eine Hobbykünstlerin.

Abbildung 9

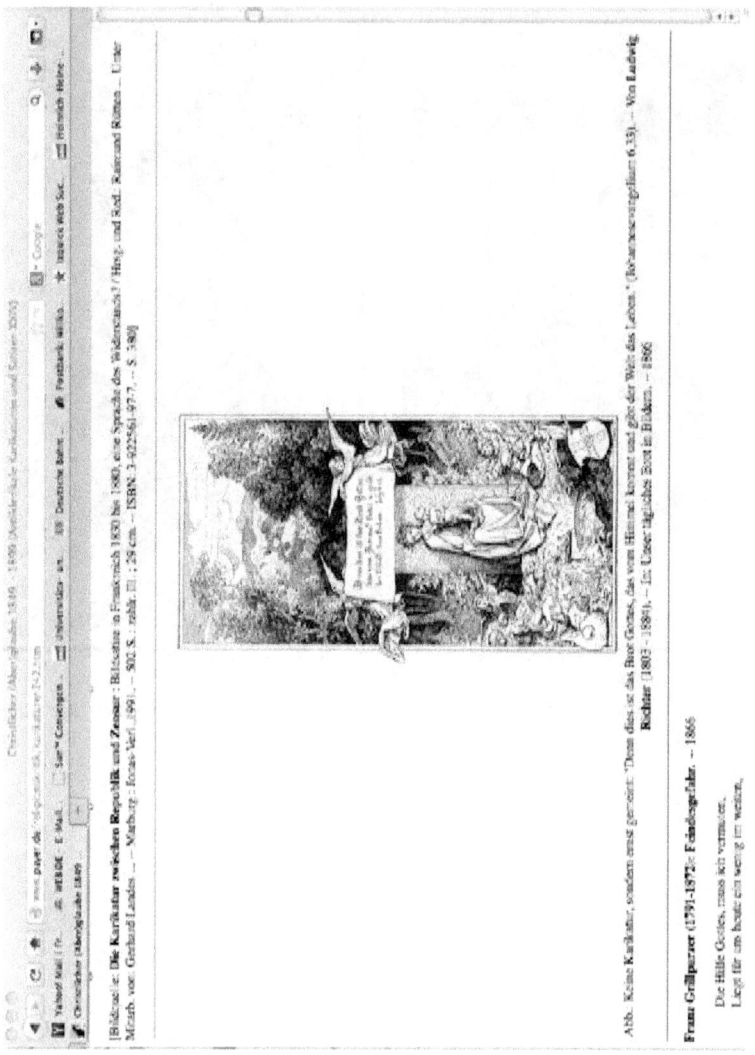

Private Website mit Abbildung des Holzschnittes „Denn dies ist das Brod Gottes" von Ludwig Richter, Screenshot (auf der folgenden Seite vergrößerte Reproduktion von Bild und Kommentar).

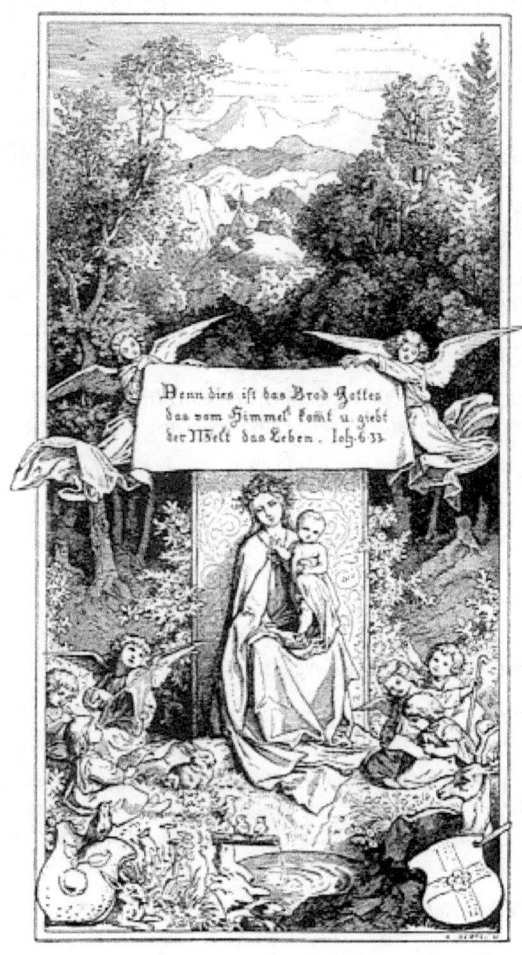

Kommentar auf der Internetseite: „Abb.: Keine Karikatur, sondern ernst gemeint: "Denn dies ist das Brot Gottes, das vom Himmel kommt und gibt der Welt das Leben." (Johannesevangelium 6,33). -- Von **Ludwig Richter** (1803 - 1884). -- In: Unser tägliches Brot in Bildern. -- 1866"

Bibliografische Angaben

BAUR (1861). „Berathungen des Barmer Kirchentages über christliche Kunst", in: *Christliches Kunstblatt* 3, 33–45.

BROCH, Hermann (1955). „Einige Bemerkungen zum Problem des Kitsches. Ein Vortrag", in: DERS., *Dichten und Erkennen. Essays.* Bd. I. Zürich: Rhein-Verlag, 277–310.

C. (1858). C. C., „Neue Holzschnitte. O. Pletsch's Weihnachtsbild und L. Richters Haussegen", in: *Christliches Kunstblatt* 1, 51–53.

FELDHAUS, Irmgard (1982). *Julius Schnorr von Carolsfeld. Die Bibel in Bildern und andere biblische Bilderfolgen der Nazarener.* Neuss: Clemens-Sels-Museum.

FINKE, Heinrich (1896). *Carl Müller. Sein Leben und künstlerisches Schaffen.* Köln: Bachem.

FRIEDRICHS, Lutz (Hg.) (2008). *Kitsch und Gefühl. Potenziale des Populären.* Hannover: Gemeinsame Arbeitsstelle für Gottesdienstliche Fragen der Evangelischen Kirche in Deutschland.

GERHARDT, Martin (1928). *Johann Hinrich Wichern. Ein Lebensbild.* Bd. II: *Höhe des Schaffens 1846–1857.* Hamburg: Agentur des Rauhen Hauses.

DERS. (1931). *Johann Hinrich Wichern. Ein Lebensbild.* Bd. III: *Ausbau und Ende 1857–1881.* Hamburg: Agentur des Rauhen Hauses.

GIERSE, Ludwig (1980). „Das kleine Andachtsbild und der Verein zur Verbreitung religiöser Bilder in Düsseldorf", in: Walter SCHULTEN/Ludwig GIERSE (Hgg.), *Religiöse Graphik aus der Zeit des Kölner Dombaus 1842–1880.* Köln: Diözesan-Museum, 21–28.

DERS. (Hg.) (1997). *Religiöse Graphik der Düsseldorfer Nazarener.* Düsseldorf: Wenger.

GREENBERG, Clement (1997). „Avantgarde und Kitsch", in: DERS., *Die Essenz der Moderne. Ausgewählte Essays und Kritiken.* Amsterdam; Dresden: Verlag der Kunst, 29–55.

GRÜNEISEN, Carl (1860). „Rez. Friedrich Oldenberg, Ein Steifzug in die Bilderwelt", in: *Christliches Kunstblatt* 2, 28–31, 38–68, 56–63.

HUBER, Victor Aimé (1859). „Die christliche Kunst in den Wohnungen des Volkes", in: *Christliches Kunstblatt* 1, 93.

HOFACKER, Ludwig (1880). *Ein güldenes Jubiläum oder Geschichte der 50jährigen Wirksamkeit der Evang. Gesellschaft in Stuttgart.* Stuttgart: Buchhandlung der Evangelischen Gesellschaft.

JANSEN, Gudrun (1992). *Die Nazarenerbewegung im Kontext der katholischen Restauration. Die Beziehung Clemens Brentano – Edward von Steinle als Grundlage einer religionspädagogischen Kunstkonzeption.* Essen: Die Blaue Eule.

KARPFEN, Fritz (1925). *Der Kitsch. Eine Studie über die Entartung der Kunst.* Hamburg: Weltbund-Verlag.

KUGLER, Franz (1842). *Handbuch der Kunstgeschichte.* Stuttgart: Ebner & Seubert.

LANGNER, Bruno (1992). *Evangelische Bilderwelt. Druckgraphik zwischen 1850 und 1950.* Bad Windsheim: Verlag Fränkisches Freilandmuseum.

M. (1867). E. M., „Der Verein zur Verbreitung religiöser Bilder, nach fünfundzwanzigjährigem Bestehen", in: *Organ für christliche Kunst* 17, 267–270.

MAYR, Peter (1997). „Der Verein zur Verbreitung religiöser Bilder in Düsseldorf", in: Max TAUCH (Hg.), *Kleine Bilder – große Wirkung. Religiöse Druckgraphik des 19. Jahrhunderts.* Neuss: Clemens-Sels-Museum, 33–44.

MENGELBERG, Otto (1851). „Vortrag", in: *Fliegende Blätter aus dem Rauhen Hause zu Horn bei Hamburg* 8, 372–377.

MERZ, Heinrich (1860). „Die neueren Bilderbibeln und Bibelbilder", in: *Christliches Kunstblatt* 2, 80–92, 105–111, 120–125, 132–144, 167–174.

DERS. (1861). „Die neueren Bilderbibeln und Bibelbilder", in: *Christliches Kunstblatt* 3, 78–93, 103–112.

NEIDHARDT, Hans Joachim (1984). „Ludwig Richters Holzschnitte", in: Staatliche Kunstsammlungen Dresden (Hg.), *Ludwig Richter und sein Kreis.* Leipzig: Edition Leipzig, 35–40.

NIEKE, Erdmute (2008). *Religiöse Bilderbogen aus Neuruppin. Eine Untersuchung zur Frömmigkeit im 19. Jahrhundert.* Frankfurt/Main: Peter Lang.

OLDENBERG, Friedrich (1859a). O., „Berathungen über christliche Kunst auf dem Hamburger Kirchentage", in: *Christliches Kunstblatt* 1, 1–6, 11–15, 33–37.

DERS. (1859b). *Ein Streifzug in die Bilderwelt.* Hamburg: Rauhes Haus.

DERS. (1863). „Die Konferenz über christliche Kunst auf dem Kirchentage zu Brandenburg. 15. September 1862", in: *Christliches Kunstblatt* 5, 10–14.

O. V. (1851). „Der Verein zur Verbreitung religiöser Bilder", in: *Organ für christliche Kunst* 1, 26–28, 35–36.

O. V. (1860). „Vervielfältigende Künste", in: *Christliches Kunstblatt* 2, 176.

O. V. (1866). „Vom Weihnachtstische", in: *Die Grenzboten* 15/II/IV, 517–519.

O. V. (1870). „Generalversammlung des Berliner Vereins für religiöse Kunst in der Evangelischen Kirche, am 24. Mai 1870", in: *Christliches Kunstblatt* 12, 129–133.

O. V. (1888). „Der Verein für christliche Kunst in der evang. Kirche Württembergs", in: *Christliches Kunstblatt* 30, 97–107.

PAHL, Henning (2003). „,Der Holzschnitt redet die Sprache des Volkes' – Das Bild als Popularisierungsmedium im Dienste der Religion", in: Carsten KRETSCHMANN (Hg.), *Wissenspopularisierung. Konzepte der Wissensverbreitung im Wandel.* Berlin: De Gruyter, 257–279.

PAZAUREK, Gustav (1912). *Guter und schlechter Geschmack im Kunstgewerbe.* Stuttgart; Berlin: Deutsche Verlags-Anstalt.

PASSAVANT, Johann David (1820). *Ansichten über die bildenden Künste und Darstellung des Ganges derselben in Toscana.* Heidelberg; Speyer: Oswald.

RICHTER, Ludwig (1866). *Unser tägliches Brod in Bildern.* Leipzig: Dürr.

RIEGELMANN, Christine (1999). „Die ‚Bibel in Bildern' von Julius Schnorr von Carolsfeld und ihre populäre Rezeption in Europa", in: Erika KARASEK/Uwe CLAASSEN / Konrad VANJA et al. (Hgg.), *Faszination Bild. Kultur Kontakte Europa.* Berlin: Staatl. Museen zu Berlin Preußischer Kulturbesitz, 124–143.

SCHARFE, Martin (1968). *Evangelische Andachtsbilder. Studien zu Intention und Funktion des Bildes in der Frömmigkeitsgeschichte vornehmlich des schwäbischen Raumes.* Stuttgart: Müller und Gräff.

SCHMITZ, Thomas (2001). *Die deutschen Kunstvereine im 19. und 20. Jahrhundert. Ein Beitrag zur Kultur-, Konsum- und Sozialgeschichte der bildenden Kunst im bürgerlichen Zeitalter.* Neuried: Ars Una.

SCHNAASE, Karl (1859). „Zwei Blätter christlicher Kunst", in: *Christliches Kunstblatt* 1, 97–104.

SCHNORR VON CAROLSFELD, Julius (1919). „Vorwort zur Bibel in Bildern 1860", in: DERS. (Hg.), *Künstlerische Wege und Ziele.* Leipzig: Wigand, 122–242.

SCHOEBERLEIN, Ludwig (1865). „Die christliche Kunst und der evangelische Gottesdienst", in: *Christliches Kunstblatt* 7, 5–9, 17–30.

SCHOLL, Christian (2012). *Revisionen der Romantik. Zur Rezeption der „neudeutschen Malerei" 1817–1906.* Berlin: Akademie-Verlag.

WISEMAN, Nicholas Patrick (1854). „Christliche Kunst", in: DERS., *Abhandlungen über verschiedene Gegenstände.* Bd. III. Regensburg: Manz, 303–336.

WÜRBEL, Andreas (Red.) (1998). *Emotionalität erlaubt? Kitsch in der Kirche.* Bergisch Gladbach: Thomas-Morus-Akademie Bensberg.

Internetquellen

FRENZEL, Veronica (2012). „Der übermalte Jesus von Borja. Ein Bild geht um die Welt", in: *Tagespiegel* (23.12.2012) (http://www.tagesspiegel.de/zeitung/der-uebermalte-jesus-von-borja-ein-bild-geht-um-die-welt/7555216.html [06.01.2014]).

PAYER, Alois (2005). *Antiklerikale Karikaturen und Satiren XXIV. Christlicher (Aber)glaube, 2: 1849-1899,* kompiliert und hrsg. von Alois Payer, Fassung vom 14.02.2005 (http://www.payer.de/religionskritik/karikaturen242.htm [06.06.2013]).

Abbildungsnachweis

1: Religiöse Graphik aus der Zeit des Kölner Dombaus 1842–1880, Köln 1980, Kat.-Nr. 37.

2: ENGELS, Matthias T., Das kleine Andachtsbild. Prägedrucke und Stanzspitzenbilder des 19. Jahrhunderts, Recklinghausen 1983, Kat.-Nr. 110.

3: *Die Meisterwerke aus dem Museum Deutsche Volkskunde Berlin,* Stuttgart/Zürich 1980, Kat.-Nr. 49.

4, 5: Autor.

6: GRUNDMANN, Andreas, Münster.

7: SIEFERT, Katharina, *Heilige, Herrscher, Hampelmänner. Bilderbogen aus Weißenburg.* Stuttgart 1999, S. 37.

8: http://www.sefspam.com/2012/08/ecce-homo-ftw.html (09.02.2014).

9: Screenshot http://www.payer.de/religionskritik/karikaturen242.htm (06.06.2013).

Hans Körner (Düsseldorf)

Erlaubte Blicke auf die Nacktheit.
Die „Doktrin der Distanz" und der weibliche Akt in der französischen Salonmalerei

Der Blick des Jägers Actaeon auf die Nacktheit der keuschen Göttin Diana und ihrer Nymphen war ein verbotener Blick, und die Strafe war schrecklich. Diana verwandelte den Jäger in einen Hirsch. In Jean-François de Troys Gemälde (Abb. 1) ist die Verwandlung vollzogen; die Jagdhunde nehmen die Verfolgung des fliehenden Hirsches auf, den sie zerfleischen werden. In der Ausstellung „Der verbotene Blick auf die Nacktheit" des Museum Kunst Palast in Düsseldorf, die 2008/2009 dieses Gemälde unter vielen anderen zeigte, folgte dem Blick auf die Nacktheit keine Strafe auf dem Fuß. Im Museum ist der Blick auf die Nacktheit ein erlaubter Blick. Und niemand, der diese Ausstellung besichtigte, musste riskieren, als Voyeur verdächtigt zu werden. Zumindest nicht in den Kreisen, in denen der Museumsbesuch Teil der kulturellen Formatierung ist.

Der Museumsbesucher ist qua definitione kein Voyeur, da sich über die Nacktheit der Schleier der Kunst gelegt hat, oder, um eine andere Metapher zu verwenden, weil Museum und Ausstellung Rahmen um Freiräume bilden.[1] Das gilt selbst für Bilder, die wie einige der in der Düsseldorfer Ausstellung gezeigten Akte der amerikanischen Fotografin Sally Manns in einem anderen als dem musealen Kontext als Kinderpornografie geächtet würden und juristische Konsequenzen hätten. Der Kunstbetrieb stiftet also mit Freiräumen wie es Museum und Ausstellung sind, Orte der Emanzipation, Emanzipation von hergebrachten Verboten, ja von Tabus, Emanzipation von den Konvenienzen der bürgerlichen, aber nicht nur der bürgerlichen Moral.

---

[1] Zum Museum als Rahmen Preziosi 1996.

Was haben Bilder wie die Fotografien Sally Manns mit einem Beitrag zur sogenannten „Salonmalerei" und dem üblicherweise an die „Salonmalerei" herangetragenen Kitschvorwurf zu tun? Sie haben als Bilder wenig damit zu tun; sehr verwandt aber sind die Strategien, um aus dem verbotenen Blick auf die Nacktheit einen erlaubten zu machen. Das Museum, die Ausstellung, sie stiften heute die institutionelle und mentale Distanz, die selbst das Tabuisierte nahe zu bringen erlaubt. Auf diese distanzstiftende Funktion des Kunstbetriebs setzte bereits die Salonmalerei des 19. Jahrhunderts,[2] schaltete dem aber weitere Distanzierungsmechanismen zu.

Seit der Renaissance ist der Akt das große Thema der Malerei. Daran änderte sich im 19. Jahrhundert nichts; im Gegenteil: Der Akt, vor allem der weibliche Akt, wurde in den großen Salonausstellungen geradezu inflationär thematisiert. Umso eigentümlicher berührt es, dass es gerade Aktdarstellungen waren, die die Abspaltung einer Avantgardekunst manifest werden ließen. 1863 wurde Edouard Manets „Frühstück im Freien" (Abb. 2) von der für die Salonausstellung zuständigen Jury zurückgewiesen. Als das Gemälde stattdessen auf dem Refüsiertensalon desselben Jahres gezeigt wurde, war das Aufsehen beträchtlich. Manets „Frühstück im Freien" avancierte zum Skandalbild des Jahres 1863. Zwei Jahre später, 1865, akzeptierte die Jury Manets „Olympia" (Abb. 3). Der Skandal, den das Bild auslöste, war nicht geringer. Was war das Anstößige an diesen beiden Gemälden Manets? Keinesfalls die Tatsache, dass nackte Frauen dargestellt waren. Nuditäten hatte es gerade in den Salons von 1863 und 1865 mehr als genug gegeben. Nur waren es bevorzugt Akte, die die Namen Venus, Danae, Wahrheit oder Frühling trugen.

Die elegant gekleideten Herren des „Frühstücks im Freien" sind demgegenüber Franzosen des Jahres 1863, und vor dem Fond dieser für die Zeitgenossen sehr gegenwärtigen Herren wird mit einem Mal auch der sonst in mythologische Zusammenhänge entrückte weibliche Akt ganz gegenwärtig.[3] Die Nackte, die mit den beiden Dandys im Gras sitzt, ist ein unverstellt moderner Akt. Manets „Olympia" bemüht wie viele der nicht als anstößig empfundenen Bilder der sogenannten Salonmaler ein vertrautes und ästhetisch

---

[2] Vgl. Jones (1996: 235) mit Verweis auf Lynd Nead.
[3] Körner (1996: 62 ff.).

legitimiertes Vorbild aus der Kunstgeschichte.[4] Manet zitierte in seiner „Olympia" bekanntlich Tizians „Venus von Urbino" (Abb. 4). Aber dieser Verweis gab dem Skandal eher weitere Nahrung, denn die Referenz auf das kunstgeschichtlich sanktionierte Vorbild des Hauptmeisters der venezianschen Malerei ist nur ein Partner in diesem Spiel. Der zweite Partner ist auf niedrigerem Niveau angesiedelt. Es ist das erotische oder, wenn man will, das pornografische Foto. Gerald Needham machte auf die engen Bezüge aufmerksam.[5] Mit der ostentativen Kopfwendung zum Betrachter, der ohne Scham, aber auch ohne Anteilnahme vom Aktmodell fixiert, und das heißt eben auch in seiner Betrachterrolle festgehalten wird, erweist sich beispielsweise die um 1850 von Dubosc-Soleil fotografierte Nackte (Abb. 5) als gleichgesinnte Schwester der „Olympia". Diese Spannung machte das Bild Manets provokant und den weiblichen Akt in diesem Gemälde zu einem modernen Akt. Der unverstellte Gegenwartsbezug, den Manet auch anschaulich im unkonventionellen, dem üblichen Weiblichkeitsideal der Zeit widersprechenden, hageren und eckigen Körper der Nackten herstellte und durch modische Accessoires wie das Bändchen um den Hals und die Schuhe unterstrich, kollidiert mit dem kunsthistorischen Vorbild, das eben deshalb nicht mehr hilft, die Nacktheit ästhetisch zu legitimieren und zu verharmlosen, sondern im Gegenteil die ästhetische Legitimierung als Maske entlarvt.

1863, das Jahr der Ausstellung des „Frühstücks im Freien" und das Jahr der Entstehung der „Olympia" war auch das Jahr der Venusgeburten. William Bouguereaus schaumgeborene Venus (Abb. 6) steht auf ihrer Muschel, umgeben von bewundernden Nereiden, Tritonen und Eroten. Bouguereau lehnte sich mit seinem Gemälde offensichtlich einmal an Botticellis „Geburt der Venus" an. Noch ausgeprägter ist die Anbindung an Raffaels „Zug der Galathea". Wie bei Manet findet sich somit auch bei Bouguereau die kunsthistorische Referenz. Nur leistet diese Referenz bei Bouguereau ästhetische Distanzierung, wohingegen bei Manet in der offensichtlich gemachten Differenz zum offensichtlich gemachten Vorbild die Provokation thematisch wird.

Bouguereaus nackte Venus begegnete auf dem Salon von 1863 einer Reihe weiterer durchaus freizügiger Venusdarstellungen. In einem Gemälde

---

[4] Zum Folgenden Körner (ebda.: 73 ff.).
[5] Needham 1973. Siehe auch Farewell (1981: 428 u. a.).

Alexandre Cabanels räkelt sich die Göttin auf den Schaumkronen der Meereswellen (Abb. 7). Erinnert sei daran, dass die Jury Manets „Frühstück im Freien" vom Salon 1863 ausgeschlossen hatte und dass Manets Bild – ausgestellt bei den Refüsierten – die sittliche Empörung des Kaisers hervorrief. Cabanels „Venus" dagegen wurde von Napoleon III. für seine Privatsamlung angekauft. Ebenfalls im Salon von 1863 hing ein Gemälde Paul Baudrys, dessen Titel, „Die Perle und die Welle", annonciert, dass auch diese junge Frau als schaumgeborene Liebesgöttin betrachtet werden möchte (Abb. 8). Das Gemälde wurde von Kaiserin Eugénie für ihre private Bildersammlung erworben, woraus sich Spekulationen über die Ähnlichkeiten und die Verschiedenheiten im Geschmack des Kaiserpaares anstellen ließen.

Der Venus-Ikonografie gaben diese beiden Gemälde des Salons von 1863 eine neue Richtung. Im Unterschied zur ikonografischen Tradition, aber auch im Unterschied zu Bouguereaus Venus-Geburt von 1863, forciert das Liegemotiv den sexuellen Appell des Bildes. Das Liegen, der kecke Blick über die Schulter bei Baudry oder das Blinzeln hinter vorgehaltener Hand bei Cabanel, die laszive Körperdrehung, all das sind deutliche sexuelle Signale. Und trotzdem stießen sie auf allerhöchste, eben kaiserliche Akzeptanz, und zwar zunächst deshalb, weil die Nacktheit mythologisch verkleidet auftrat.

Mit der Be- und Verurteilung solcher Akte, wie sie Cabanel und Baudry lieferten, ist man schnell bei der Hand. Sie sind, so pflegt man zu sagen, Manifestationen einer durch und durch heuchlerischen Moral, kurz: Kitsch. Entsprechende Definitionen findet man unter dem Stichwort „Erotischer Kitsch" in der einschlägigen Literatur.

> Erotischer Kitsch war dann der Fall, wenn es sich die „Lust an erotischen Dingen" (…) gefallen lassen (musste), daß man sie in die Wickelschürze der Wohlanständigkeit kleidete. (…) Der Kampf zwischen Sinnenlust und Prüderie, zwischen Lüsternheit und erotischer Verklemmtheit gebar erotischen Kitsch. (Richter 1972: 60 f.)

Auf Cabanels und Baudrys Akte lässt sich eine solche Definition ohne Weiteres übertragen. Schließlich sind diese Venus-Darstellungen nicht weniger nackt als Manets „Olympia" und bieten lüsternen Blicken sogar sehr viel mehr als Manets Bild, zumal der direkte, unbetroffene, kalte Blick der Olympia wenig dazu angetan ist, dem Voyeur eine sichere Schlüssellochperspektive zu garantieren. Ganz abgesehen davon, dass zumindest für den zeitgenössischen (männlichen) Betrachter der knochige Körperbau und die steife Haltung der Olympia eher ernüchternd wirkten, während die sexuellen Konnotationen der gewagten Positionen bei Baudry und Cabanel recht eindeutiger Natur waren.

Es steht außer Frage, dass es nicht zuletzt die Zugeständnisse an hergebrachte ästhetische Konventionen und die Maskierung der Nacktheit mit Mythologie Strategien waren, die Bildern wie denen Baudrys und Cabanels die offizielle Wertschätzung eintrugen, die man Manet verweigerte. Baudrys und Cabanels Venusdarstellungen wurden selbstverständlich akzeptiert und konnten vom Kaiserpaar gekauft werden, weil Sexualität nicht offen thematisiert, sondern nur gebrochen über Kunst und Mythos transportiert, und damit verharmlost wird. Die Brechung durch Kunst, respektive durch Künstlichkeit umschrieb Emile Zola bezüglich der Cabanel-Venus ironisch einmal so:

> Die in einem Milchstrom gebadete Göttin sieht aus wie eine Lorette (eine Prostituierte, d. V.), aber (sie ist) nicht aus Fleisch und Blut – das wäre unanständig –, sondern aus einer Art von weißem und rosa Marzipan. (Zola 1867, zit. n. Clay 1984: 14)

Charles Blanc wies ebenfalls, nun aber affirmativ, auf die Spannung zwischen mythologischer Verkleidung und der Realität eines durchaus irdischen Körpers hin: „Sie ist Göttin, und gleichzeitig verrät ein gewisser Akzent von Individualität in ihr eine Frau; sie ist jungfräulich und wollüstig, keusch und provozierend."[6]

Selbstverständlich erwarb Napoleon III. Cabanels Bild nicht, weil er gesteigertes mythologisches Interesse gehegt hätte. Des Kaisers Interesse dürfte gewöhnlich sogar recht eindeutig gewesen sein. Patricia Mainardi formulierte dieses Interesse – etwas zu pointiert vielleicht – folgendermaßen: „Allen Berichten zufolge zog er hübsche Mädchen den Bildern vor, aber da er nun einmal auch Bilder besitzen mußte, bevorzugte er Bilder mit hübschen Mädchen" (Mainardi 1987: 33).

Es ist keineswegs so, dass man sich vor solchen Bildern selbst belogen hätte. Den sexuellen Appell der Bilder gestand man sich (häufig) auch ein. Aber das „auch" ist entscheidend. Der sexuelle Appell sollte nicht zu direkt

---

[6] „Elle est déesse, et toutefois, un certain accent d'individualité trahit en elle une femme; elle est vierge et voluptueuse, chaste et provoquante" (Blanc 1876: 428).

wirken, er sollte mitgeliefert sein, aber nicht offenkundig im Vordergrund stehen. „Ihr erster Blick ist ein Lächeln, ihr Mund verspricht einen Kuss", so die Erwartungen, die Charles Blanc an die schaumgeborene „Venus" Cabanels stellte. Das ist deutlich, aber eben: Cabanels Venus blinzelt dem Betrachter nur verstohlen hinter dem vorgehaltenen Arm zu, außerdem ist sie zumindest gemäß dem ikonografischen Etikett eine Venus. Und die herumflatternden Eroten gehören einer idealen Sphäre an, die nicht die unsere ist.

Der Spannung, die Manet in seinen skandalösen Aktbildern aufgebaut hatte, sind solche Bruchstellen, aus denen etwa in Cabanels „Geburt der Venus" der Mythos auf durchaus gegenwärtige und irdische Begierden hin durchsichtig wird, analog. Doch Cabanel trieb die Spannung nicht in einen Antagonismus hinein, sondern beließ es bei der unverbindlichen Anspielung, die die eine Seite (den Mythos) pikanter machte und die andere Seite (die Prostituierte z. B., die Zola in der Venus zu erkennen glaubte) verklärte. Stoßen die Widersprüche in Manets „Frühstück im Freien" und in seiner „Olympia" unvereint gegeneinander, so heben sie sich (und damit auch Gegensätze, wie die von Blanc assoziierten – „jungfräulich und wollüstig, keusch und provozierend") in der solche Gegensätze übergreifenden ‚Männerphantasie' auf.

Verlogenheit, Heuchelei, Kitsch, Ausdruck einer durch und durch spießigen bürgerlichen Moral, was sonst? Und doch sollte man nicht im Vorhinein ein pauschal negatives Urteil fällen. Zur Vorsicht mahnen die Forschungen Peter Gays zu Liebe und Sexualität im bürgerlichen Zeitalter, die seit 1984/1986 in zwei Bänden vorliegen. Die verbreitete Meinung, von der er seinen Ausgang nahm und von der er sich absetzte, ist die, dass die bürgerliche Geschlechtsmoral des 19. Jahrhunderts grundsätzlich prüde und verlogen gewesen sei.

Gays Resümee „Es gab auch glückliche Ehen im 19. Jahrhundert" klingt vielleicht dürftig, aber das Resümee ist einem Wald von Vorurteilen abgerungen. Und es ist gewonnen anhand eines bis dahin noch nicht ausgewerteten Materials. Das Bild vom Liebesleben des Bürgers im 19. Jahrhundert bezog man bis dahin im Wesentlichen aus der Avantgardeliteratur, deren Autoren sich, obwohl herkunftsmäßig zum Großteil selber in der bürgerlichen Schicht verwurzelt, aus der Gegenposition zum Bürger heraus definierten. Die avantgardistische Verachtung der Bourgeoisie schloss die Verachtung der Geschlechtsmoral des Bürgers ein, oder was man dafür hielt. Indem man sich im 20. Jahrhundert auf die frühe avantgardistische Interpretation bürgerlicher Moral berief, ohne dabei den Kontext im Blick zu haben, aus dem heraus die avantgardistischen Texte entstanden, als Abgrenzung nämlich nicht zuletzt, verbarg man die historische Wirklichkeit. Peter Gay las nicht nur die bekannten Fallstudien bürgerlicher Moral, wie die *Madame Bovary* des Bürgerhassers Flaubert, er las auch Tagebücher und Briefe von weiblichen und männlichen Bürgern, und er entdeckte in diesen privaten Dokumenten eine Offenheit und Freiheit im sexuellen Bereich, die man vorher dem bürgerlichen 19. Jahrhundert nicht einmal ansatzweise zugetraut hätte.

Die Lehre, die Peter Gay aus seinem Quellenstudium zog, war die: Sexualität im bürgerlichen 19. Jahrhundert wurde nicht unterdrückt, sondern privatisiert. Der unausgesprochene Gesellschaftsvertrag forderte und garantierte die Wahrung der Privatheit, das Schweigen. Erst das bürgerliche 19. Jahrhundert bildete eine abgeschlossene Privatsphäre aus. Innerhalb dieser Privatsphäre war unverklemmte Sexualität nicht nur möglich, sie war vielleicht da leichter und eher möglich als jemals zuvor: „Was zeitgenössische Moralisten etwas voreilig als ‚Heuchelei' verurteilten, war in Wirklichkeit eine Methode, im Bezirk der Vernunft Raum für die Leidenschaften zu schaffen" (Gay 1986: 380ff.). Diese Strategie des bürgerlichen Glücks, die eben eine Strategie war und nicht Ausdruck sexueller Verkümmerung und Verklemmtheit oder Heuchelei, befolgte auch die Aktdarstellung der sogenannten Salonmalerei. Wichtig war dabei in jedem Fall, dass das eingehalten wurde, was Gay die „Doktrin der Distanz" (Gay 1986: 390) nannte.

> Die meisten anständigen Bürger (…) begnügten sich mit einer Art stillschweigendem Vertrag zwischen Künstler und Publikum; dieser Vertrag hatte zum Inhalt, was ich die ‚Doktrin der Distanz' nennen möchte. Diese Doktrin (…) vertritt den Standpunkt, daß die Darstellung des menschlichen Körpers in der Kunst die Betrachter um so weniger schockiert, je verallgemeinerter und verklärter sie, ist, je mehr sie sich in erhebende Assoziationen hüllt. In der Praxis bedeutete das, den Akt der intimen Erfahrungswelt der Zeitgenossen zu entziehen und ihn mit dem fremden Glanz der Geschichte, der Mythologie, der Religion oder des Exotischen auszustatten. (…) (V)iele Kunstliebhaber [scil. waren] bereit, einen Akt von milder Sinnlichkeit zu akzeptieren, wenn der Künstler nur sein Publikum zu überzeugen vermochte, daß seine nackte Figur in eine Reinheit eigener Art ‚gekleidet' war. (ebda).

Peter Gay korrigierend muss man sagen, dass eben nicht nur Akte von „milder Sinnlichkeit" akzeptiert wurden. Man konnte zumindest als französischer Künstler weit, sehr weit gehen, wenn nur in irgendeiner Form die „Doktrin der Distanz" gewahrt blieb. Unter diesem Vorbehalt durften Aktbilder dann selbstverständlich auch erotisch stimulierend wirken. Bilder als erotische Stimulation – das ist keineswegs ein Phänomen des 19. Jahrhunderts. Dafür gibt es hinreichend Quellen aus der Antike, die die Kunstliteratur der frühen Neuzeit aufgriff und ihrerseits als Argument für die Macht der Kunst einsetzte.[7] Auf der anderen Seite: Auch die Ästhetisierung und die damit verbundene Entsinnlichung des menschlichen Leibes ist eine historisch hergebrachte Produktions- und Rezeptionsweise. Was die sogenannte Salonmalerei des 19. Jahrhunderts diesbezüglich leistete, war so gesehen nichts Neues, wohl aber vollzog sich im 19. Jahrhundert eine Radikalisierung nach beiden Seiten hin.

Einerseits radikalisierte das 19. Jahrhundert den asexuellen Aspekt der Kunst. Immanuel Kant hatte hier den Grundstein gelegt, insofern als er das ästhetische Urteil für ein „interesseloses" erklärte. Und was ist weniger interesselos als der Sexualtrieb? Victor Cousin, der Kant, Hegel und Schelling in die französische Philosophie importierte, definierte das Schöne als die Verkörperung des Absoluten und Einen im Besonderen und Mannigfaltigen. Was ist weniger absolut als der Sexualtrieb? Arthur Schopenhauer, der vor allem im späten 19. Jahrhundert für die Franzosen zum Modephilosoph wurde, bestimmte das Schöne als den Vorschein der Erlösung vom Verhängnis des Willens. Was ist weniger vom Wollen befreit als der Sexualtrieb? Kurzum, die ästhetischen Systeme des späten 18. und 19. Jahrhunderts trieben Sexualität in vorher nie gekannter Gründlichkeit aus dem Gebiet der Kunst aus. Die Kunst wurde von den Meisterdenkern gründlich desinfiziert.

Gleichzeitig aber sexualisierte sich die Kunst im 19. Jahrhundert, und da vor allem bei den sogenannten Salonmalern in einer vordem unvorstellbaren Weise. Henri Gervex' „Satyr und Nymphe" (Abb. 9) oder seine rothaarige „Venus" (Abb. 10) sind von einer Deutlichkeit, wie sie bis dahin sozusagen nur unter dem Ladentisch zu haben war. Sterilisierung der Kunst vonseiten der philosophischen Ästhetik, Sexualisierung der Bilder auf der anderen Seite, aus beidem erwächst die uns zunächst peinlich anrührende Zweideu-

---

[7] Vgl. Körner 1999.

tigkeit dieser und ähnlicher Nuditäten. Aber vielleicht ist diese Ambivalenz in der Sexualisierung der Bilder bei gleichzeitiger Entsexualisierung der Ästhetik nur das Pendant zur Sexualisierung des Privatlebens bei gleichzeitiger Tabuisierung von Sexualität im öffentlichen Diskurs.

Und vielleicht müssen wir diese Zweideutigkeiten deshalb gar nicht negativ beurteilen, sondern dürfen sie, wie die in Privatsphäre und Öffentlichkeit gespaltene Sexualmoral des bürgerlichen 19. Jahrhunderts auch als eine Befreiung von Zwängen werten. Nicht Heuchelei also, sondern Strategie. Zumindest sollte man vorsichtig sein, wenn man Verklemmtheit und Verdrängung orten will. Gervex' neckisches Liebesspiel von Satyr und Mänade ist vielleicht nicht ganz ehrlich, weil es Sexualität für die Öffentlichkeit nur über die Brechung im mythologischen Zoo thematisiert, aber von Verklemmtheit verrät Gervex' Bild nichts.

Mit Peter Gays Begriff der „Doktrin der Distanz" ist die Konvention auf den Begriff gebracht, der die Aktdarstellung der Salonmaler in der Regel verpflichtet blieb. Der Sündenfall Manets bestand in der Nichteinhaltung dieser Doktrin. Seine „Olympia" und seine Aktfigur im „Frühstück im Freien" sind distanzaufhebend. Manet kündigte den stillschweigenden Vertrag, den Künstler und Publikum geschlossen hatten, auf. Baudry, Cabanel und die anderen integrierten ihre Aktmodelle in die Mythologie und damit in die Kunstgeschichte; Manet setzte Akt und Mythologie, sein Aktmodell Victorine Meurent und Venus, Moderne und Kunstgeschichte in Kontrastspannung. Solcherart kommt ein transitorisches Moment in die Aktdarstellung. Baudrys und Cabanels Venus-Figuren sind nackt; Victorine Meurent ist entkleidet. Kleidung und damit Entkleidung ist aber auch im übertragenen Sinne zum Thema gemacht. Wovon Manet Victorine Meurent in seinen beiden provokanten Bildern vor allem frei macht, das ist das bergende Kleid der Kunst. Kunstgeschichte legitimiert und verharmlost hier nicht mehr die Aktdarstellung. Kunstgeschichte – d.h. Tizian in der „Olympia" bzw. Raffael und Giorgione im „Frühstück im Freien" – wird zwar gezeigt, überdeutlich gezeigt, aber ihre Funktion im Bild ist analog dem ausgezogenen blauen Kleid der Nackten im „Frühstück im Freien". Mit dem Verlust der mythologischen und kunsthistorischen „Bekleidung" der Nacktheit verliert der Betrachter die schützende Distanz zur Nacktheit (Körner 1996: 69f.).

Sinnliche aber gleichwohl ‚reine' Bilder zu malen, das war demgegenüber das Problem, das die Aktmalerei der Salonmaler zu lösen suchte. Wie bewusst Maler sich dieser Paradoxie waren, bestätigen Hinweise, die Charles François Jalabert seinem Bild „Die Nymphen hören die Gesänge des Orpheus" (Abb. 11) mitgab.

> Nichts ist schwieriger als diese Komposition, die eine ebenso delikate wie poetische Vorstellungskraft erfordern würde, zudem aber auch noch einen erlesenen Geschmack, um die Nacktheit all dieser jungen Nymphen vergessen zu lassen.[8]

Es lag am Betrachter, der „Doktrin der Distanz" zu gehorchen, aber zuerst einmal war es Aufgabe des Künstlers, durch Einhaltung dieser Doktrin die gewünschte Betrachterhaltung zu präparieren. Eine Reihe von Mitteln standen dazu bereit: Einmal eben die Legitimierung des Nackten und die Distanzierung des Nackten durch Mythologie. 1904 legte Emile Bayard ein Buch mit dem Titel *La Pudeur dans l'art* vor (Erwähnung verdient, dass William Bouguereau das Vorwort schrieb), in dem wesentliche Grundsätze dieser „Doktrin der Distanz" formuliert sind:

> Die Nacktheit, die sich mit einer schönen Geste zeigt, bewirkt in keiner Weise wollüstige Empfindungen (...). (D)as ist die moralische und physische Differenz, die es zwischen der Nacktheit, dem Entkleidetsein und einer bestimmten Form von ‚Bekleidung' gibt.[9]
>
> Man darf mit der unberührbaren und geheiligten Schönheit nicht die Realität materieller Dinge vermischen; wenn man einer Frau Strümpfe anzieht, dann entpoetisiert man sie (...) Ein Korsett, ein Höschen, ein Hemd, etc. haben unweigerlich Lüsternheit im Gefolge.[10]

---

[8] „Rien n'est plus difficile que cette composition, qui réclamerait une imagination aussi délicate que poétique, et joint à cela un goût exquis pour faire oublier la nudité de toutes ces jeunes nymphes" (zit. n. Jourdan 1981: 46).

[9] „La nudité offerte en un beau geste, toute entière, ne donne point la sensation voluptueuse (...) c'est la différence morale et physique qui existe entre le nu, le déshabillé et certain ‚habillé'" (Bayard 1904: 60).

[10] „On ne doit pas mêler à la beauté intangible et sacrée la réalité des objets matériels; revêtir de bas les jambes d'une femme c'est la dépoétiser (...). Un corset, un pantalon, une chemise, etc. portent à la lubricité" (ders.: 91).

Umgekehrt aber gelte: Wenn ein Künstler einer Szene, in der zwei Frauen sich in den Haaren haben, einen Thyrsusstab hinzufüge, dann erwecke er die Illusion, als seien dies zwei streitende Bacchantinnen; aber was müsste man denken, wenn statt des Thyrsusstabes zwei Korsetts am Boden lägen?[11]

Zunächst klingt das alles wie zitiert aus einem Lehrbuch für Heuchler. Aber Bayards Text ist nicht heuchlerisch. Er bleibt sogar erfreulich nüchtern. Bayard sprach beispielsweise von einer „poetischen Illusion", als er den entschärfenden Thyrsusstab neben den sich balgenden Frauen erwähnte, und insgesamt nannte er diese Verharmlosung des sexuellen Appells durch Mythologie eine „Fiktion".[12] Der Autor des Buches *La Pudeur dans l'art* formulierte tatsächlich, und dagegen würde auch der sonst durchaus freizügige Text sprechen, keine falsche Moral, sondern eine gesellschaftliche Strategie, eine Strategie, die der Kunst nicht die Sinnlichkeit austreiben, sondern ihr innerhalb eines bestimmten Rahmens, sogar weitergehende Rechte zugestehen will.

Die sogenannten Salonmaler loteten daneben weitere Möglichkeiten aus, wie Maler ein Maximum an Sinnlichkeit vorführen und doch der „Doktrin der Distanz" verpflichtet bleiben konnten. Die Distanz konnte als eine geografische realisiert sein. Jean-Léon Gérôme insbesondere hatte erstaunliche Fähigkeiten entwickelt, anregende Nuditäten beiderlei Geschlechts in seinen orientalischen Bildern unterzubringen (Abb. 12, 13). Die exotische Ferne, aber eben auch, vor allem bei Gérôme, der ethnografische Anspruch, der die Nuditäten sozusagen mit Wissenschaft umhüllte, all dies sind Strategien innerhalb des von der „Doktrin der Distanz" gezogenen Rahmens. Wie überhaupt der Blick der Wissenschaft auf die Nacktheit der distanzierte und damit erlaubte Bick par excellence ist. Dazu zählt zuerst und zunächst der ärztliche Blick. Ein Gemälde Henri Gervex' mit den Vorbereitungen einer Operation an einer attraktiven Patientin (Abb. 14) ist in seinem erotischen Appell offensichtlich, konnte aber gleichwohl so distanziert rezipiert werden, dass es, bevor es ins Musée d'Orsay gebracht wurde, im Pariser Krankenhausmuseum für die Medizingeschichte als Dokument diente.

---

[11] Vgl. ebda.: 91f.

[12] „illusion poétique", „fiction" (ebda.: 92).

Eine weitere Strategie bestand darin, den Akt als einen gleichsam schon in einem Kunstmedium gebrochenen zu präsentieren. Gérômes Darstellung der Hetäre Phryne vor ihren Richtern (Abb. 15) spielt ein raffiniertes Spiel mit dem Voyeurismus und ein raffiniertes Spiel mit der Kunst: Phryne war eine der berühmtesten Kurtisanen des antiken Griechenlands. Befreundet mit Praxiteles soll sie Modell für seine schönsten Statuen gewesen sein. Als sie sich vor dem Areopag gegen die Anklage wegen Gottlosigkeit rechtfertigen musste, entblößte ihr Verteidiger, der Rhetoriker Hyperides, den Quellen zufolge den Busen der Kurtisane und befragte die Richter, ob jemand, der so schön sei, gottlos sein könne. Phryne wurde freigesprochen.

Gérôme ging weiter: In seinem heute in der Hamburger Kunsthalle aufbewahrten Gemälde entkleidet der Verteidiger sie ganz. Phryne schlägt dabei schamhaft den Arm vor die Augen und wendet sich ab; allerdings wendet sie ihren nackten Körper nun dem Bildbetrachter zu, um ihm in seiner Eigenschaft als Voyeur entgegenzukommen und ihn zu entlasten. Die Mitglieder des ehrwürdigen Areopags, die sich mit einem solchen juristischen Argument konfrontiert sehen, betragen sich keineswegs ehrwürdig. Sie gaffen, starren in allen Varianten von der unverhüllten Lüsternheit bis zu heuchlerischer Empörung. So Antike zu zeigen, das hatte vor Gérôme niemand gewagt. Die Kritiken waren dementsprechend. Vernichtend war das Urteil des einflussreichen Kunstliteraten Charles Blanc:

> Wie modern ist doch der Geist dieses Malers, der uns ‚Phryne vor dem Areopag' zeigt. Was ist das nur für eine skandalöse Idee, uns alte Richter zu zeigen, die beim Anblick einer jungen Schönheit wieder munter werden, und das, wenn diese Richter die des Areopags sind![13]

Blanc stand im konservativen Lager, aber die andere Seite, die Avantgarde, hatte keine geringeren Probleme mit dem Bild. Edgar Degas zum Beispiel konnte nicht verstehen, weshalb sich Phryne schämen sollte:

---

[13] „Combien il est moderne aussi l'esprit du peintre qui nous montre ‚Phryne devant l'Aréopage'. Quelle idée scandaleuse que celle de nous faire voir de vieux juges ragaillardis par la vue d'une beauté jeune, quand ces juges sont ceux de l'Aréopage!" (Blanc 1876: 434f.).

Phryne versteckte sich nicht, sie konnte sich nicht verstecken, weil es eben ihre Nacktheit war, auf der ihr Ruhm basierte. Gérôme hat das nicht begriffen und hat aus diesem Bild aus diesem Grund ein pornographisches Bild gemacht.[14]

Gérôme, dessen Geschichtskenntnisse beträchtlich waren, hätte Degas leicht widersprechen können. Phryne war in der Antike tatsächlich gerade auch ihrer Schamhaftigkeit wegen berühmt. Man erzählte sich zwar, dass Phryne einmal bei den eleusinischen Mysterien nackt ins Meer gestiegen sei – eben dies war der Grund für die Anklage der Gottlosigkeit gewesen –, aber man rühmte eben auch, dass Phryne sonst immer nur hochgeschlossen gekleidet sei und nie öffentliche Bäder besucht habe.[15] Aber vermutlich hätte diese historische Aufklärung Degas in seinem Urteil nicht umstimmen können. Das Bild der Antike, wie es Gérôme entwarf, lag quer zur Akademie wie zur Avantgarde, hatte aber die Gunst des Publikums auf seiner Seite.

Gérôme zog alle Register, um einen antikisch schönen und dementsprechend wenig irdischen Frauenakt zu malen. Zu diesem Eindruck des Entrücktseins in ideale Sphären trug nicht zuletzt das Inkarnat der Phryne bei. Kalt, weiß, poliert. Kurz, weniger eine Frau aus Fleisch und Blut, als vielmehr eine antikische Statue. Hier ist es somit der Modus der Darstellung, die Brechung der Darstellung im Kunstmedium des Skulpturalen, die Distanz schafft oder schaffen soll.

In einem Frühwerk Gérômes war dieser Medienwechsel vorbereitet: Gérômes griechisches Interieur (Abb. 16), das im eigentlichen ein antikes Bordell darstellt, wurde von Kritikern als pornografisch verurteilt. Trotzdem konnte es vom Prinz Napoleon („Plon-Plon") für seine Privatsammlung angekauft werden. Bedingung der Möglichkeit war die Anverwandlung der antiken Dirnen an die antike Skulptur. Théophile Gautier kritisierte in seiner Besprechung des Bildes die Materialität der dargestellten Akte zurückhaltend, aber was er kritisierte, das war eben das, was die anstößige Bordellszene neben der zeitlichen Distanz auch formal akzeptabel machte: „Das Fleisch ist zu poliert und ähnelt Elfenbein (…); die Draperie fällt in Marmorfalten

---

[14] „Phryne ne se cachait pas, ne pouvait pas se cacher puisque sa nudité était précisément la cause de sa gloire. Gérôme n'a pas compris et a fait de ce tableau, par cela même, un tableau pornographique" (zit. n. Le Pichou 1986: 25).

[15] Vgl. Heusinger 1972: 124.

und jedes Leuchten und Zittern von Leben fehlt vollständig in diesem Gemälde (...)" (zit. n. Ackerman 1986: 39).

Die Erotik des marmorgleichen Inkarnats ist eine Erotik der Distanz par excellence. Die Referenz auf Skulptur erlaubte in hohem Maße die ästhetische Distanzierung, da sie gleichsam die Nacktheit im Kunstwerk ‚Gemälde' noch einmal in einem anderen Kunstmedium, jetzt dem der Skulptur, bricht und damit doppelt ästhetisiert. Und auch für diese Brechung, bevor man sie dem Kitschvorwurf aussetzt, gilt, dass sie als eine der Strategien verstanden werden muss, mit denen das 19. Jahrhundert Sinnlichkeit in der Kunst nicht unterdrückte, sondern ihr einen begrenzten Freiraum eröffnete.

Courbet und Manet begannen dann die Grenzzäune niederzureißen. Diese Entgrenzung war eine der entscheidenden Grenzerweiterungen der Moderne, sie funktionierte im Kontext einer allgemeinen ästhetischen Grenzerweiterung. Und diese Strategie war erfolgreich, so erfolgreich wie kaum ein anderes Projekt der Moderne. Diesen Erfolg dokumentierte die Düsseldorfer Ausstellung, mit der ich diesen Beitrag begonnen habe. Aber vielleicht darf dieses Entgrenzungsprojekt der Moderne mit solchen Ausstellungen auch als abgeschlossen gelten. Courbets und Manets provokante Nichteinhaltung der „Doktrin der Distanz" ist von den, wenn man es so nennen darf, Distanzinstitutionen des Museums und der Ausstellung eingeholt worden. Der Stachel der Provokation ist stumpf geworden. Provokation, auch und gerade diejenige, die auf die Aufhebung der um die Sexualität gezogenen Grenzen setzte, ist längst Teil des Kunstsystems geworden, ist in dem erweiterten Begriff von Ästhetik aufgehoben.[16] Auf der anderen Seite: Man muss sich im Pariser Musée d'Orsay nur anhören, wie Schulklassen museumspädagogisch an Manets Skandalbilder herangeführt werden, um zu verstehen, in welchem Maße der Meisterwerkstatus die provokative Kraft dieser Bilder vernichtet

---

[16] Der Ausgriff der provokativen Geste in den (bislang) noch tabuisierten Sakralraum ist insofern konsequent. Dass dieser Ausgriff zumindest in liberalen Systemen auf Dauer ebenfalls an Schärfe verlieren kann, das prognostiziert zumindest eine Karikatur der Rheinischen Post nach dem Femen-Auftritt von Josephine Witt während der Weihnachtsmesse 2013 im Kölner Dom. Als die Tochter sich am Familientisch den Pullover hochzukrempeln beginnt, wird sie vom Vater zurechtgewiesen: „Wir sind hier nicht ... in der Kirche!".

hat. Es bedarf heute zur Distanzsetzung nicht mehr des fernen Orients, nicht mehr dem abgehobenen Ideal der griechisch/römischen Mythologie, nicht mehr der Aufhebung des sündigen Fleisches im reinen und schönen und sterilen Marmor – Kunst, das Faktum des Kunstwerkseins, der museale Ort, gesteigert: Der Status als Meisterwerk, das allein garantiert bereits die Einhaltung der „Doktrin der Distanz".

Die Frage, ob Aktdarstellungen, wie sie von Baudry, Bougereau, Cabanel, Gervex, Gérôme und anderen gemalt wurden, „erotischer Kitsch" sind, soll offen bleiben. Abschließend nur ein persönliches Bekenntnis: Ich stehe diesem kunsthistorischen Phänomen mit wachsender Sympathie gegenüber. Es ist Sympathie gegenüber einer Kunst, die das Jenseits des Eigentlichen und Wesentlichen markiert, die sich also in einem System von Spielregeln bewegt. In anderer Weise verorten sich heute Ausstellung und Museum in einem von Spielregeln umzäunten Raum. Das Museum und die Ausstellung haben die „Doktrin der Distanz" von der Salonkunst adaptiert, sie haben sie allerdings auch ins Beliebige erweitert. Wie auch immer: Wenn, wie eingangs notiert, Museum und Ausstellung heute Orte der Emanzipation sind, dann war auch die Salonmalerei des 19. Jahrhunderts ein emanzipatorisches Phänomen. Und falls man sich dafür entscheidet, die in diesem Beitrag genannten und reproduzierten Aktbilder der Salonmaler als Kitsch zu deklarieren, dann wird man konzedieren müssen, dass auch Kitsch emanzipatorisch sein kann.

Abbildungen

Abbildung 1

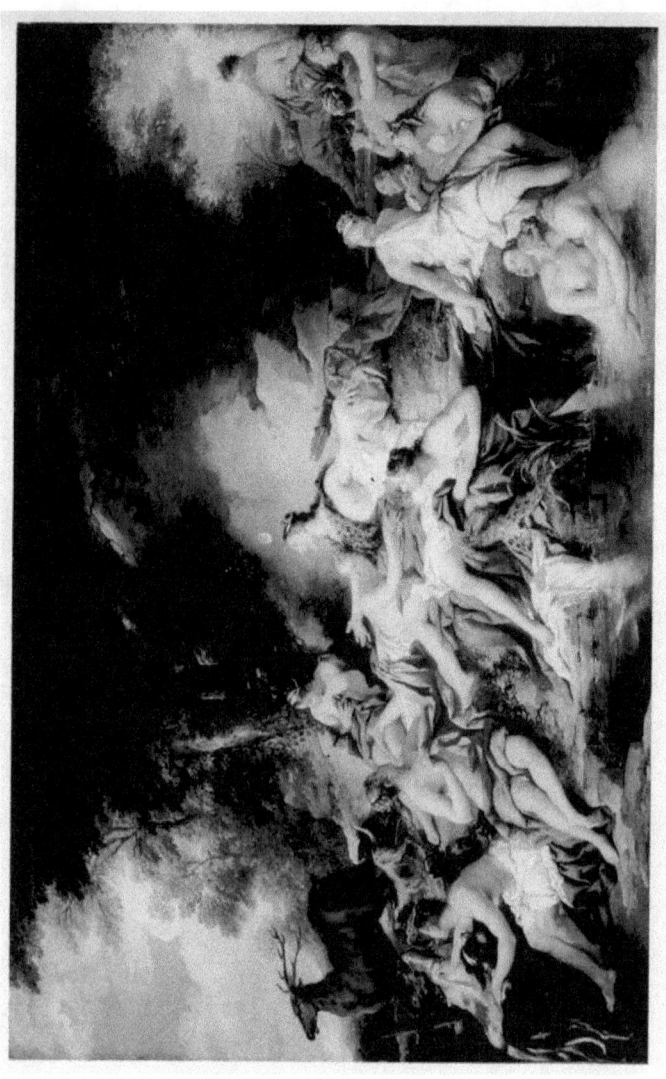

Abbildung 2

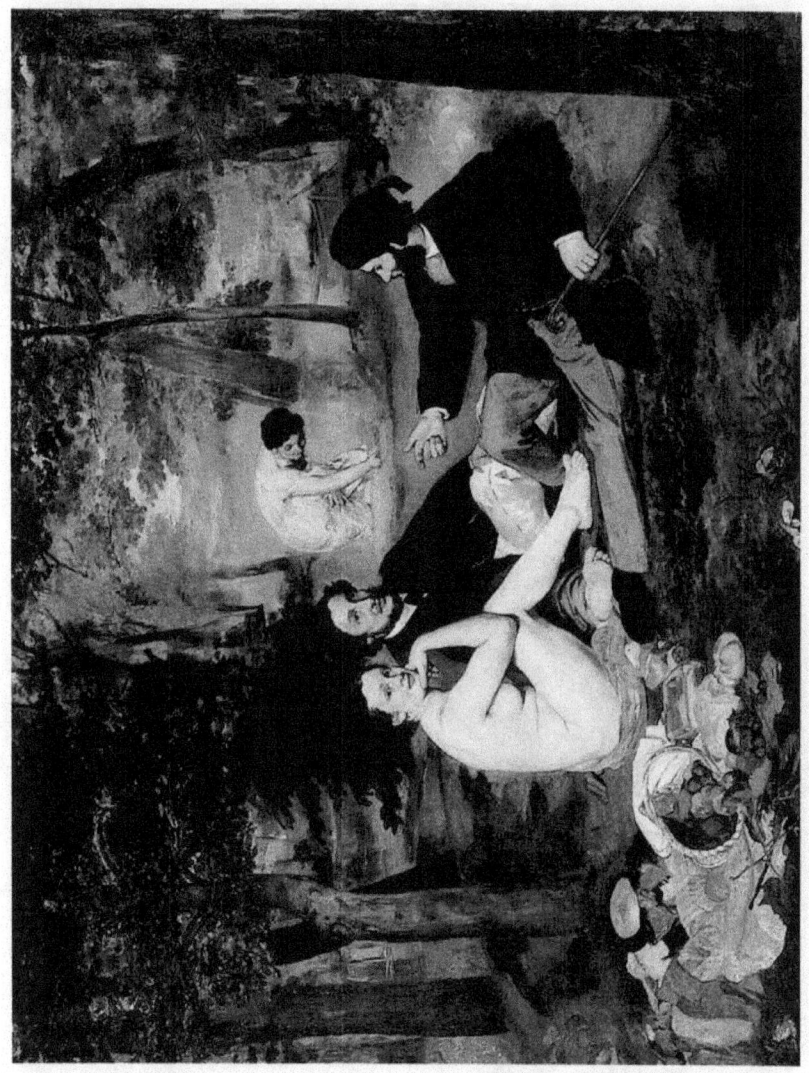

Abbildung 3

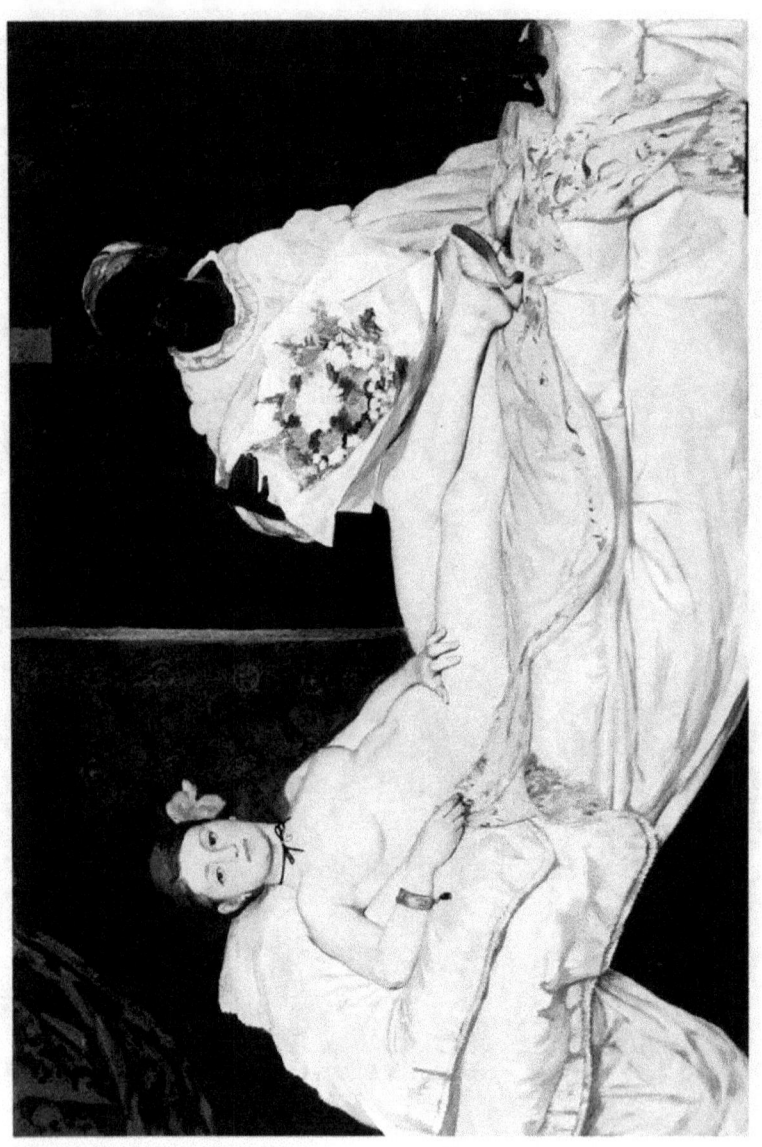

Abbildung 4

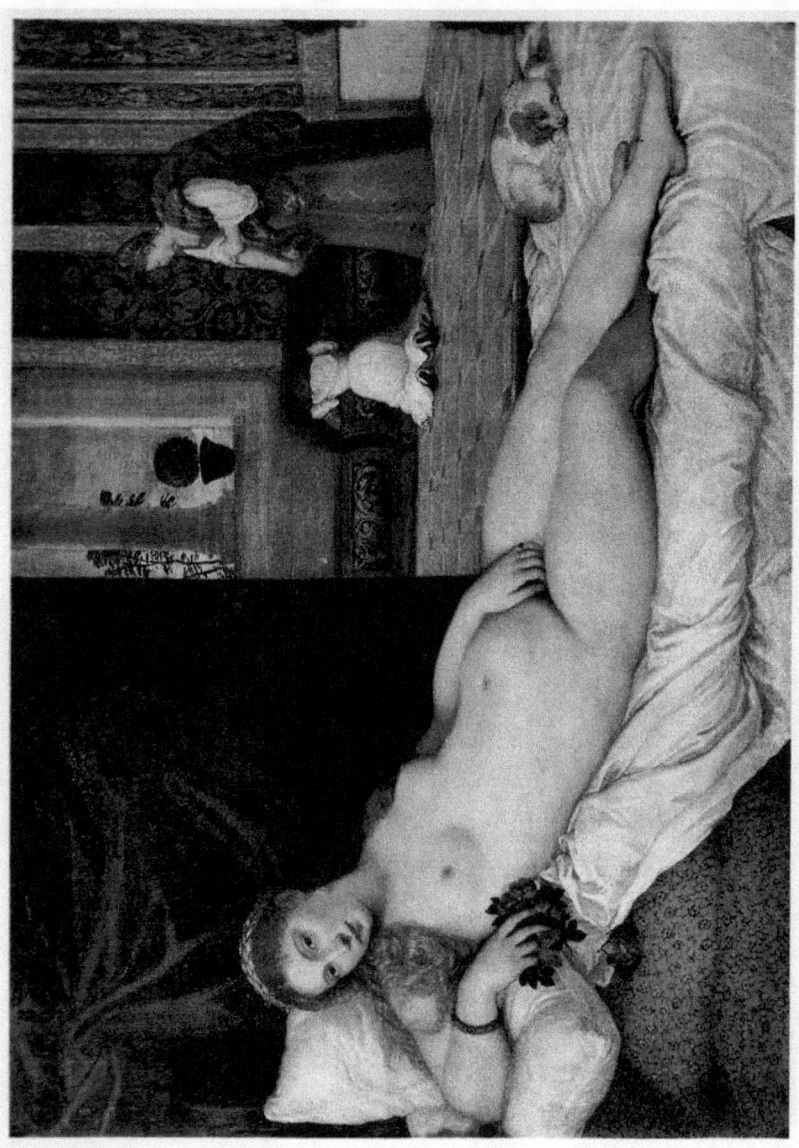

Abbildung 5

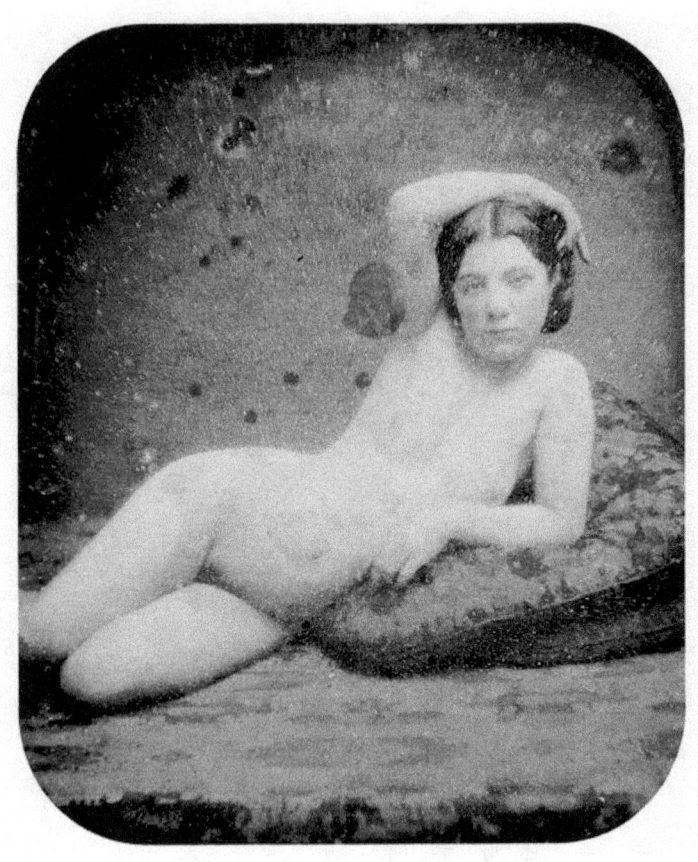

Erlaubte Blicke auf die Nacktheit

Abbildung 6

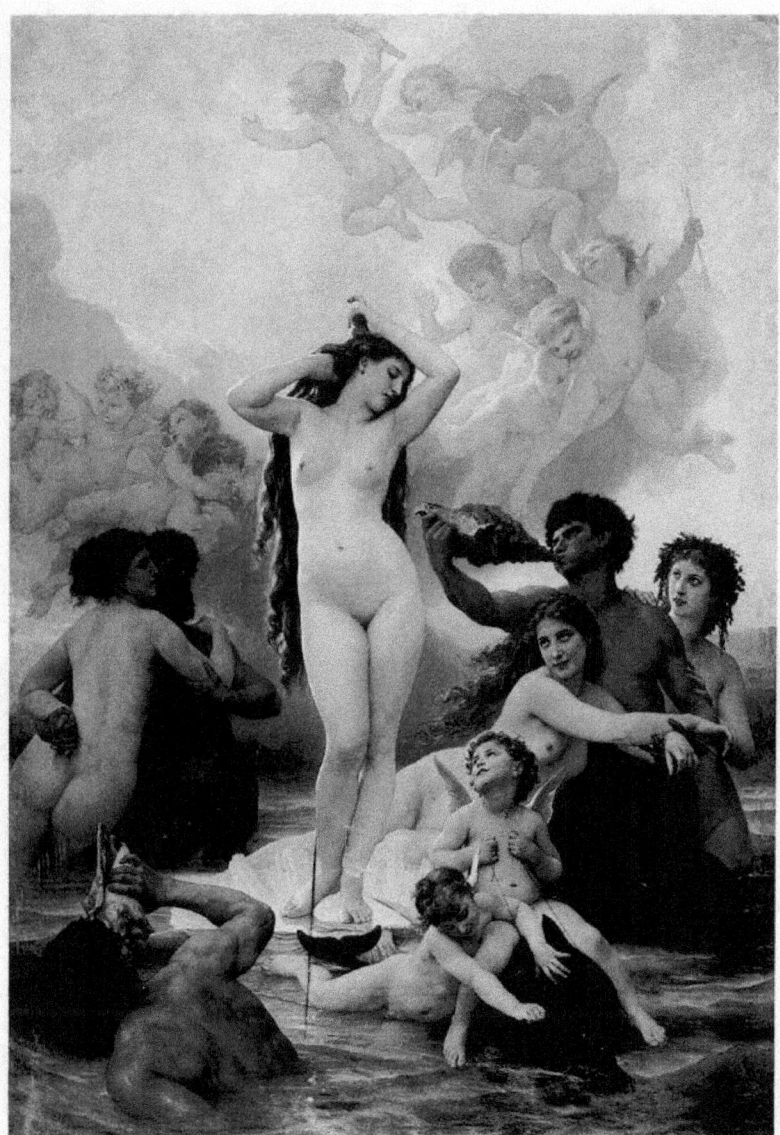

Abbildung 7

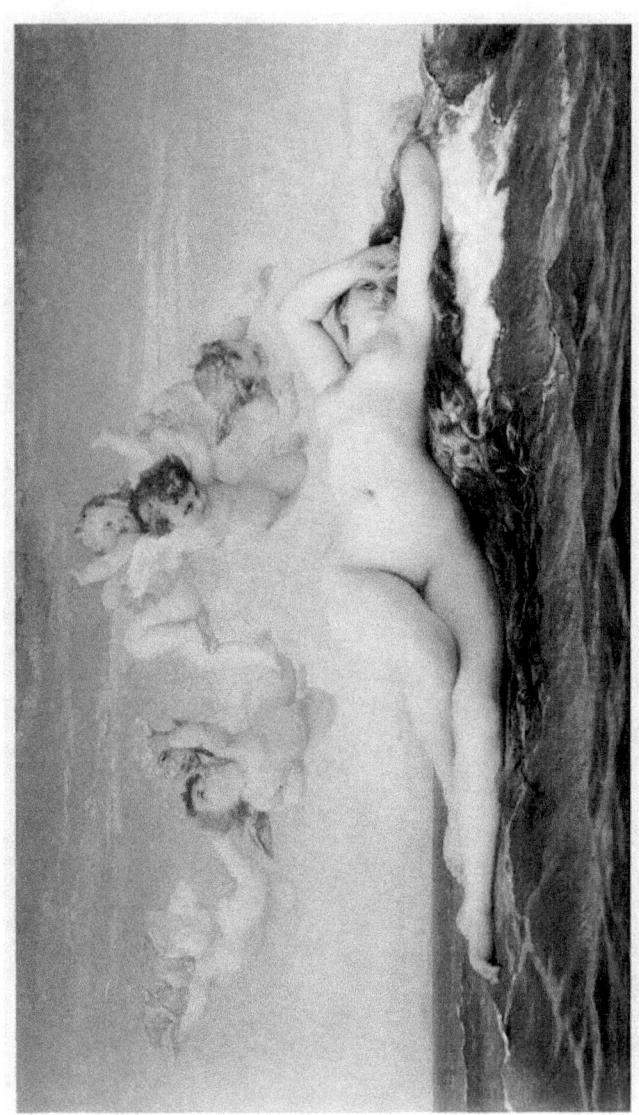

Abbildung 8

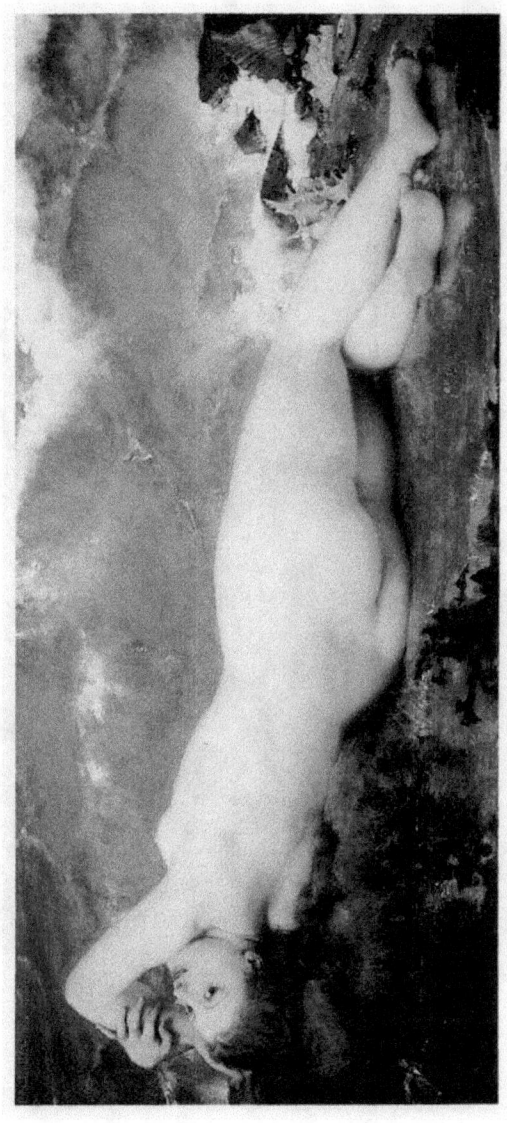

Abbildung 9

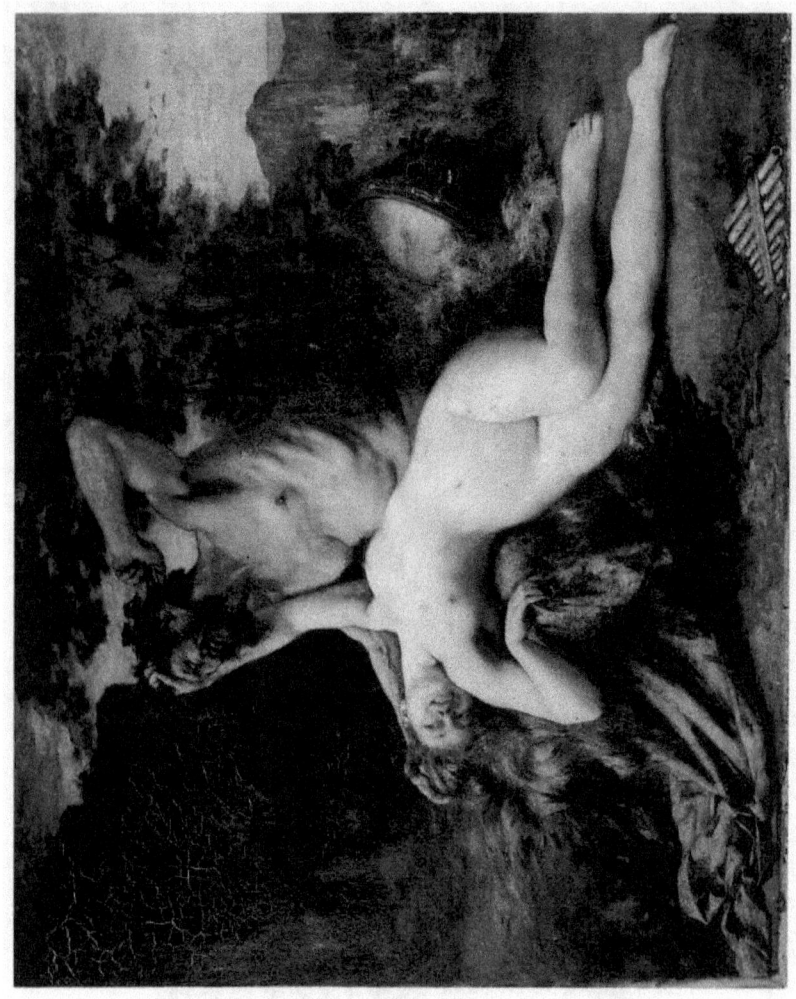

Abbildung 10

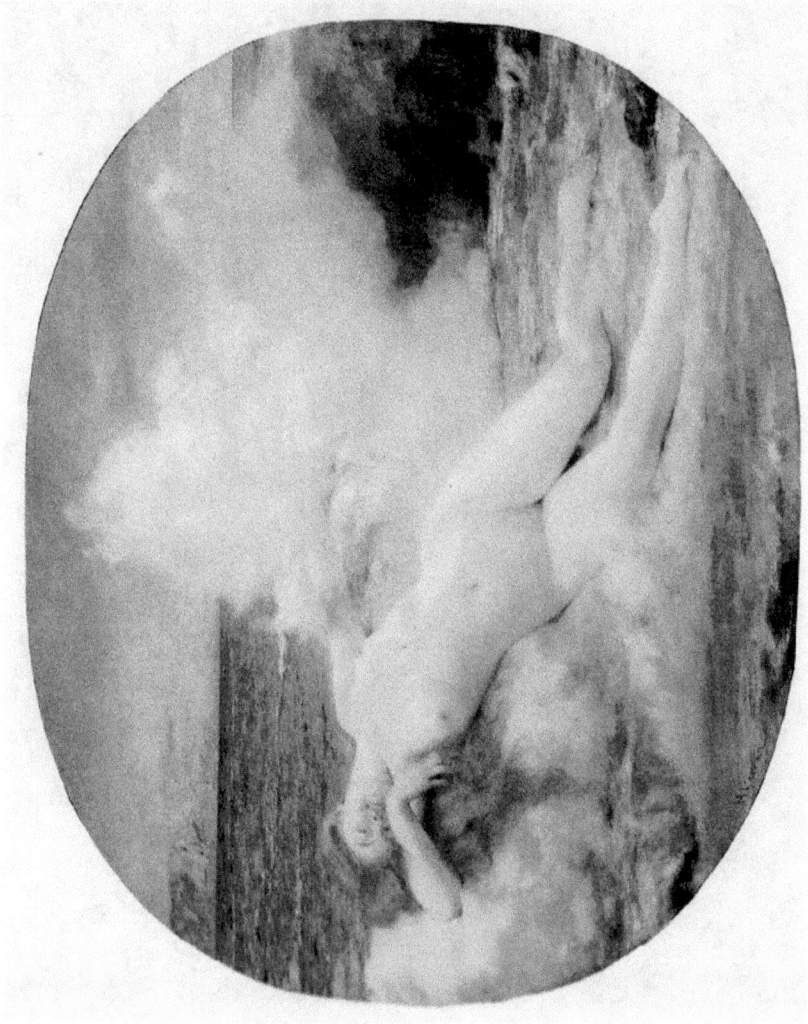

Abbildung 11

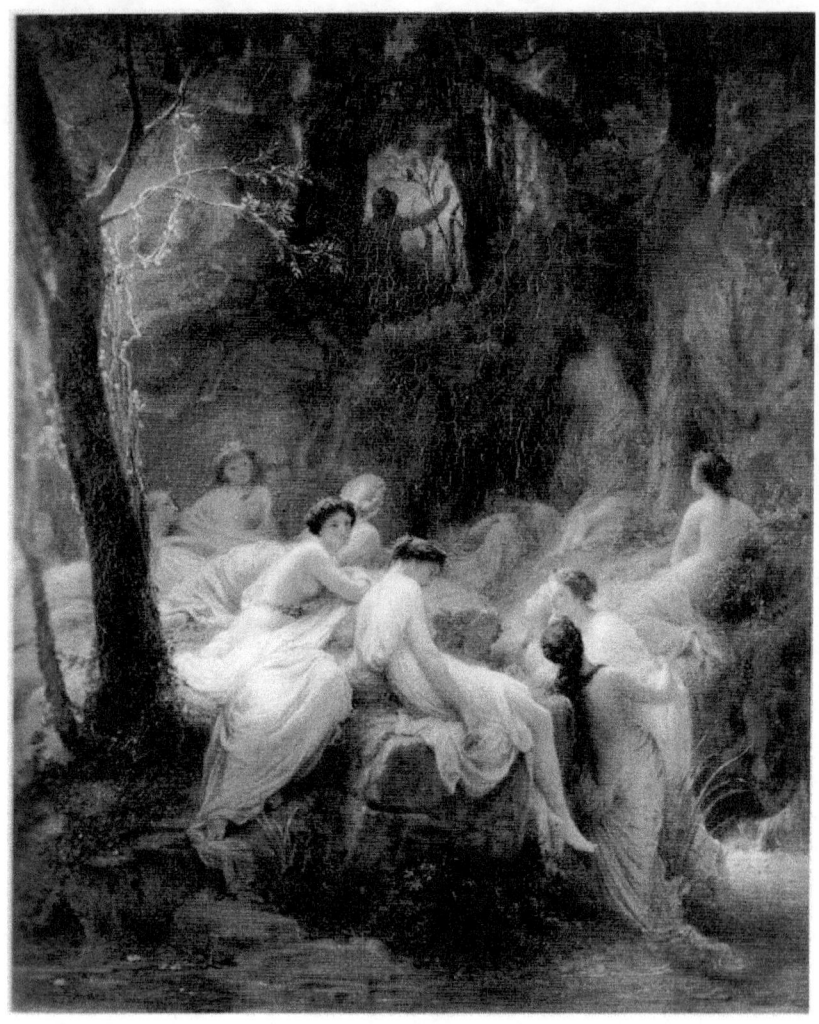

Erlaubte Blicke auf die Nacktheit

Abbildung 12

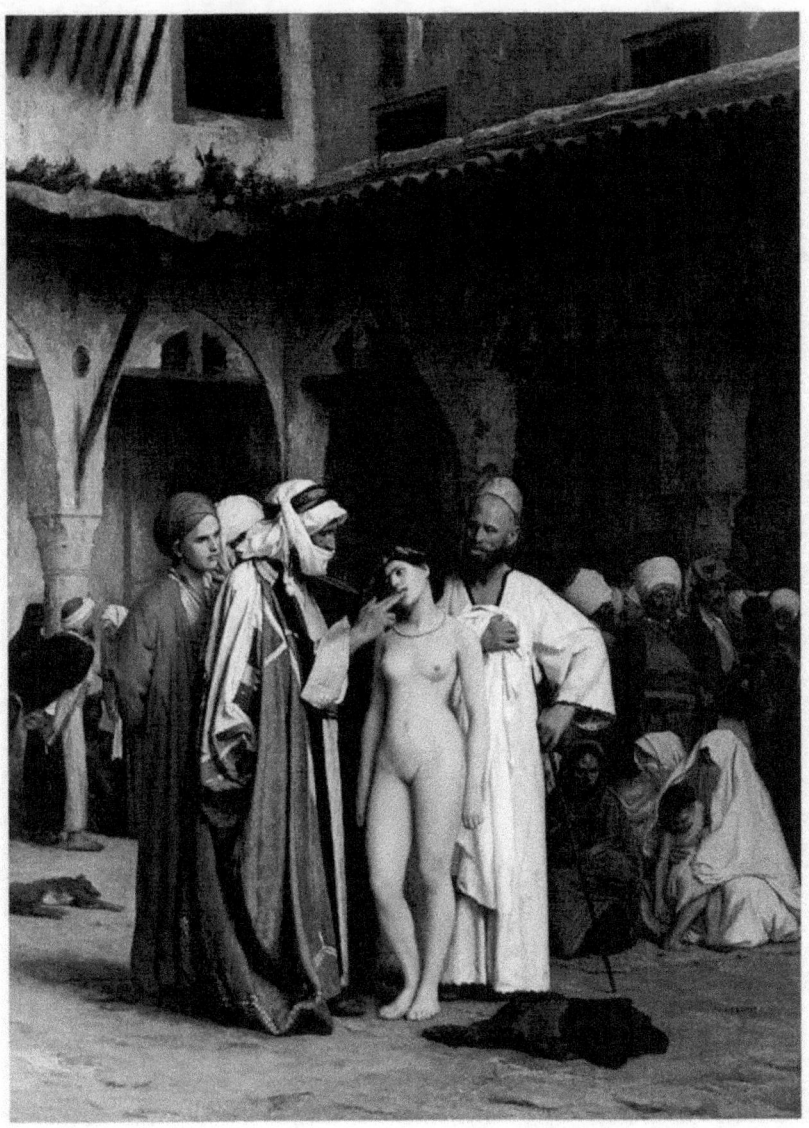

Abbildung 13

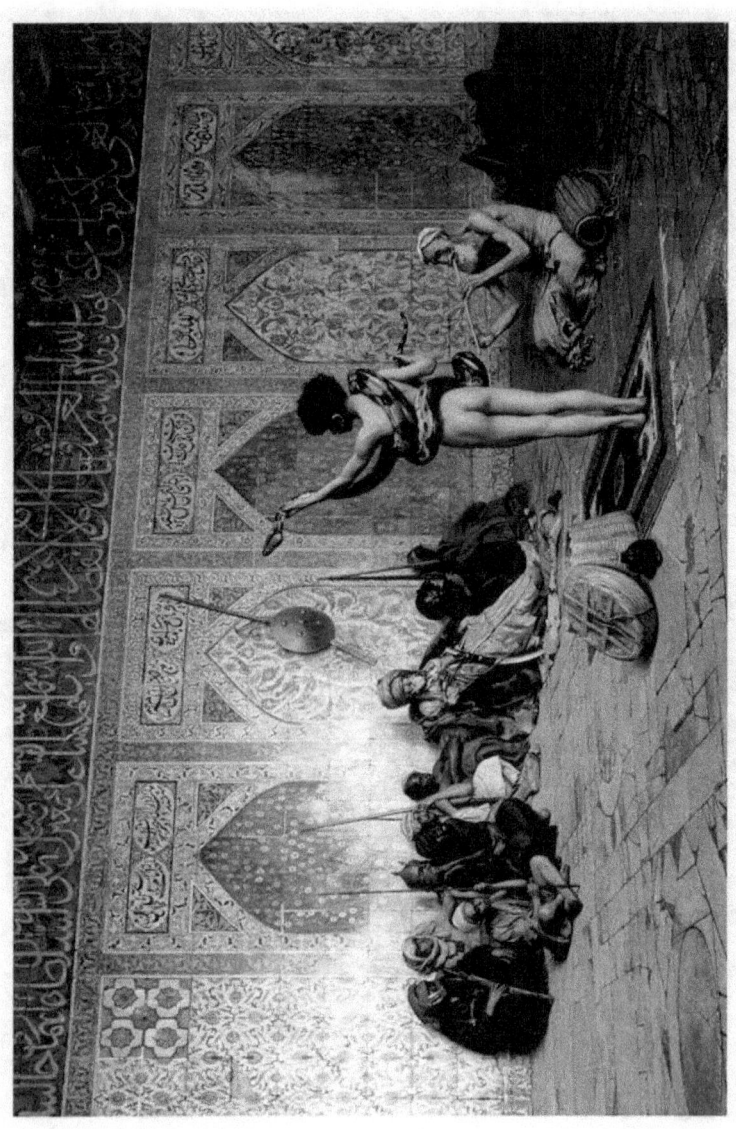

Abbildung 14

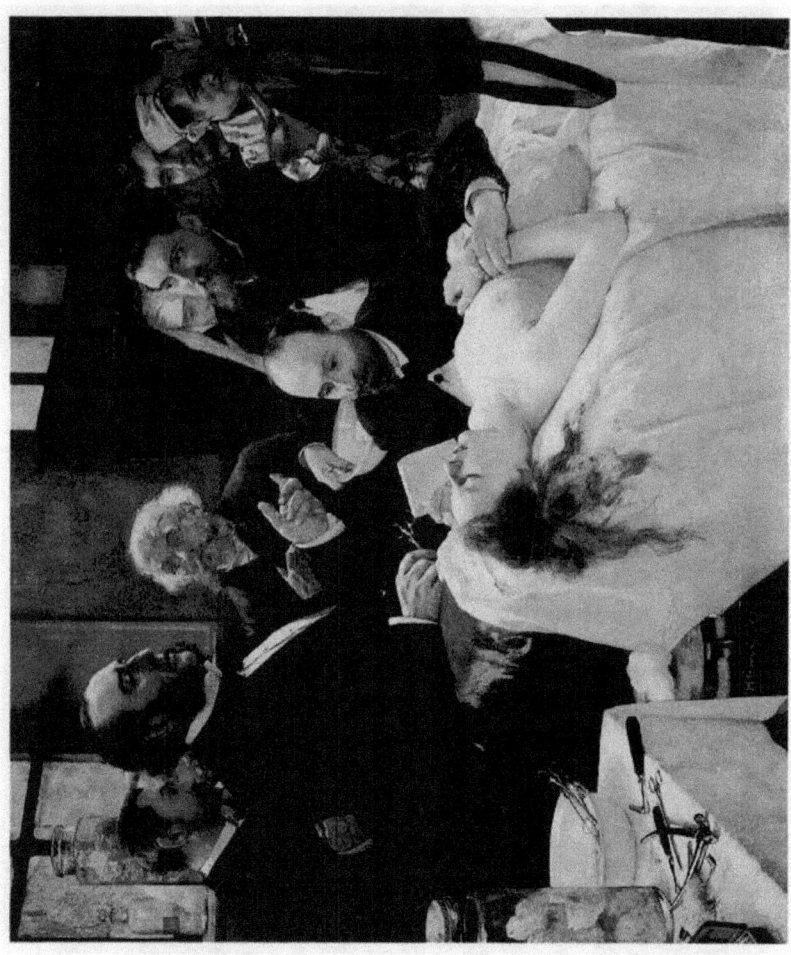

Abbildung 15

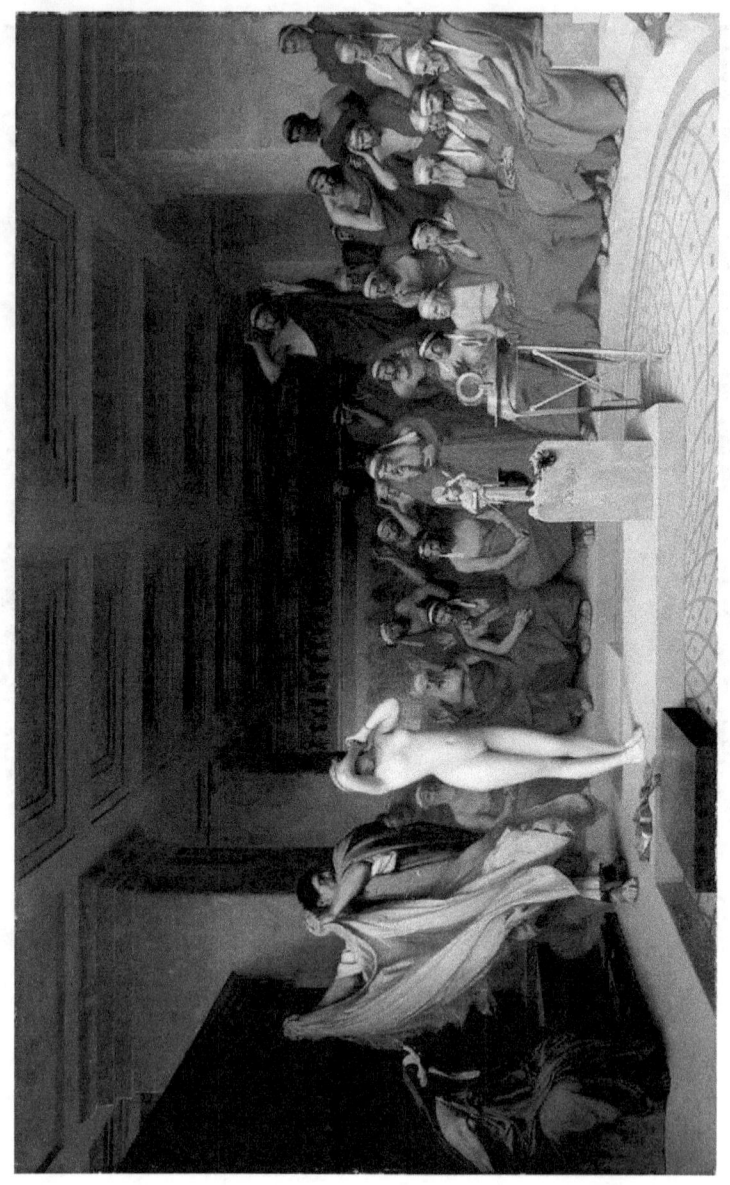

Abbildung 16

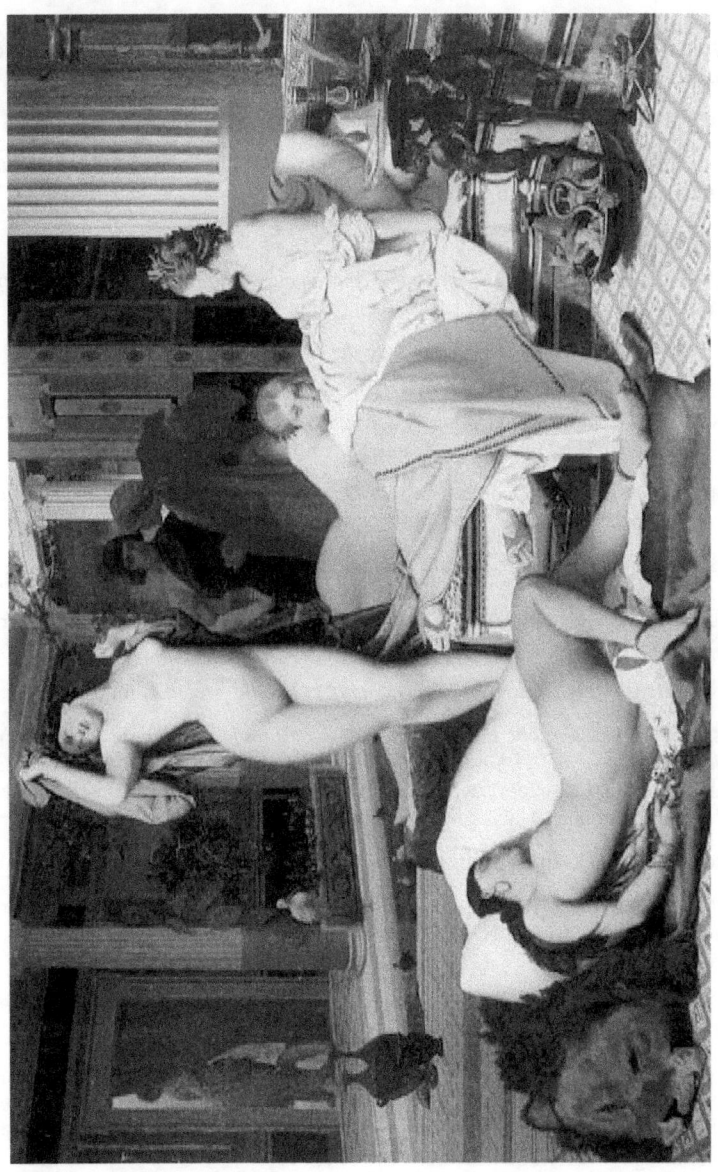

Bibliografische Angaben

ACKERMAN, Gerald M. (1986). *The Life and Work of Jean-Léon Gérôme with a Catalogue Raisonné*. London: Sotheby's Publications.

BAYARD, Émile (1904). *La pudeur dans l'Art et la Vie*. Paris: A. Mericant.

BLANC, Charles (1876). „Exposition universelle de 1867", in: DERS., *Les artistes de mon temps*. Paris: Firmin-Didot, 405–538.

CLAY, Jean (1984). *Comprendre l'Impressionisme*. Paris: Chêne.

FAREWELL, Beatrice (1981). *Manet and the Nude. A Study in Iconography in the Second Empire*. New York; London: Garland.

GAY, Peter (1986; 1984 engl.). *Erziehung der Sinne. Sexualität im bürgerlichen Zeitalter*. München: Beck.

HEUSINGER, Joachim (1972). „Jean-Léon Gérômes ‚Phryne vor den Richtern'", in: *Jahrbuch der Hamburger Kunstsammlungen* 17, 122–142.

JOURDAN, Aleth (1981). *Charles-François Jalabert. 1819–1901. Katalog der Ausstellung*. Nîmes: o. A.

JONES, Amelia (1996). „Interpreting Feminist Bodies: The Unframeability of Desire", in: Paul DURO (Hg.), *The Rhetoric of the Frame. Essays on the Boundaries of the Artwork (Cambridge Studies in New Art History and Criticism)*. Cambridge: Cambridge University Press, 223–241.

KÖRNER, Hans (1996). *Edouard Manet. Dandy, Flaneur, Maler*. München: Fink.

DERS. (1999). *Statuenliebe in St. Peter. Rompilger und Romtouristen vor Guglielmo della Portas Grabmal für Papst Paul III. (Düsseldorfer Kunsthistorische Schriften, Band 1.)*. Düsseldorf: Kreis der Freunde des Seminars für Kunstgeschichte an der Heinrich-Heine-Universität Düsseldorf.

LE PICHON, Yann (1986). *L'Érotisme des chers Maîtres*. Paris: Denoel.

MAINARDI, Patricia (1987). *Art and Politics of the 2nd Empire. The Universal Expositions of 1855 and 1867*. New Haven; London: Yale University Press.

NEEDHAM, Gerald (1973). „Manet, ‚Olympia' and Pornographic Photography", in: Thomas B. HESS/Linda NOCHLIN (Hgg.), *Woman as Sex Object. Studies in Erotic Art (1730–1970)*. London: Allan Lane, 80–89.

PREZIOSI, Donald (1996). „Brain of the Earth's Body Museums and the Framing of Modernity", in: Paul DURO (Hg.), *The Rhetoric of the Frame. Essays on the Boundaries of the Artwork (Cambridge Studies in New Art History and Criticism)*. Cambridge: Cambridge University Press, 96–110.

RICHTER, Gert (1972). *Erbauliches, belehrendes, wie auch vergnügliches Kitsch-Lexikon von A bis Z.* Gütersloh u. a.: Bertelsmann-Lexicon-Verlag.

Abbildungsnachweis

1: TROY, Jean-François, *Diana und Actaeon*, 1734, Basel, Kunstmuseum.

2: MANET, Edouard, *Frühstück im Freien*, 1863, Paris, Musée d'Orsay.

3: MANET, Edouard, *Olympia*, 1863, Paris, Musée d'Orsay.

4: TIZIAN, *Venus von Urbino*, 1538, Florenz, Uffizien.

5: DUBOSC-SOLEIL, Louis Jules, *Erotische Photographie*, ca. 1850–52, Budapest, Museum.

6: BOUGUEREAU, William, *Geburt der Venus* 1863, Paris, Musée d'Orsay.

7: CABANEL, Alexandre, *Geburt der Venus*, 1863, Paris, Musée, d'Orsay.

8: BAUDRY, Paul, *Die Perle und die Welle*, 1862, Madrid, Prado.

9: GERVEX, Henri, *Satyr und Mänade*, 1874, Montluçon, Ritzenthaler 1987, 177.

10: GERVEX, Henri, *Geburt der Venus*, Paris, Petit Palais.

11: JALABERT, Charles, *Die Nymphen hören die Gesänge des Orpheus*, 1853, Baltimore, The Walters Art Gallery.

12: GÉRÔME, Jean-Leon, *Sklavenmarkt*, Williamstown, 1866, Sterling and Francine Clark Art Institute.

13: GÉRÔME, Jean-Leon, um 1870, *Schlangenbeschwörer*, Williamstown, Sterling and Francine Clark Art Institute.

14: GERVEX, Henri, *Dr. Péan operiert im Hospital von Saint-Louis*, 1887, Paris, Musée d'Orsay.

15: GÉRÔME, Jean-Léon, *Phryne*, 1861, Hamburg Kunsthalle.

16: GÉRÔME, Jean-Léon, *Griechisches Interieur*, 1850, verloren.

Frank Leinen (Düsseldorf)

100 % Amour, Passion, Émotion: Rezeptionslenkung und Affektsteuerung in der Zeitschrift *Roman photo*. Eine Fallstudie.

1. „S'il y a un média méprisé, c'est bien le roman-photo."[1]

Sind Fotoromane „Kitsch"? Hat Roland Barthes Recht, der behauptet: „*Nous deux*[2] – le magazine – est plus obscène que Sade" (Barthes 1977: 211)? Wenn die avantgardistischen Kunstwerke des *nouveau roman-photo*[3] als Ausnahmen die Regel bestätigen, dann sind klassische Fotoromane als industrielle, „mindergewertete"[4] Massenprodukte mit rascher Verfallszeit, in deren Mittelpunkt an Dramatik und Tragik reiche, von ihrer thematischen

---

[1] Schuiten/Peeters 1996: 114.

[2] *Nous deux* wurde vor allem durch seine Fotoromane bekannt (Faber/Minuit/ Takodjerad 2012).

[3] Kein geringerer als Alain Robbe-Grillet lieferte 1981 mit „Pour un nouveau roman-photo" das Vorwort zu *Chausse-trappes* von Edward Lachman und Elieba Levine, doch „malgré ce forcing éditorial, le livre est un échec total en librairie" (Baetens 2010: 90). In den 80er Jahren versuchten in Frankreich vor allem Benoît Peeters und Marie-Françoise Plissart, das Genre zu modernisieren. Vgl. Schuiten/ Peeters (1996: 118ff.) und Baetens (1992: 95ff.). Doch auch *Fugues*, *Droit de regards*, *Prague* und *Le Mauvais Œuil* wurden nur von den sprichwörtlichen *happy few* wahrgenommen. Dies umso mehr, als Peeters/Plissart seit 1993 auf Texte verzichteten und ihre Fotobücher fortan als „suites photographiques" bezeichneten (Guillet 2010: 9). Für etwas größeres Aufsehen sorgte in der jüngeren Vergangenheit *Le photographe* von Guibert/Lefèvre/Lemercier. In diesem transmedialen Experiment werden die Beziehungen zwischen Fotoroman und *Bande dessinée* neu ausgelotet. Siehe hierzu Hertrampf (2007).

[4] Für Waldmann erweist sich „Kitsch" als ein wertungsästhetisches Problem. Daher lässt er auf die Frage „Was ist Kitsch?" nur eine Antwort zu, die ihm aber „ganz unzweifelbar" zu sein scheint: „'Kitsch' ist etwas Mindergewertetes" (Waldmann 1979: 89).

Entwicklung her aber sehr vorhersehbare Liebesbeziehungen stehen, durchaus als „Kitsch" zu bezeichnen, der – je nach Standpunkt – durchaus „obszön" erscheinen kann. Der Eindruck, dass der Fotoroman eine „altération kitsch" (Abraham Molès, zit. nach Saint-Michel 1979: 111) erfährt, verstärkt sich dadurch, dass es der Waren- und Konsumcharakter der Gattung[5] in der Regel verbietet, abseits standardisierter künstlerischer, moralischer oder thematischer Konventionen das Experiment oder auch nur eine inhaltliche und ästhetische Reform zu suchen.

Zugleich ist es aber bemerkenswert, wie abseits aller Moden und Strömungen die als „kitschig" empfundenen Fotoromane vor allem dank der Vermittlung durch die *presse du cœur* ihre Leserinnen[6] immer wieder aufs Neue finden. Lionel Piovesan, dessen Fotoroman *Il venait d'avoir 20 ans* im Verlauf dieses Beitrags analysiert werden soll, schätzt 2013, dass in der Frankophonie 2,5 Millionen Rezipientinnen mit einem Durchschnittsalter von 53 Jahren das Genre regelmäßig konsumieren. Im Unterschied zum klassischen, melodramatischen Genre der 60er und 70er Jahre, in dem populäre Stars wie Jonny Halliday[7] gerne für eine vornehmlich kleinbürgerliche Leserschicht posierten, bedienen aktuelle Fotoromane inzwischen sehr spezifische Interessen und Gruppen. Das Spektrum reicht von Produktionen für Homose-

---

[5] In seiner Diatribe wider den Kitsch weist Fritz Karpfen als einer der ersten auf den Zusammenhang von Kitsch, Konsum und moderner Arbeitswelt hin: „Es ist nun einmal so, daß die Masse – also die Menschheit im Durchschnitt, die Menschen, die im Wettlauf des Lebenskampfes atemlos von Brot und Geld gepeitscht werden – in den kurzen Pausen sich erholen will und muß" (Karpfen 1925: 62). Diese existenzielle Situation begünstige die Entstehung von Kitsch: „Der Kitsch ist die vulgär-fälschliche, aber leichte Form, die jede geistige Tätigkeit des Erfassens überflüssig macht. Das Hirn bedarf dazu keiner Arbeitsleistung; denn diese Dinge sind so geformt, daß sie den gewohnten, sinnlos-gleichgültigen Daseinsvorgang ausfüllen mit ebenso sinnlos-gleichgültigen Wesen in Farbe, Musik und Form. Ebenso adäquat dem Leben wie die Tätigkeit des Individuums" (ebda.: 69).

[6] Im Folgenden wird aufgrund der überwiegend weiblichen Leserschaft die weibliche Form gewählt.

[7] Erste Fotoromane mit Jonny Halliday erschienen 1972 im Magazin *Télé Poche* unter dem Titel „Jolies Vacances pour Jonny" (http://www.johnny-hallyday-entre-nous.fr/Magazines_anciens/Divers_1970_1979.htm [06.03.2015]). Auch Ornella Muti, Terence Hill, Claudia Cardinale, Mireille Darc, Sophia Loren, Hugh Grant, selbst Karl Lagerfeld und viele andere traten in Fotoromanen auf (Faber/Minuit/Takodjerad 2012: 90–103, 216).

xuelle, die eigene Formate in den Kategorien *gay*, *black* und *sexy* lesen können,[8] bis zu den Fremdsprachenlernern.[9] Auch wächst die Zahl der Jugendlichen,[10] die auf ihren iPhones oder iPads die Geschichten von *Girls*[11] oder *Nous Deux*[12] lesen. Der Medienwechsel hat auch ältere Zielgruppen erfasst, und er dürfte mittelfristig dazu führen, dass man in absehbarer Zeit die Erlebnisse der „jeunes cadres impeccables et implacables"[13] nicht mehr am Kiosk kauft, sondern sie im Internet kostenlos, da durch Werbung finanziert, etwa auf *MyBestory*[14] liest. Wachsender Beliebtheit erfreuen sich auch Fotoromane als E-Books, wie sie beispielsweise die *Editions Blabla*[15] vertreiben.

Elektronisch verbreitete Fotoromane können besonders gut auf Trends reagieren und durchaus „in" sein: „En devenant numérique, le roman-photo cesse d'être ringard pour devenir vintage et presque tendance, comme les scooters au look dolce vita et les meubles en Formica" (Eudes 2013).[16] So publizieren Michelle Chmielewski und Aurélie Frett in *La Michauré*[17] aufgrund ihrer simplizistischen Alltagsästhetik innovative Fotoromane, die mit

---

[8] Vgl. für den anglophonen und frankophonen Sprachraum *Sugar Stories* (http://www.sugarstories.fr/dam/ [06.03.2015]).

[9] *MyBestory* möchte eine geradezu fremdsprachenpädagogische Mission betreiben: „Nous faisons plus pour la francophonie avec nos romans-photos que des instituts largement financés par l'état [sic]. Pour apprendre le français courant, rien de tel que l'appui d'une photo, le jeu de bons acteurs et une intrigue romanesque. Sans subvention et sans moyen nous participons au plaisir d'apprendre le français partout dans le monde" (http://www.mybestory.com/mes-outils-actualite-35.htm [08.03.2015]).

[10] Piovesan (2013) geht von ca. 500.000 bis 800.000 jugendlichen Leserinnen und Lesern aus.

[11] http://www.girls.fr/ (06.03.2015).

[12] http://www.nousdeux.fr/ (19.03.2015).

[13] Eudes 2013.

[14] www.mybestory.com (06.03.2015)

[15] http://www.editionsblabla.fr/ (06.03.2015).

[16] Durch Werbung finanzierte Seiten wie www.kwikstori.com oder www.girls.fr wenden sich an „les jeunes (12–18 ans), les urbains et les « branchés »" (http://www.kwikstori.com/actualite/maling-off-d-un-roman-photo.htm, [sic, 27.02.2015]).

[17] http://lamichaure.com/ (06.03.2015).

einer Blog-Plattform verknüpft sind. 2013 wurden für *La Michauré* pro Monat rund 30.000 Klicks gezählt, von denen 70 % von einem aus Paris stammenden Publikum im Alter von meist zwischen 20 und 30 Jahren stammten.[18] Der auf populäre Lesestoffe spezialisierte italienische Verlag Mondadori,[19] dem auch *Nous Deux* gehört, plant ein Interface, mit dessen Hilfe jeder Nutzer unter Rückgriff auf eigene Smartphone-Fotos individuelle Fotoromane gestalten kann. Der Trend, auf Online-Plattformen „Selfies" zu veröffentlichen, dürfte diesem Projekt sehr entgegenkommen.

Aufgrund der überwiegend weiblichen Leserschaft, ihrer Sozialstruktur und der gesellschaftlich vorherrschenden Gender-Stereotypen ist es kaum verwunderlich, dass gedruckte Fotoromane meist die Liebe thematisieren und sich in der Regel an erwachsene Rezipientinnen wenden. Sind Fotoromane als Bestandteil der *presse du cœur* in einen redaktionellen Kontext eingebettet, dann richten sich die Romaninhalte und ihr Kontext auf klassische „Frauenthemen" hin aus, nach dem Motto: „Lesende Frauen wollen Emotionen".[20]

Im Folgenden soll vor diesem Hintergrund im Rahmen einer Fallstudie untersucht werden, wie das Magazin *Roman photo* und der in ihm publizierte Fotoroman *Il venait d'avoir 20 ans* als „machine à rêver" (Saint-Michel 1979: 13) die Emotionen der weiblichen Leserschaft bedienen und welche sozial und ideologisch relevanten Botschaften hierbei vermittelt werden. Dieser Fragestellung liegt die Annahme zugrunde, dass analog zum literarischen „Kitsch" das Zusammenspiel von „Assoziation", „Reizkumulation" und „Emotionsevokation" (Waldmann 1979: 95) imaginierte Fluchten aus dem Alltag ermöglicht. Bei der Untersuchung dieser Prozesse soll auch das hybride mediale, rhetorische und semiotische Zusammenspiel von Bild und

---

[18] Angaben aus Eudes 2013. Fondanèche geht auf die Bedeutung des Internet für den Fotoromans nicht ein, weist aber auf die mögliche Substitution durch im Fernsehen ausgestrahlte *sitcoms* für junge Leute und *serials* für Familien hin (2005: 434).

[19] Mehrheitseigner von Mondadori ist Silvio Berlusconi.

[20] So der Titel einer DPA-Meldung (2013), laut der eine Umfrage des Börsenvereins in Deutschland ergeben hat, dass „Frauen (…) beim Bücherlesen große Emotionen erleben, Männer einen konkreten Nutzen aus der Lektüre ziehen [wollen]". Bei einem französischen Lesepublikum dürfte eine vergleichbare Motivation bestehen.

Text[21] Beachtung finden. Ein besonderes Augenmerk wird sich bei der Analyse des genannten Fotoromans auf jene Mechanismen richten, welche die Identifikation mit den Protagonisten anstreben, um auch hierdurch zur Schaffung eines Imaginations- und Projektionsraums beizutragen.[22]

2. Kitsch und kulturelle Praxis: Selbstgenuss – Aneignung – Ausdeutung – Widerspenstigkeit

Die Sentimentalität des Kitsches erscheint allgemein gesprochen, doch auch im Fall des Fotoromans, als „Ausdruck des bürgerlichen Verlangens nach Sättigung der emotionalen Bedürfnisse, gleichzeitig aber Zeichen eines von gesellschaftlicher Durchformung weitgehend unberührt scheinenden Bereiches" (Ueding 1979: 78). Diese kompensatorische Funktion bestätigen Faber/Minuit/Takodjerad:

> Une des raisons du succès des romans-photo tient au fait qu'on n'a pas honte d'y parler d'amour, de prononcer les mots qu'on voudrait entendre dans la « vraie vie », ceux dont on ne se lasse pas: « Je te veux à mes côtes, serre-moi dans tes bras, protège-moi... » (2012: 234).

---

[21] Diskutiert wird, ob im Fotoroman die Bilder oder die Texte mehr Informationen zur Handlung liefern. Fondanèche (2005: 422) betont die Dominanz der Bildinformation, während Saint-Michel die Bedeutung der Texte herausstellt: „Dans ce moyen d'expression, le verbal trouve toute sa force, le mot tout son pouvoir magique. Nous sommes bien dans le domaine du roman (avec)-photos" (Saint-Michel 1979: 39).

[22] „Haut lieu de la falsification, le roman-photo dissout le réel à partir d'une série d'opérations où la fantaisie, le merveilleux sont vécus (et consommés) comme les avatars du réel" (Saint-Michel 1979: 35; zur „projection identificatrice" vgl. 165f.). Chirollet vermerkt hierzu: „Face à l'instantané du photoroman, le lecteur peut se raconter implicitement « sa » propre histoire, par confrontation de ce qu'il voit avec ce qu'il a vécu ou ce qu'il aimerait vivre ; il juge, trouve les personnages sympathiques ou non, beaux, courageux, ou médiocres, etc." (1983: 145). Sein Fazit lautet: „Le photoroman est donc un moyen onirique d'échapper momentanément au quotidien, tout en se servant des scènes plausibles de la vie quotidienne. La force onirique du mythe se voit renforcée par son installation sur l'apparence du vécu quotidien" (ebda.: 219).

Fotoromane bieten daher ihrem Publikum eine risikolose, unterhaltende Form von Emotionalität an, wie sie im Alltag nur selten zu finden ist. Das Eintauchen in die Welt der Fiktion erscheint als Reaktion auf ein frustriertes oder prekäres, von existentieller Unsicherheit markiertes Lebensgefühl. Von den Zufälligkeiten der Liebe enttäuschten Frauen, die eine neue Liebe oder – zurückhaltender gesprochen – eine „Beziehung" suchen, verheißt die Hingabe an die kitschigen Traumwelten eine emotionale Kompensation. Wem dies nicht (mehr) genügt, der geht vielleicht einen Schritt weiter, um sich im Schutz der relativen Anonymität des Internets einen neuen „Partner" zu suchen. Angesichts der verbreiteten Unsicherheit, im Alltag das „wirkliche Glück" dank eines Zufalls zu finden, erfreuen sich daher elektronische Partnerbörsen wachsender Beliebtheit, die einen algorithmisch garantierten Erfolg versprechen, mögliche Risiken und Nebenwirkungen jedoch tunlichst verschweigen.[23]

Kitsch, aufbereitet in Fotoromanen, hat somit eine tröstende, aber auch durchaus hoffnungsfroh stimmende Funktion, verkündet das Genre doch die Botschaft, dass die Liebe jedem unerwartet in den Schoß fallen kann. Diese positive Stimulation bestätigt Giesz, nach dessen Überzeugung „Kitsch objektivierter Selbstgenuss bzw. an Kitschobjekten mobilisierter (aktivierter) Selbstgenuss" (Giesz 1979: 31) ist. Personen, die Kitsch genussvoll konsumieren, sind sich daher bewusst, dass das Genießen des Objekts – etwa eines Fotoromans – die eigene Gefühlswelt positiv beeinflusst.[24] Wenn nun der Kitsch als „le processus artistique de création le plus apte à faire cohabiter le rêve, le mythe et la réalité quotidienne" (Chirollet 1983: 219) bezeichnet

---

[23] Zu den Marktführern zählt weltweit die Agentur Ashley Madison, nach deren in der Zeitschrift *Femina* (2013: 7) veröffentlichten Auskunft zwischen 2003 und 2013 immerhin 91 % der Franzosen ihrem Fußballverein treu waren, aber angeblich nur 24 % ihrer Frau. Die Seitensprung-Agentur wirbt angesichts dieser Zahlen auch in Deutschland unverhüllt für einen diskreten Genuss ohne Reue: „Das Leben ist kurz. Gönn' dir eine Affäre." (https://www.ashleymadison.com/app/public/index.p [20.02.2015]).

[24] Waldmann spricht in diesem Zusammenhang von einer „Intensität des Fühlens" (Waldmann 1979: 97), das mit einer „im ‚Kitscherleben' praktizierten Verhaltensstruktur eines sein Genießen genießenden Genießens" einhergeht, welches wiederum „Belang u. a. für eine psychologische und soziologische Interpretation bestimmten Rezipientenverhaltens" (ebda.: 98) hat.

werden darf, dann erlaubt er eine „Entdämonisierung des Lebens" (Giesz 1979: 30), die gerade in historischen oder individuellen Kontexten greift, in denen das Leben von „Grenzsituationen" markiert wird:

> Die Jaspersschen „Grenzsituationen" der menschlichen Existenz, könnte man sagen, vermag der Kitsch in rührende Idylle zu verwandeln, die angemessenen numinosen Schauer (Angst, Ehrfurcht, Andacht, Verzweiflung u. a.) durch angenehme Gerührtheit zu ersetzen. (ebda.)

Das imaginierte Miterleben der Liebesabenteuer lässt sich somit als kitschig sublimierte, mit einer erheblichen seelischen Aufwandsverminderung versehene Kompensation eines realen, letztlich aber mit gewissen Risiken verbundenen Gefühlserlebens deuten. Zugleich werden die Schrecken und Nöte der aus „Tod, Sexus, Krieg, Schuld, Not, Geburt, Gott" (Giesz ebda.) bestehenden Lebensrealität durch den Kitsch emotional abgefedert.[25] Doch auch die medialen Beschränkungen[26] führen dazu, dass Fotoromane kitschig sind. Dies aber erlaubt es ihnen im Gegenzug, ihre kompensatorische Wirkung besonders effektiv zu entfalten, da sie ein Gefühlserleben möglichst intensiv suggerieren und Sehnsüchte zu stillen versuchen, die im Alltag selten Erfüllung finden.[27]

---

[25] Die kompensatorische Dimension des Fotoromans unterstreicht Saint-Michel: „Cette forme de récit exorcise l'angoisse d'une société de plus en plus compliquée où le tourbillon des techniques, des changements, des informations... exerce une pression traumatisante sur les lecteurs" (Saint-Michel 1979: 164). Vgl. auch „Ainsi, le roman-photo en offrant une compensation à la grisaille du quotidien et en permettant l'identification à des personnages mythiques apaise les angoisses d'une population qui, depuis trente ans se désespère d'assumer « le choc du futur »" (ebda: 166).

[26] „Comparée à celle de la bande dessinée, la situation du roman-photo frappe par son étroitesse et son immobilisme" (Schuiten/Peeters 1996: 115).

[27] Dabei bieten sich Bezüge zu Freuds Kunsttheorie und seinem Verständnis vom Künstler an, die Giesz erschließt. Freud habe zwar vom Künstler gesprochen, doch zugleich eine Theorie des Kitsches formuliert, wenn er schreibe: „Der Künstler ist ursprünglich ein Mensch, der sich von der Realität abwendet, weil er mit der Forderung auf eine Befriedigung seiner Triebwünsche in ihrer primären Form zu verzichten, nicht fertig zu werden vermag, und der dann in der Welt der Phantasie seinen erotischen und ehrgeizigen Triebwünschen freien Spielraum lässt" (zit. nach Giesz 1979: 35).

Vor diesem Hintergrund würde es zu kurz greifen, die Rezipientinnen von Fotoromanen als passive Opfer einer ganz und gar niveaulosen Konsumindustrie wahrzunehmen. Wie einer der entschiedensten Befürworter des Genres, Jan Baetens betont, sollte die Zielgruppe des Mediums nicht auf eine solche Rolle festgelegt werden:

> L'acheteur d'un roman-photo traditionnel est d'abord lecteur, certes, mais il peut se sentir aussi consommateur (...), citoyen (...), acteur (...), écrivain (...) ou encore scénariste. Pour virtuelle ou fausse qu'elle soit (car on ne manquera pas de crier à la manipulation idéologique du client), cette pluralisation valorise sans conteste le lecteur et contribue ainsi à affirmer le succès du genre. (Baetens 1996: 38)

Um das Bild einer in den Klauen der Medienindustrie gefangenen Konsumentin zu relativieren, sollte auch erwähnt werden, dass Fotoromane, gerade weil sie nicht oder nur selten den Anspruch erheben, „Kunst" zu sein, einen sinnlichen Genuss ermöglichen. Ein solcher Genuss kann in der Welt der Gegenwart eine geradezu befreiende Wirkung erzielen: *„Sich fangen* und *sich sinken* lassen sind *Freiheitsakte*" (Giesz 1979: 35).[28] In diesem Sinne argumentiert auch Baetens, wenn er notiert:

> Les limites de plus d'une certitude ont en effet été entrevues dès les premières recherches modernes sur la littérature dite « populaire ». C'est ainsi que le public réel du roman-photo excède le groupe cible des lectrices à demi illettrées dont les goûts dicteraient les recettes du genre. De la même façon il est inexact de poser qu'en flattant sans vergogne sa possible clientèle, le roman-photo la rend manipulable à l'envi. Le genre est consommé aussi par des lecteurs se disant « cultivés », et rien n'indique que ce contact à risque lèse irrémédiablement leurs facultés de raisonnement. Plus : on imagine fort bien que la lecture d'un roman-photo se traduise par une prise de conscience culturelle et politique. (Baetens 1992: 6)

Bei dem Versuch, die Rezeption von Fotoromanen transparent zu machen, liefert Michel de Certeaus Erörterung des Zusammenhangs von Alltagsleben, Aneignung und Widerstand wichtige Impulse. In einer solchen Perspektive erscheint das Genre als Teil der verbreiteten und institutionalisierten kulturellen Praktiken des Alltagslebens, und die Lektüre von Fotoromanen erweist sich als

---

[28] Eine entgegengesetzte Sichtweise hatte zuvor Karpfen vertreten: „Der Kitsch ist nicht nur eine böse Wucherung in der Kunst, er ist vielmehr der Niederschlag des Ungeistes, der den Geist töten will" (Karpfen 1925: 11).

> activité culturelle des non-producteurs de culture, une activité non signée, non lisible, non symbolisée, et qui reste la seule possible à tous ceux qui pourtant paient, en les achetant, les produits-spectacles où s'épelle une économie productiviste. (de Certeau 1990: XLIII)

Selbst nicht spezialisierten Rezipienten[29] von Fotoromanen ist es somit möglich, mit Hilfe von „procédures de la créativité quotidienne" (ebda.: XXXIX) eine „poiétique" (ebda.: XXXVII) im spielerischen Umgang mit dem Gegebenen zu entwickeln:

> A une production rationalisée, expansionniste autant que centralisée, bruyante et spectaculaire, correspond une *autre* production, qualifiée de « consommation » : celle-ci est rusée, elle est dispersée, mais elle s'insinue partout, silencieuse et quasi invisible, puisqu'elle ne se signale pas avec des produits propres mais en *manières d'employer* les produits imposés par un ordre économique dominant. (ebda.)

Auch den Befund der von de Certeau für die Alltagspraktiken besonders betonten „Widerspenstigkeit gegenüber der gegebenen Ordnung" (Krönert 2009: 49) kann man insofern nachvollziehen, als die Lektüre von Fotoromanen Ausdruck des Wunsches ist, sich zumindest im Mentalen mit den Gegebenheiten der erlebten, rationalisierten Gegenwart nicht abzufinden. Krönert vermerkt zu der von de Certeau geschilderten Widerspenstigkeit solcher Praktiken:

> ...sie folgen eben nicht zwangsläufig den herrschenden Gesetzen, sondern orientieren sich an den Erzähl- und Deutungsmustern der Rhetorik, des Klatsches, der Märchen und populären Legenden und der Fantasie (...). Aus deren „Erfindungskraft" (...) schöpfen sie eine ‚Kraft zur Differenz', die es ihnen ermöglicht, innerhalb der gegebenen Ordnung Freiräume für eigensinniges Vergnügen zu schaffen (...) (Krönert 2009: 49f.).

Der Gefahr einer sozialen Stigmatisierung, mit der diese „Differenz" negativ sanktioniert wird, entgehen die Leserinnen von Fotoromanen, indem sie das als „Kitsch" abgestempelte Genre bevorzugt im Bereich des Privaten rezipieren. Dort erschließen sich ihnen individuell gestaltete Fantasieräume,

---

[29] Vgl. Baetens: „Mais sur le plan *théorique* aussi, le statut d'art pauvre du roman-photo peut conforter notablement sa modernité, dans la mesure où l'art moderne se caractérise pour beaucoup par son caractère anticorporatiste, par son rejet des privilèges *des spécialistes (les artistes et les critiques) et du métier (du savoir-faire)* (1993: 36).

die transversal zur Ordnung des rationalistischen Diskurses der Gesellschaft stehen können.[30] Wenn de Certeau bei seiner Beschreibung der *Pratiques quotidiennes* Analogien zwischen dem Leser und einem Fußgänger im Stadtraum herstellt, so ließe sich diese Bezugnahme auch auf die Fantasieräume und die Räume des semiotischen Systems „Fotoroman" (Fotos, Texte, *gouttières*) ausweiten:

> Le lecteur traverse la page, il rêve, il saute des phrases, il retient ce qui l'intéresse; un mot, un nom le font dériver, quitter le sol écrit, fabriquer autre chose avec le texte lu ou plus exactement avec ses fragments, ses lambeaux. (de Certeau 1979: 28)

Offenbar ist es wenig angemessen, Fotoromane eindimensional als niveauloses *produit kitsch* zu kritisieren, als „produit rectangulaire, filtré, fini, aseptisé et décodé au niveau du subconscient" (Saint-Michel 1979: 186). In einer von de Certeau und Eco (1979) inspirierten und von Theoremen der Postmoderne geschärften Wahrnehmungsweise ließe sich die Frage stellen, ob nicht viele Leserinnen Fotoromane als „Spielmaterial" nutzen, um sich in einer Art mentaler *bricolage* selbst aktiv einzubringen. Eine solche Wahrnehmung würde es nicht nur erlauben, das Genre als bedeutungsbildenden Bestandteil der populären Alltagskultur zu „entdämonisieren". In Fortführung des von de Certeau vertretenen und von Fiske fortgeführten Ansatzes zur Fernseh- und Populärkultur wäre es vielmehr möglich, Fotoromane als polyseme, strukturell offene Texte wahrzunehmen, die im Kontext der sozialen Herausforderungen des Alltags von den Rezipientinnen aktiv und durchaus mit Vergnügen angeeignet und ausgedeutet werden:

> Ein Moment des Vergnügens in der Rezeption populärer Texte liegt nach Fiske darin, das Verhältnis von Regeln und Freiheit zu erforschen. Das trifft nicht nur auf das sogenannte evasive Vergnügen zu, bei dem es um subversive Momente geht, die „den disziplinierenden Diskursen moderner Gesellschaft zuwider" laufen können (Hepp 1999: 74), sondern vor allem auf das Vergnügen, das aus der Produktion eigener Bedeutungen und Lesarten resultiert. (Mikos 2009: 160)

---

[30] Entsprechend kritisiert de Certeau an den von Foucault geschilderten Dispositiven der gesellschaftlichen Macht die „Überbetonung der Herrschaftsverhältnisse zu Lasten der unsichtbaren Praktiken, mittels derer sich die Subjekte den organisierten Raum wieder aneignen" (Krönert 2009: 52).

Auf mikropolitischer Ebene greift eine solche interpretierende Aneignung selbst „kritischer" Texte als Umsetzung der „negotiation between the text and its variously socially situated readers" (Fiske 2010: 128) in den gesellschaftlichen „Kampf um Bedeutungen" (Mikos 2009: 157) ein, und die Leserinnen produzieren sozial relevanten „Sinn".[31] Die weitreichendenden Konsequenzen dieser positiven Wahrnehmung von Populärkultur unterstreicht Mikos:

> Diese Bedeutungen, die im Akt der Aneignung produziert werden, können sich sowohl in die herrschenden Machtverhältnisse einfügen als auch diese kritisieren. Denn populäre Texte werden von Menschen produziert, indem sie in ihnen ihre Lebensverhältnisse artikuliert sehen, und das heißt, dass Machtverhältnisse bereits in die populären Texte eingeschrieben sind. (2009: 162)

In einer Gegenwart, in der die Erfahrung der Selbstentfremdung und Fremdbestimmung, der Anonymität und der Normierung von „Sinn" dominiert, kann die Lektüre von Fotoromanen als Ausdruck des Wunsches gedeutet werden, die eigenen emotionalen Seiten und auch die individuelle Selbstbestimmung im Akt der intertextuellen Auslegung solcher Texte wahrnehmen zu können. Die Lektüre von Fotoromanen würde in dieser Wahrnehmung einen emotionalen und sozialen „Mehrwert" vermitteln. In Anbetracht dieser facettenreichen Rezeptionsoptionen wäre es an der Zeit, dass auch in Deutschland die Wissenschaft von den verbreiteten Vorbehalten gegenüber dem vermeintlich „trivialen" Genre abrückt.[32]

---

[31] Vor dem Hintergrund des verbreiteten Vorurteils, Leserinnen von Fotoromanen seien intellektuell einfach strukturiert und kaum alphabetisiert, weist Benesvy auf einen besonderen Umstand hin: „Mais si l'on en croit un hebdomadaire français qui mène l'enquête sur la presse du cœur [scil.: *L'Evénement du jeudi*, 23–39 juillet 1992], 10 % des lectrices de romans Harlequin sont diplômées et B., agrégée de lettres, se déclare „enfin détentrice d'un anti-dépresseur léger vendu en kiosque" et ajoute sans honte « je lis Proust exactement comme Harlequin: poussée par le désir de connaître la fin »" (Benesvy 1996: 33f.).

[32] Das Forschungsinteresse in Deutschland lässt an Vorbehalte denken, die im Frankreich der 70er Jahre verbreitet waren: „Le roman populaire n'intéresse pas les intellectuels. Pratiquement, il a été laissé en friche. Les chercheurs le délaissent. Même les sociologues ne s'y aventurent pas. Les détenteurs de la Culture affichent une absence presque totale d'intérêt pour ce genre héritier du roman populaire et du feuilleton-cinéma. Le mépris envers lui est souverain" (Saint-Michel 1979: 22).

Nach diesen allgemeinen Überlegungen steht im Folgenden die Beantwortung der Frage im Mittelpunkt, wie das Magazin *Roman photo* an die Emotionen und Affekte von Leserinnen appelliert, und welche Konsequenzen dies für die Selbstwahrnehmung und den Umgang mit sozialen Normen hat. Methodisch wird in zwei Schritten verfahren, wobei sich an die Analyse der redaktionellen Texte, welche die beiden Fotoromane des Hefts umrahmen, die Untersuchung von *Il venait d'avoir 20 ans* anschließt. Die redaktionellen Beiträge, so die Annahme, schaffen eine emotionale Grundstimmung, welche für die Rezeption der fiktiven Geschichten nicht ohne Bedeutung sein dürfte. Die Auswahl eines Magazins, in dem Fotoromane eine wichtige Rolle spielen, trägt dem von Fondanèche erwähnten Phänomen Rechnung, dass reine Fotoromane in gedruckter Form kaum noch Leserinnen finden (Fondanèche 2005: 432). Als Bestandteil der auch gegenwärtig höchst beliebten *presse féminine* dürften sie jedoch auch weiterhin unverzichtbar bleiben.

3. Liebe als Verheißung: die redaktionellen Beiträge in *Roman photo*

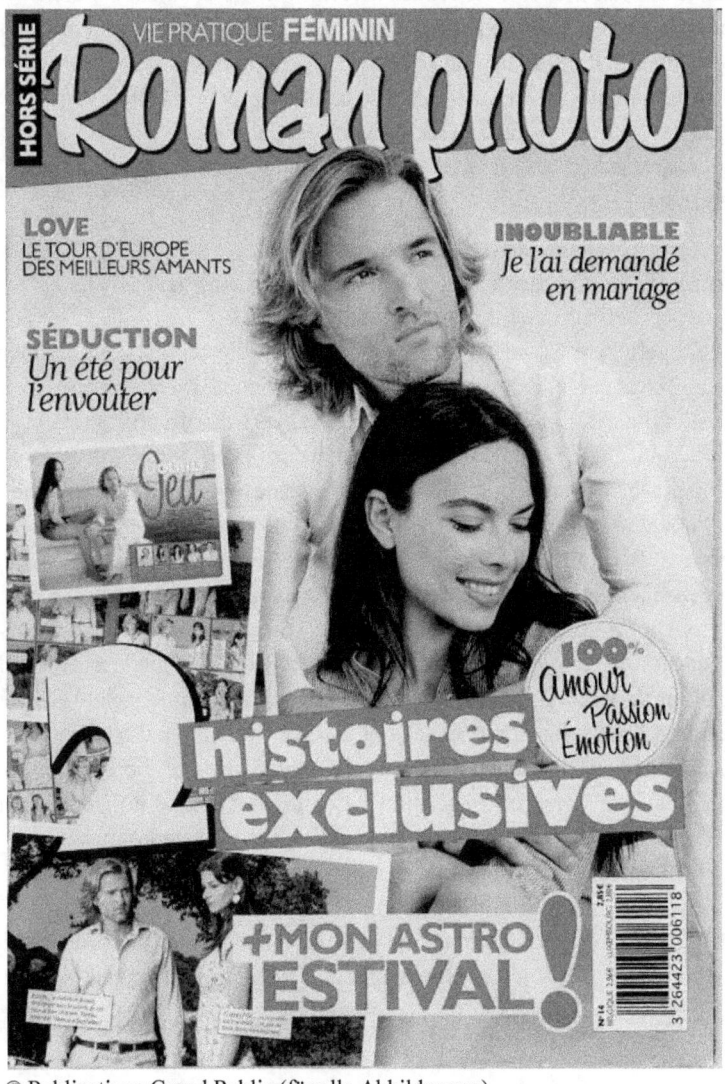

© Publications Grand Public (für alle Abbildungen)

Das Cover der auf den folgenden Seiten im Mittelpunkt stehenden Nummer 14 von *Roman photo* (2012), einem *hors-série*-Heft von *Vie pratique féminin*, dokumentiert beispielhaft, dass der Appell an die Emotionen der Leserschaft den Schlüssel für den fortwährenden Erfolg von Fotoromanen liefert. Wie auch bei der anschließenden Analyse des Fotoromans *Il venait d'avoir 20 ans* sollen die über den bildlichen und textuellen Kommunikationskanal transportierten Botschaften in ihrem medialen Zusammenspiel betrachtet werden. Der Blick richtet sich auch auf die Beantwortung der Frage, wie das Magazin seinen Leserinnen „Spielmaterial" zur Schaffung emotionaler Freiräume an die Hand gibt.

3.1 Analyse des Covers I: die Veranschaulichung des Idylls

Wie das abgebildete Cover zu erkennen gibt, setzt die bildliche Komponente durch das Arrangement des im Zentrum befindlichen Liebespaares ein unmissverständliches Signal: Zwei Menschen haben sich offenbar gesucht und gefunden, und die Leserin ist ihnen aufgrund des *plan américain* ganz nah. Die Bildsprache ist eindeutig, da der Mann seine Arme zärtlich um die zu seinen Füßen sitzende Frau legt und er aufgrund des fotografischen Arrangements als Beschützer erscheint. Zärtlichkeit und Maskulinität schließen sich augenscheinlich nicht aus, und so blickt er mit großer innerer Ruhe in die Ferne. Die Mimik und Positionierung der von seinen Armen umschlossenen Frau strahlen eine glückliche Geborgenheit aus. Wenn der Blick der Geliebten nach unten gerichtet ist, so steht dies im Zusammenspiel mit ihrem strahlenden Lächeln für die Innerlichkeit und die Tiefe ihres Gefühlserlebens. Zugleich lenkt der Blick der Frau in geschickter Weise auf die in einer *bulle* grafisch platzierte Versprechung, mit der Lektüre der beiden im Heft erschienenen Stories „100 % Amour, Passion, Émotion" erleben zu können.

Der Emotionalisierung des Leseangebots dient auch die klare Farbgebung des Covers, das einen „Stimmungsraum, in dem es sich wohl sein lässt" (Ueding 1979: 77) schaffen möchte. In diesem Sinne signalisiert die farbige Aufmachung des Hefts, dass es seinen Leserinnen mit besonders sublimen

Formen des Gefühlserlebens aufwarten möchte.[33] Drei hell abgetönte Grundfarben (Rot, Gelb, Blau) dominieren, von denen das himmelblaue Cyan den farbsymbolischen Konventionen folgend[34] für Transparenz, Reinheit und die Immaterialität des Göttlichen – im vorliegenden Fall der quasi göttlichen Liebe – steht. Vergleichbares lässt sich zum Weiß in den Titeln sowie im Hemd des Mannes notieren, steht es doch in der traditionellen Symbolik Westeuropas für das Absolute, Vollkommene, aber auch für den Anfang (z. B. Taufe) und die körperlich-moralische Reinheit, wie sie gerade bei der Vereinigung von Liebenden (Hochzeit) zelebriert wird. Am Rande sei vermerkt, dass auch die Bluse der Frau mit dieser Farbsymbolik spielt, da sie ein blau-weißes Streifenmuster aufweist.

Als in semiotischer Hinsicht vielsagend erscheint auch die in den Titeln dominierende Hintergrundfarbe Magenta, für die sich der Grafiker mit Bedacht als Alternative zu der für Liebe, Vitalität und Sexualität stehenden Symbolfarbe Rot entschieden haben dürfte. Diese Farbgebung evoziert die unschuldige „vie en rose", und sie relativiert das reißerisch klingende „100 % Amour, Passion, Émotion", sodass die Leserinnen erwarten können, in *Roman photo* jene Emotionen wiederzufinden, von denen sie in früheren Jahren geträumt haben.

Mit der dritten Grundfarbe, Gelb, setzt das Cover einen optimistischen, heiteren und warmen Akzent. Die Auflösung der fotografischen Konturen durch einen Weichzeichnereffekt im unteren Bildrand trägt ebenfalls zur Aufbereitung der Gefühlswelten des Publikums bei, da der Fokus auf das glückliche Paar und dessen romantische Pose gerichtet wird. Zweifelsohne erweist sich die Covergestaltung als Ausdruck des für den Fotoroman symp-

---

[33] „La couleur apporte, aux yeux du public, une valeur informative essentielle" (Chirollet 1983: 90).

[34] Vgl. die entsprechenden Schlagworte in Herder (1978). Auffallend ist, dass das Cover von *Roman photo* auf jene Farben zurückgreift, denen der Lüscher-Farbtest positive Eigenschaften zuweist: blau (geistige Realität/Sympathie), rot (Vitalität/Sexualität/Animalität) und gelb (Wunsch/Hoffnung/Gemeinschaftsgefühl) (vgl. Stöffler 1975: 434f.). Saint-Michel betont die unterschwellig wirkende semantische Dimension der Farbgestaltung von Fotoromanen: „La couleur ne se contente pas d'apporter à l'illusion et de faire « vrai », elle est porteuse de sens implicites parfois fuyants et équivoques parce que fortement connotés et non codifiés" (Saint-Michel 1979: 36).

tomatischen *art kitsch*,[35] der sich nicht als Ausdruck einer künstlerischen Ästhetik versteht, sondern seine Botschaften transparent und eindeutig vermitteln möchte.

3.2 Analyse des Covers II: die Pragmatik der Texte

Die Schriftgröße der Covertexte und die Schriftart ebenso wie ihre Platzierung auf der Seite hierarchisieren die Informationen zu den Inhalten des Hefts. Hier fällt der Blick zunächst auf die dreifarbige, am ehesten zentral positionierte Ankündigung „2 histoires exclusives", die in die vielversprechende, ebenfalls in drei Farben gehaltene *bulle* „100 % Amour, Passion, Émotion" übergeht. Der grafisch unterlegte Auszug aus dem ersten Fotoroman dient dabei neben dem Hinweis auf die Exklusivität der Geschichten als optischer „Appetithappen". Der Blick wandert automatisch zu dem in zwei leuchtenden Farben im unteren Bildbereich platzierten Hinweis „+ MON ASTRO ESTIVAL", wobei Farbgebung und Großbuchstaben geeignet sind, die randständige Positionierung aufzufangen. Als Echo des ternären Rhythmus von „Amour, Passion, Émotion" – die Zahl „drei" steht im christlich geprägten Abendland für die Idee der Idealität – erscheint im oberen Bildbereich als Umrahmung des Liebespaares der magentafarbene Dreiklang der Überschriften „Love", „Séduction" und „Inoubliabe". Er wird ergänzt um die in zwei verschiedenen Schrifttypen und Schriftgrößen notierten Titel „LE TOUR D'EUROPE DES MEILLEURS AMANTS", *„Un été pour l'envouter"* sowie *„Je l'ai demandé en mariage"*. Bemerkenswert erscheint das große Suggestionspotential der Textinhalte auf dem Cover, welche die vom Sentimentalismus bis zur Erotik reichende Bandbreite des Gefühlserlebens abdecken und neugierig machen auf die redaktionelle Einlösung der Versprechen.

Das gelungene Zusammenspiel des fotografischen Layouts mit dem grafischen Arrangement und der textuell präsentierten Auswahl der angekündigten Inhalte belegt die große Professionalität, mit der das vom Verlag Axel Springer France vertriebene Magazin konzipiert wurde. Die für das Produkt-

---

[35] „La valeur informative est, sans doute, dans le cas du photoroman populaire, un indice caractéristique d'art kitsch, reléguant peut-être la valeur purement esthétique au second rang de l'intérêt populaire !" (Chirollet 1983: 90).

und Verkaufsmarketing zentrale AIDA-Methode (*Attention – Interest – Desire – Action*) (Moore 2005: 4), die durch den Appell an die kognitiven (Text- und Bildinformationen), affektiven (bildliche und textuelle Verheißung von Emotionalität) und konativen (handlungssteuernde) Dimensionen des Bewusstseins den Kauf eines Produktes herbeiführen möchte, wird auf dem Cover beispielhaft umgesetzt: Bildgegenstand, Farbgebung und Textinformationen sollen *Roman photo* aus der Vielzahl anderer Produkte im Regal des Zeitschriftenhändlers hervorheben. Eine potentielle Käuferin soll Interesse dafür entwickeln, sich mit diesem, und keinem anderen Magazin zu beschäftigen, da es offenbar besonders viele Facetten der Liebe vorstellt. Sollte sodann die Bereitschaft entstehen, das Heft zu erwerben, bleibt nur noch, die Kaufentscheidung zu fällen und für 2,85 € immerhin 86 Seiten voller Emotionen, entspannender Unterhaltung und praktischer Lebenstipps nach Hause zu tragen.

3.3 Der redaktionelle Kontext: Liebe, Liebe und nochmals Liebe

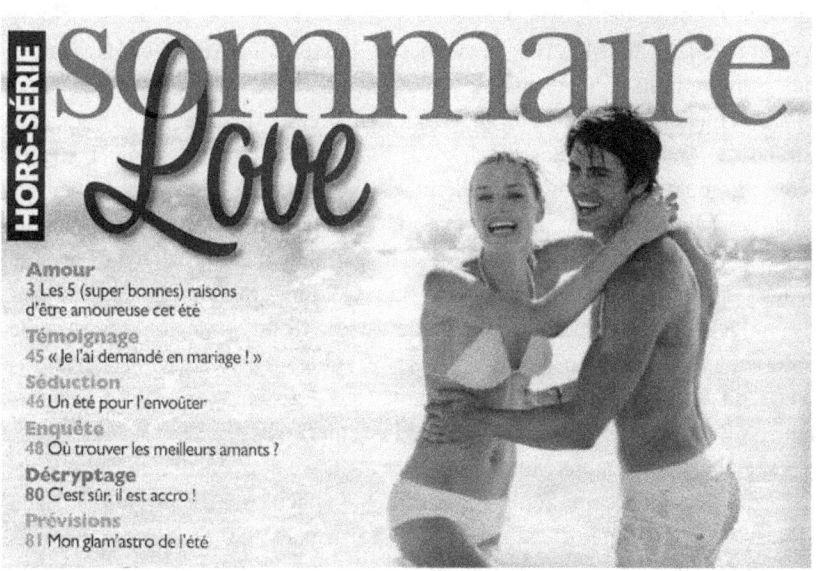

Beide im Zentrum des Magazin stehende Fotoromane werden von redaktionellen Beiträgen eingerahmt, die als stimulierende Vorbereitung und implizite Kommentare dienen. Ihre intertextuellen Beziehungen zu den Fotoromanen tragen zur Schaffung eines von emotionaler Verheißung geprägten „Wohlfühl-Ambientes" bei, das den emotionalen Grundakkord für das Heft als Ganzes, aber auch für die in den Romanen ausgespielten Variationen der Liebesthematik liefert. Im Folgenden soll daher das symbiotische Zusammenspiel von Paratexten, redaktionellen Beiträgen und Fotos näher in den Blick genommen werden.

Den emotionalen Stimulus des Covers greift die zweite Seite des Heftes, der *Sommaire*, vor allem durch die Bildsprache auf. Bemerkenswert erscheint in programmatischer Hinsicht, dass die Überschrift *Sommaire* durch zwei ineinander verschlungene Buchstaben mit *Love* verknüpft ist: Das Heft dreht sich offenbar um Liebe, und um nichts anderes als Liebe. Für das Emotionsmanagement der Leserinnen dürfte jedoch wichtiger sein, dass hier wie auch auf der Folgeseite das auf dem Cover befindliche Motiv des Liebespaares fotografisch reproduziert wird, um im Zusammenspiel mit zwei Vignetten aus den Fotoromanen nicht weniger als vier Mal eine glückliche Beziehung zwischen Mann und Frau zu präsentieren. Passend zum Erscheinungsdatum des Sommerhefts verbreiten die Fotos entspannte Urlaubslaune, denn drei Paare genießen ihr Glück am Hafen, in den Wellen des Meeres (2) oder am Strand (3). Zudem befinden sich zwei Paare in mehr oder weniger engem Körperkontakt (Umarmung, Handkontakt), sodass die Köpersprache über das situative Moment hinausgehend eine harmonische Nähe dokumentiert. Die Farbsymbolik des Covers wiederholt sich auf Seite 2, da das sich umarmende junge Paar im hellblauen Meer weiße Badekleidung trägt. Wenn das Paar auf der Folgeseite mit Armen und Händen ein Herz formt, in dessen Zentrum die untergehende Sonne positioniert ist, so offenbart dieses kitschige Arrangement, dass das Maximum an Romantik fotografisch zwar nicht besonders kunstvoll, dafür aber sehr wirkungsvoll inszeniert wird.

Welches Verständnis von Liebe, aber auch welche Vorstellung von Gender entwickelt der auf Seite 3 abgedruckte, nach Art eines vierblättrigen Glücksklees arrangierte redaktionelle „Aufmacher" einer Autorin namens Lulu Belle?

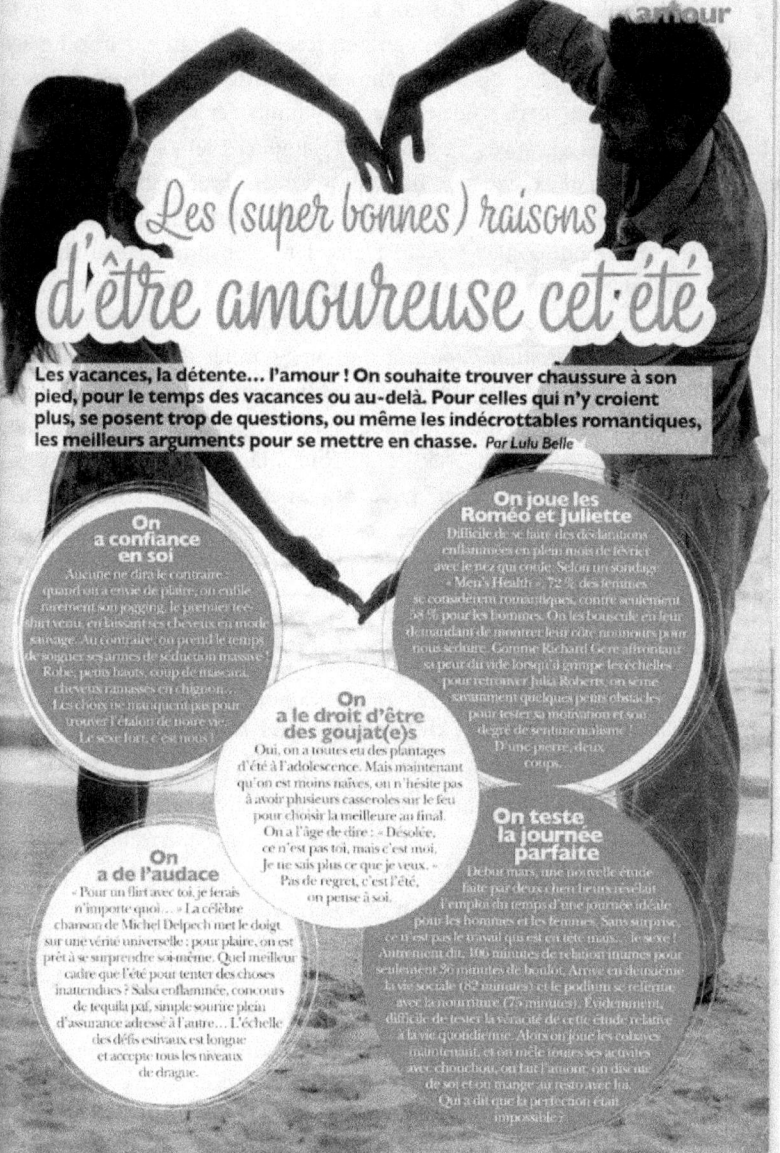

Wie der in rot gehaltene Titel *Les (super bonnes) raisons d'être amoureuse cet été* (3) insinuiert, gehört es offenbar zum festen Programm der Sommerferien, sich zu verlieben. Der eine fast schon automatisch ablaufende Sukzession von Ereignissen suggerierende ternäre Rhythmus der im Untertitel befindlichen Reihung „Les vacances, la détente… l'amour!" verstärkt stilistisch die Botschaft, der Sommer eigne sich besonders für ein Liebesabenteuer, zumal es schwierig sei, „de se faire des déclarations enflammées en plein mois de février avec le nez qui coule" (ebda.) Dank der lebenspraktischen Hilfestellungen Lulu Belles sollen nun aber „celles qui n'y croient plus, se posent trop de questions, ou même les indécrottables romantiques", mit anderen Worten: die Käuferinnen von *Roman photo*, in diesem Sommer ihr Liebesglück finden: „On a confiance en soi", „On joue les Roméo et Juliette", „On a le droit d'être des goujat(e)s", „On a de l'audace" und „On teste la journée parfaite" lauten die einschlägigen lebenspraktischen Ratschläge. Doch welches weibliches Selbstbild wird hier vertreten? Die Antwort erscheint niederschmetternd, resultiert doch aus Sicht der Autorin das weibliche Selbstvertrauen aus der Tatsache, dass man mit einem guten Aussehen Erfolg beim anderen Geschlecht hat:

> Aucune ne dira le contraire: quand on a envie de plaire, on enfile rarement son jogging, le premier tee-shirt venu, en laissant ses cheveux en mode sauvage. Au contraire, on prend le temps de soigner ses armes de séduction massive ! Robe, petits hauts, coup de mascara, cheveux ramassées en chignon... Les choix ne manquent pas pour trouver l'étalon de notre vie. Le sexe fort, c'est nous ! (3)

Bei aller autoreferenzieller Ironie werden fragwürdige Gender-Stereotypen aufgerufen, die höchst problematisch erscheinen, bringt man eine emanzipatorische Perspektive in Anschlag. So ergeht an die Frauen der Appell, ihr Äußeres gemäß der maskulinen Definition von Weiblichkeit zu gestalten, um „seine" Aufmerksamkeit auf sich zu lenken. Die Dominanz des Mannes im gesellschaftlichen Gender-Diskurs bleibt offenbar unangetastet, auch wenn die mit den „armes de séduction massive" ausgestattete Frau den Sieg davontragen wird. Das vermeintlich „starke" Geschlecht wurde im Zuge seiner Evolution offenbar mit einem derart primitiven Reiz-Reaktions-Schema ausgestattet, dass ihm nur noch die Niederlage bleibt. Die reduktionistische Wahrnehmung des Geschlechterverhältnisses führt zu einer paradox anmutenden Umkehr der Dominanz: Indem sich die Frau dem männlichen Gender-Konzept unterwirft, vermag sie den Mann zu besiegen. Eine vergleichbare

Eroberungsmetaphorik wiederholt sich, wenn Lulu Belle folgenden Rat erteilt:

> Quel meilleur cadre que l'été pour tenter des choses inattendues ? Salsa enflammée, concours de tequila paf, simple sourire plein d'assurances adressé à l'autre... L'échelle des défis estivaux est longue et accepte tous les niveaux de drague. (ebda.)

Erneut kommt der Frau der aktive Part bei der Verführung des Mannes zu, wobei fast jedes Mittel recht zu sein scheint, um zum Ziel zu gelangen. Bei der erfolgreichen Umsetzung des Lebens- und Liebesratgebers werde die lebenskluge Leserin letztlich mehrere Eisen im Feuer haben:

> Oui, on a toutes eu des plantages d'été à l'adolescence. Mais maintenant qu'on est moins naïves, on n'hésite pas à avoir plusieurs casseroles sur le feu. On a l'âge de dire: « Désolée, ce n'est pas toi, mais c'est moi. Je ne sais plus ce que je veux. » Pas de regret, c'est l'été, on pense à soi (ebda.).

Frauen sollen, so die Botschaft, die Kunst der Verführung und Eroberung erlernen, um den Männern gegenüber im strategischen Vorteil zu sein. Wenn laut einer von Lulu Belle zitierten Umfrage aus *Men's Health* 72 % der Frauen, aber nur 58 % der Männer romantisch veranlagt sind, sollte die Frau die Initiative ergreifen, um unter geschicktem Rückgriff auf „quelques petits obstacles" dem Vorbild von Richard Gere und Julia Roberts in *Pretty Woman* folgend „sa motivation et son degré de sentimentalisme" (ebda.) zu prüfen. Erstaunlicherweise ist von Liebe nicht die Rede.

Wie sich bereits andeutete, sind die Ratschläge der Verfasserin nicht ernst gemeint, sondern spielerisch-unterhaltend zu verstehen. Dies erlaubt es, abseits der emanzipatorischen Perspektive, die zu einem zweifelsohne verheerenden Urteil führt, einen neuen Blick auf den Text zu werfen, der sich selbst nicht völlig ernst nimmt. Die Leserin von *Roman photo*, so kann nach dem Gesagten unterstellt werden, verfolgt nicht primär emanzipatorische Ziele. Sie sucht der verbreiteten Lebenserfahrung folgend, nach welcher der erste (optische) Eindruck vor allem für Männer meist ausschlaggebend für die Entstehung einer Beziehung ist, einen pragmatischen, möglicherweise desillusionierten Umgang mit dieser Gegebenheit. Ein spielerisches Beziehungsmanagement und ein von situativer Flexibilität geprägtes Auftreten, dessen Repertoire von der strategisch agierenden Dominanz („confiance en soi", „goujat[e]") über die Kunst, „ihn" zum Lieben zu bringen („se faire des déclarations enflammées"), bis hin zur freiwilligen Unterwerfung unter das Diktat der Mode („armes de séduction massive") reicht, scheinen zu genügen, um zum Ziel zu kommen: „trouver l'étalon de notre vie" (ebda.). Hiermit akzeptiert die Frau die gesellschaftlichen Gegebenheiten, doch versucht sie, sich im Umgang mit dem anderen Geschlecht strategische Vorteile zu verschaffen, die helfen sollen, ihre Unterlegenheit und die Reduktion auf „weibliche" Verhaltensmuster durch einen spielerischen Umgang mit eben diesen Mustern zu überwinden. Wenn sich dieser Ratschlag an Leserinnen wendet, die laut Lulu Belle nicht mehr an die Liebe glauben, im Umgang mit dem anderen Geschlecht zu unsicher auftreten oder unerfüllbaren romantischen Idealen nachhängen, so bleibt zu fragen, ob derartige Ratschläge – sollten sie ernst gemeint sein – sich nicht zu weit von der Lebenswirklichkeit und den Lebenserfahrungen der Zielgruppe entfernen. Auf jeden Fall aber vermitteln die Texte Imaginationsreize, die angesichts der Alltagserfahrung (Dominanz des Maskulinen, Ausbleiben der Liebesidealität) eine Widerspenstigkeit und kompensatorische Autofiktion generieren können, in der „100 % Amour, Passion, Émotion" möglich sind.

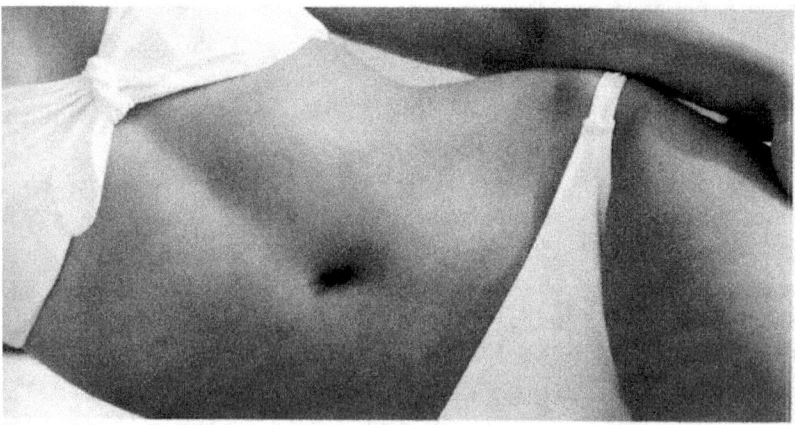

Die Fotografien, die in *Roman photo* die Texte begleiten, tragen zu der positiven Grundstimmung des Magazins bei, bilden sie doch ausnahmslos eine vermeintlich realistische Idealität ab. Die „naturgetreue" Wiedergabe schöner Menschen, ihrer Körper und idealtypisch ausgewählter Situationen stehen jedoch in einem Spannungsverhältnis zu den tendenziell autoironischen Inhalten. Das Zusammenwirken von Bild und Text suggeriert eine Deutung, nach der die Idealität von Glück, Liebe, Körperlichkeit und Situationen denkbar ist, auch wenn eine Leserin nicht mehr ungebrochen an sie glauben kann. Die Bandbreite der hierdurch evozierten Emotionen verortet sich dementsprechend zwischen den Polen der abgeklärten Desillusion, die gleichwohl einen positiven Umgang mit dieser negativen Erfahrung sucht, und einer verheißungsvollen, optisch und imaginär vorgestellten Idealität als Ziel der Wünsche. Ob sich ein realer Sommerflirt als Ergebnis der Ratschläge Lulus Belles indes letztlich als Pyrrhussieg erweisen kann, bleibt unreflektiert.

Mit der ersten, bereits auf dem Cover angekündigten Liebesgeschichte *Double jeu* wartet *Roman photo* auf den folgenden 39 Seiten auf. Die einleitende Synopsis lautet wie folgt:

> Clément a toujours eu de la chance, il a une jolie femme (Lise), de la réussite dans son travail et une belle villa à Ramatuelle, sur la côte d'Azur. Seulement voilà, à force d'être en voyage d'affaires, il s'est éloigné de Lise, avec laquelle il n'a pas eu d'enfant. Un vendredi soir, de retour d'un voyage à Los Angeles, Lise provoque une discussion qui va tout faire basculer... (5)

Die Einführung in die Story gibt einige strategische Grundsätze zu erkennen, denen viele Fotoromane zur Erfolgsoptimierung folgen: Im Mittelpunkt steht ein junges, attraktives und gut situiertes Ehepaar. Die Freiheit von materiellen Nöten bietet die Voraussetzung für die exklusive Behandlung emotionaler Unwägbarkeiten. Der Ort der Handlung (meist eine Villa in einer Urlaubsregion) dient als Projektionsraum für die materiellen Sehnsüchte der Leserschaft und als Angebot, kraft der Fantasie in die Geschichte „einzuziehen" und am Liebeserleben der Protagonisten teilzuhaben. Auffallend ist, dass das Ehepaar immer kinderlos zu sein hat, da Kinder und deren Probleme offenbar zu sehr von der Haupthandlung und den emotionalen Höhen und Tiefen der Erwachsenen ablenken würden. Bemerkenswert ist ebenfalls, dass die zentrale Identifikationsfigur häufig „unschuldig schuldig" wird, wenn sie etwa durch eine schicksalhafte Wendung einer neuen Liebe begegnet oder ihr die Liebe des Partners durch besondere Lebensumstände verloren geht. Eine positive Wendung des Geschehens beendet jedoch die hieraus entstehende Krise. So kann eine bestehende Beziehung zerbrechen, doch findet die im Mittelpunkt stehende Figur dank einer schicksalshaften Begegnung noch während der Krise ein neues Liebesglück. Alternativ hierzu kann das Paar nach einer Phase der Besinnung – hier dürfen durchaus neue, temporäre Liebesbeziehungen eingeführt werden – seine Krise überwinden, sodass die geläuterten Protagonisten sich neu ineinander verlieben. Für eine positive Rezeption seitens der Leserinnen dürfte entscheidend sein, das dieses harmonische Ende die Regel „après la pluie, le beau temps" bestätigt: Auch wer zu den von Lulu Belle zitierten Frauen zählt, die von der Liebe enttäuscht sind, sich zu viele Fragen hierüber stellen oder hoffnungslos romantisch veranlagt sind, darf hoffen, dass das Glück schon im nächsten Moment auf sie wartet.

Um dem Schicksal bei der Suche nach Emotionen und Erfüllung nachzuhelfen oder eine erlöschende Liebe neu zu wecken, bieten im Anschluss an *Double jeu* die Rubriken *récit* und *séduction* einige Ratschläge für Leserinnen, die ihr Lebensglück steigern möchten. *Je l'ai demandé en mariage !* (45, ebenso die folgenden Zitate) lautet der triumphierende Titel eines autoreferenziellen Erlebnisberichts, dessen Autorin Joana darunter litt, im angeblich fortgeschrittenen Alter von 32 Jahren noch nicht verheiratet zu sein. Den Mann ihres Lebens, mit dem sie im Übrigen schon zwei Kinder hat, konnte sie zwar bereits finden, doch beginnt die Ehe ohne Trauschein „à me miner le moral". Um dies zu ändern, tüftelt sie nach einer Beratung durch eine Freundin für den „jour J" einen ausgeklügelten Schlachtplan aus: „Alors je suis passée à l'attaque", denn „Ce n'est plus forcément à l'homme de s'agenouiller pour poser l'ultime question à sa belle". Joanas Wagemut, ihre „attaque" am „jour J" mit Hilfe ihrer Kinder und eines Blumenstraußes erfolgreich umgesetzt zu haben, wird schließlich nicht nur mit einer Hochzeit belohnt: „Prochaine étape? Un autre enfant…"

Im Sinne der Leserbindung möchte *Roman photo* gegenüber der Leserin des Artikels jene Position einnehmen, die im zitierten Artikel die Freundin und Vertraute Joanas innehat. Daher versuchen die lebenspraktischen Tipps sowie der beratende Charakter der Reportagen sich als Pendant zu einer gelebten Freundschaft zu geben. Das Zusammenspiel der in ihrer Tonlage sehr variabel gestalteten Artikel ermöglicht nicht nur unterhaltende Abwechslung beim Lesen. Es entspricht vielmehr auch den Schwankungen, denen eine erlebte, im Zeichen der Vertraulichkeit stattfindende Kommunikation unterliegt. Dass dieses Angebot medial geschickt arrangiert und von der Kommunikationssituation her einseitig geprägt ist, soll möglichst keine Rolle spielen. *Roman photo* suggeriert vielmehr seinen Kundinnen, dass sie sich in einem Medium bewegen, das von Menschen gemacht wurde, die sie verstehen, emotional begleiten und auch zum Entstehen oder zur Fortentwicklung eines positiven Lebensgefühls beitragen wollen. Dieser Prozess entwickelt sich jedoch nicht ideologiefrei, wie das voranstehende Beispiel veranschaulicht. Joanas Hoffnung steht beispielhaft für einen konservativen Umgang mit dem Konzept von „Weiblichkeit", nach dem die Rolle als Mutter und Ehegattin die Erfüllung aller Träume bedeutet. Grundsätzlich erscheinen Frauen vor allem dann idealisiert, wenn sie den traditionellen Rollenklischees entsprechen. Dass Frauen auch ohne einen Mann an ihrer Seite oder gar im Zusammenleben mit einer Frau ihr Glück finden können, wird ausgeschlossen. So ergibt sich ein Impuls, der fast zwanghaft suggeriert, dass es jeder Frau gelingen kann oder muss, einen Mann von ihren Vorzügen zu überzeugen.

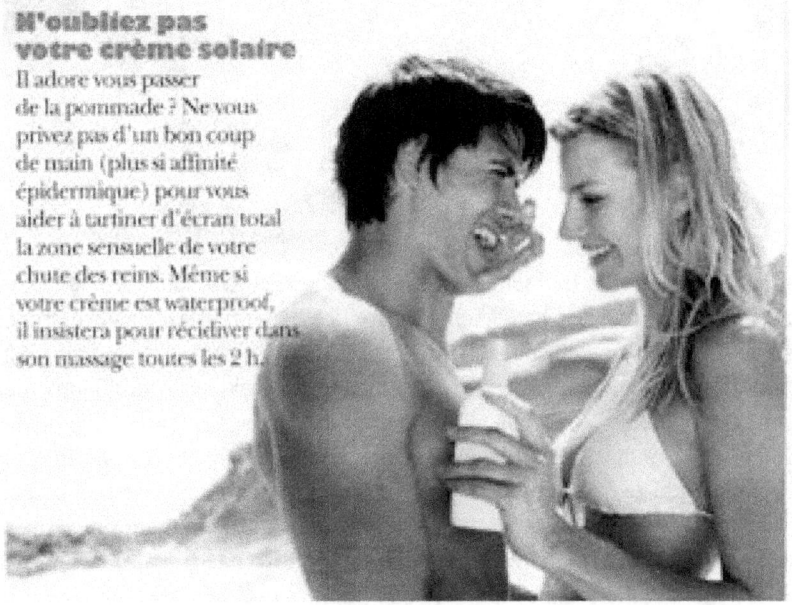

In diesem Sinne präsentiert die Redakteurin Maya Meng in dem bunt bebilderten Artikel *Un été pour l'envouter* zehn mehr oder weniger probate Tipps für einen erfolgreichen Strandurlaub im Zeichen Amors. Ein knapper „bikini sulfurique" (das leuchtende Weiß der fotografierten Strandmode betont neben der Idee der Reinheit die Bräune der Körper) sowie ein durchscheinender *paréo* zählen in dieser Absicht zu den ultimativen „ingrédients qui le feront craquer" (46, ebenso die folgenden Zitate). Die schon anfangs besprochene reduktionistische Verführungsstrategie wiederholt sich: Die „Waffen der Frau" sollen den Sieg über den Mann erleichtern. Das „schwache Geschlecht" verfügt hierbei über erhebliche strategische Vorteile, weil es in der Lage ist, den wehr- und willenlosen Mann auf einfachste Weise „um den Finger zu wickeln".

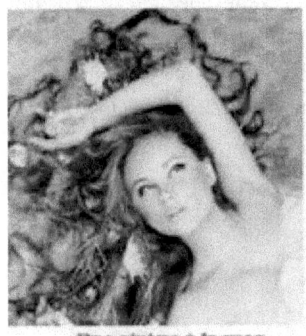

Une sirène à la mer...
Un décor de rêve pour une scène mythique... Quand vous sortez des vagues, les cheveux

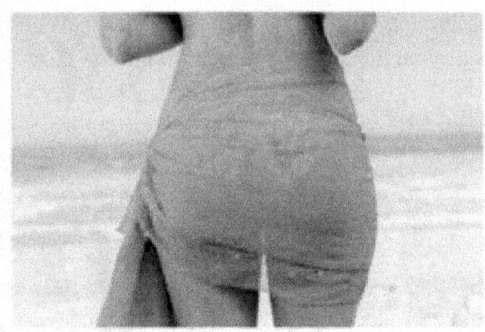

La transparence, sinon rien !

Einem distanzierten Betrachter, der den emotionalen Grundakkord des Magazins nicht internalisiert hat, erscheinen freilich die vorgestellten Verführungsstrategien sehr fragwürdig, um nicht zu sagen – albern. Die autoironische Tonlage gibt aber zu erkennen, dass auch die Redakteurin ihre Tipps nicht ganz ernst meint: da „l'eau découple les sensations", möge man mit dem Mann der Träume ausgiebig „jeux aquatiques" betreiben, um anschließend der „stratégie de séduction" folgend ein Eis zu essen, das aber dem Ziel diene „[de faire] monter la température". Die Haare sollte eine kluge Leserin am Strand nach Art einer „sirène" (47, ebenso die folgenden Zitate) von Wasser und Wind ondulieren lassen, um „ votre public avide de sensations fortes une vision d'un érotisme torride" zu liefern. Dem Ziel einer Erotisierung des Strandlebens folgend, sollte die Dame dem Mann der Träume ferner alle zwei Stunden gestatten, sie einzucremen (hierbei sollte „la zone sensuelle de votre chute des reins" besondere Beachtung finden), damit er ihre von Tattoos geschmückte Haut gleich einer „carte érotique" entdecken kann, „qui emmène votre explorateur vers des destinations inconnues".

Den Abend sollte man sodann als „Dancing queen" (46, ebenso die folgenden Zitate) beenden, wobei das „potentiel érotique" des passenden Schuhwerks genutzt werden sollte. Es sei so auszuwählen, dass „le langage du corps" bei einer „bonne dose de funk pour faire swinguer vos hanches" auf jeden Fall erfolgreich eingesetzt werden könne. Als Fazit schließlich folgt der Rat, bei allem möglichst locker zu bleiben:

> De la légèreté avant tout... Sous le signe de la paillette et du pétillant... Pas question de sortir votre édition de « L'Etre et le Néant » sur la plage et de vous lancer dans un débat passionnel sur la place de l'Homme de l'univers. Mieux vaut descendre la conversation au niveau du string et mettre votre cerveau en veilleuse pour laisser la parole au désir. (47)

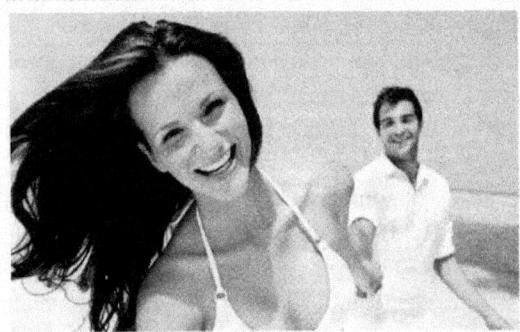

Offenbar ist es der Verfasserin Maya Meng nicht entgangen, dass die Massierung ihrer Ratschläge trotz des selbstironischen Untertons, der eine für den Flirt erforderliche spielerische Leichtigkeit insinuieren möchte, möglicherweise eher zur Verkrampfung als zur Befreiung führen kann. In diesem Zusammenhang ist gerade für den Philologen die Erwähnung von Sartres Essay interessant, steht er doch für die wohl gemeinte, wenngleich sehr vordergründige Andeutung, dass zu viel Intellekt dem Flirt und der Liebe abträglich ist. Aufschlussreicher dürfte aber der Hinweis auf eine hintergründige Strategie Maya Mengs sein, die mit der Erwähnung Sartres verknüpft ist. Offenbar wird unterstellt, dass die Leserin von *Roman photo* über ein respektables Bildungsniveau verfügt, aber so klug ist, es temporär und situativ – am Strand, und vielleicht wäre zu ergänzen: auch bei der Lektüre des Heftes – nicht abzurufen.

Die Verfasserin rekurriert auf das probate *fishing for compliments* in Verbindung mit der Erzeugung eines positiven Selbstwertgefühls. Die hiermit zusammenhängende Botschaft liegt hinsichtlich des Konsumverhaltens auf der Hand, denn Emotionen aus erster oder zweiter Hand, real oder imaginiert, kann nur genießen, wer sich ihnen hingibt. *Roman photo* schließt gewissermaßen einen Pakt mit den Leserinnen, der den ungetrübten Lesegenuss ermöglichen soll. Was bei einer rational-kritischen Betrachtung aus akademischer Perspektive als geschickt arrangierter Unterhaltungskitsch erscheint, kann bei einer positiven, entspannten, für Emotionen offenen, selbstironischen und spielerischen Rezeptionshaltung durchaus dem emotionalen Genuss dienen. Die Leserinnen von *Roman photo*, so die entscheidende Botschaft, brauchen daher kein schlechtes Gewissen zu haben, wenn sie sich dem Kitsch und der medial aufbereiteten Emotionalität hingeben. Sie haben, metaphorisch gesprochen, ihre intellektuellen Fähigkeiten beim Eintritt in die heile Welt des Mediums nur vorübergehend „an der Garderobe abgegeben", um sich völlig unbelastet und möglichst intensiv unterhalten lassen zu können.

Dass diese Annahme durchaus begründet sein dürfte, dokumentiert auf der folgenden Doppelseite die Rubrik „conseils" mit der von Xavier Beaunieux gestellten Frage *Classé X. Où trouver les meilleurs amants?* (48) Der Artikel erweist sich als heiter gemeintes, in Wahrheit gängige sexuelle Stereotypen reproduzierendes Kompendium der Vorzüge von Liebhabern aus Italien, den skandinavischen Ländern, Spanien, England und Deutschland. Angesichts der im Sommer zunehmenden geografischen Mobilität werden die Leserinnen aufgefordert, Jean-Marc und Stéphane den Laufpass zu geben, um die Qualitäten ausländischer Liebhaber zu entdecken, frei nach dem Motto: „andere Länder, andere Sitten". Dank Beaunieux' „petite leçon de drague sans frontières" (ebda.) soll die Leserin dieses Vorhaben erfolgreich in die Tat umsetzen können: „Mettez une touche de diversité dans votre lit, cet été" (ebda). Die von Klischees überbordenden Ausführungen erweisen sich jedoch als höchst realitätsfremd, wie die Kostprobe zu den Vorzügen deutscher Liebhaber zu erkennen gibt:

> **Grimpez au rideau avec un Allemand.** Souvent grand et bien bâti, l'allemand n'est pas dénué de charme... en dépit d'une fâcheuse tendance à associer chaussette et Birkenstock lorsqu'il est en vacances. **Comment l'aborder ?** D'un naturel timide et réservé, n'attendez pas qu'il vous aborde. Dites-vous que toutes ses

compatriotes ne sont pas aussi sexy que Claudia Schiffer et foncez! **Et à l'horizontale, ça donne quoi ?** Comme l'Anglais, le Teuton n'a pas bonne réputation au lit. Mais Jürgen pourrait être l'exception qui confirme la règle. Souvenez-vous de « La Vérité si je mens » : « Il faut donner sa chance au produit. » Totalement désinhibé, l'Allemand n'a aucun problème avec la nudité. Il apprécie les sextoys et se fiche qu'on soit épilé. Enfin, 32 % d'entre eux adoreraient les odeurs intimes et 23 % celle des aisselles. Ça casse un peu... **S'il vous dit...** ...« in jedem Mädchen, das ich gekannt habe, ein wenig dich suchte ich » [sic] (« Dans chaque fille que j'ai connue, c'est un peu toi que je cherchais »), des chances existent qu'il veuille approfondir les relations franco-allemandes... (49)

Die Diskussion der Glaubhaftigkeit derartiger Aussagen verspricht wenig Erkenntnisgewinn, sagen doch Heterostereotypen bekanntlich mehr über den aus, der sie äußert, als über das Objekt der Betrachtungen. Interessanter scheint vielmehr zu sein, dass hier Fremdstereotype nicht etwa wie in den Konversationslexika des 19. Jahrhunderts als völkerkundliches „Wissen" vorgestellt, sondern auf einer Metaebene zitiert werden. Hierfür gibt es eine Reihe von Signalen, etwa auf der inhaltlichen Ebene die Massierung von Klischees (groß und gut gebaut, schüchtern, langweiliges Sexualleben, positive Körperlichkeit), die situative Skurrilität (Sockenträger in Birkenstock-Sandalen, einschlägige Geruchspräferenzen) und auf der stilistischen Ebene durch die Wortwahl („Jürgen", „le Teuton") bzw. die Neigung zu verallgemeinernden Wendungen sowie Superlativen („souvent", „L'Allemand n'est pas dénué de charme", „D'un naturel...", „[il] n'a pas bonne réputation au lit", „Totalement désinhibé", „l'Allemand n'a aucun problème avec la nudité"). Auch der heitere bis autoironische, bisweilen doppeldeutige Tonfall („les relations franco-allemandes") gibt zu erkennen, dass hier reduktionistische „Wahrheiten", die keine sind, als emotional stimulierendes, vor allem aber unterhaltsames Spielmaterial dienen.

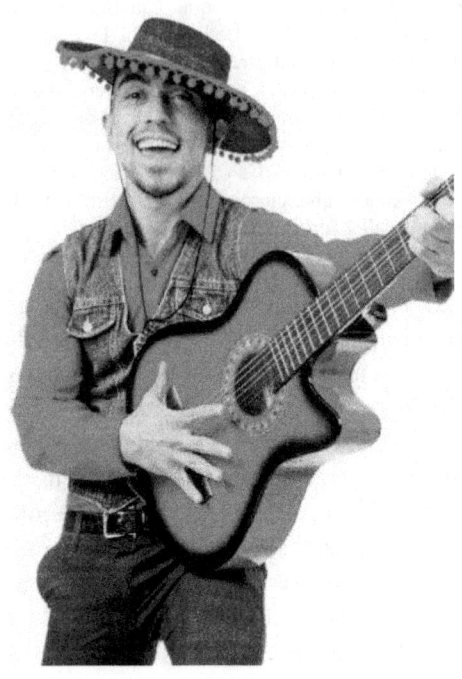

Dass dies auch für die anderen Inhalte des Magazins gilt, konnte bereits vermerkt werden, und so bestätigt sich die Tendenz, mittels des parodischen, zitathaften Moments jenen Grad an Selbstironie zu inszenieren, der es erlaubt, derartige Inhalte zu präsentieren. In *Classé X* findet sich im Übrigen auch das einzige Foto des gesamten Heftes, das sich als Montage aus Stereotypen zu erkennen gibt. Der abgebildete „feurige Spanier" zitiert in spielerischer Weise die für diese Markierung erforderlichen Utensilien und Handlungen. Im Prinzip erweisen sich auch die Fotos von Paaren in Glücksmomenten als nicht minder klischeehaft, doch dokumentieren sie diese Eigenschaft nicht durch ironische Bildsignale. Im Bereich der Emotionalität möchte die fotografische Fiktion mithin als wahr erscheinen, um die imaginierte Teilhabe an den dargestellten Situationen zu erleichtern.

Mit dieser textuellen und ausnahmsweise auch bildlichen Gestaltung von *Classé X* geht ein Appell an die Leserin einher, sich auf das Spiel mit den Heterostereotypen einzulassen, das umso reizvoller erscheint, als es zumindest in imaginierter Hinsicht um die Befriedigung (möglicherweise) unerfüllter Bedürfnisse geht. Bemerkenswert ist die im Kontext von *Roman photo* zunehmende Sexualisierung der Inhalte in den redaktionellen Beiträgen längs der Leitlinie einer fortwährenden Stilisierung des Selbstbewusstseins der weiblichen Leserschaft. Die in *Classé X* evozierte Kombination von Sommer, Urlaub, Entspannung und positiver Stimulierung, verbunden mit der Versicherung, es nicht ernst zu meinen, erlaubt es den Leserinnen, sich im Raum der Fantasie der zentralen Frage zu widmen: „Où dénicher les plus beaux spécimens?" (48). Die Antwort liegt auf der Hand: im Evasionsraum der Fantasie, wo unausgelebte Leidenschaften zumindest geistig durchgespielt werden können und jede Leserin den Mut hat, Dinge zu tun, die sie auch im Urlaub nur selten wagen würde.

Da der anschließende Fotoroman *Il venait d'avoir 20 ans* noch ausführlicher besprochen wird, bleibt an dieser Stelle der Hinweis auf die redaktionellen Inhalte der letzten 7 Seiten des Hefts. Die anonyme Rubrik *décryptage* (80, ebenso die folgenden Zitate) möchte der mit „vous" angesprochenen Leserin Tipps geben, mit deren Hilfe sie erkennen kann, dass ein Mann Gefühle für sie empfindet: *C'est bon, il est accro!* Elf Verhaltensweisen von Männern werden vorgestellt, die jeweils Stoff für kurze, szenisch arrangierte Fiktionen liefern und stets mit der Erklärung enden, dass „er" untrüglich verliebt ist: „Il dit des blagues nulles... Et il en rit! (...) il est au comble du bonheur", „Il s'intéresse à tout... (...) Parce que tout ce que vous aimez, il aime", „Il n'est pas sympa avec les serveurs (...) Pour vous montrer qu'il est un homme, un vrai!" Zum Abschluss erfolgt die eindrückliche Warnung, einen verliebten Mann wiederholt vor den Kopf zu stoßen, mag er auch „exceptionnellement cool" hierauf reagieren: „attention, ça ne dure pas!" Es bestätigt sich der in *Roman photo* immer wieder neu lancierte Appell an die Imagination, in allen Lebenslagen die Liebe zu suchen, um sie letztlich zu finden. Ob dies realistisch sein mag oder nicht, wird angesichts der monokausalen Argumentationsstruktur nicht hinterfragt. Entscheidender ist das für Emotionen stets offene Lebensgefühl, das die Zeitschrift ihren Leserinnen vermitteln möchte.

Es erstaunt nicht, dass wie viele andere Magazine auch *Roman photo* in der Rubrik *prévisions* seine Leserinnen mit einem von Maya Meng erstellten Horoskop unterhalten möchte, welches den Konventionen des Genres und den Bedürfnissen des Mediums folgend schon im Titel für alle Sternzeichen pauschal ankündigt: „Mon glam'astro de l'été. Tous les coups sont permis! Les planètes vous font entrer dans une danse de séduction pour vos vacances. A vous de trouver le bon rythme et de saisir votre chance au vol..." (81). Diese Ankündigung bestätigt sich in den Horoskopen, wenn etwa den im Zeichen des Widders Geborenen angekündigt wird:

> De l'amour, rien que de l'amour et une avalanche de tendresse pour vos amis qui profitent de votre générosité sans fin (...) Il suffira d'une étincelle pour allumer votre flamme et vous faire déplacer des montagnes. Mars vous rend chaud bouillant pour booster votre potentiel de séduction et votre esprit de conquête. (82)

Der bereits an anderer Stelle ausgesprochene Appell, sich den Emotionen hinzugeben und nicht etwa dem Intellekt, dürfte mit Hilfe der Sterne nicht ohne Wirkung bleiben. Etwas beschaulicher, so Maya Meng, gestalte sich der Sommer für die „Stiere", immerhin mit einer „libido stable pour une relation durable" (82). Selbst den von der Liebe vergleichsweise wenig verwöhnten „Fischen" wird ein verheißungsvoller Sommer versprochen: „Vous qui n'avez pas l'habitude d'être sous les feux de la rampe de la passion deviendrez le point de mire qui attisera les désirs. Votre timidité deviendra un argument de charme. (...) L'appétit vient en mangeant, l'amour en désirant..." (85). Mit diesen drei Beispielen ist die Bandbreite der Ankündigungen abgedeckt, die mit einem emotional hochgradig aufgeladenen Vokabular allen Sternzeichen ein erfülltes Liebesleben prophezeien. Hinsichtlich der Kompensationsfunktion und Affektsteuerung des Magazins bestätigt sich, dass auch eine in Liebesfragen möglicherweise graue Gegenwart spätestens im August zumindest durch einige wärmende Sonnenstrahlen aufgehellt wird, sofern die Leserinnen hierfür die notwendige Bereitschaft zeigen.

Zum Abschluss des Hefts gibt Anna Volz in der Rubrik *loisirs* (86, ebenso die folgenden Zitate) ihren Leserinnen in *Le plein d'amour dans ma valise* Lese- und Filmtipps für die Ferien. Je vier superlativisch gepriesene Bücher und DVDs sollen helfen, das in *Roman photo* imaginierte Gefühlserleben über die Grenzen des Magazins hinaus zu verstetigen. Im Speziellen sind dies der Erstlingsroman Maurice Mimouns, *Une vie plus une vie* („Le plus déchirant"), ein Buch, das immerhin von Milan Kundera als „le vrai roman d'un vrai romancier"[36] gerühmt wurde. Der Roman der Belgierin Ariane le Fort, *Avec plaisir, François* („Le plus contemporain"), Samantha Bailly, *Ce qui nous lie* („Le plus original") sowie *Tours et détours de la vilaine fille* („Le plus passionnel") von Mario Vargas Llosa. Über die gelungene Mischung von leichter bis anspruchsvollerer Unterhaltungsliteratur hinausgehend belegt die Wahl der zitierten Epitheta das Interesse von *Roman photo*, die Leserinnen mit hochgradig affektbesetzen Themen zu versorgen. Die entsprechenden Schlüsselbegriffe in den Romanbeschreibungen lauten daher *désir, trahison, sentiments, trouble*.

Vergleichbares kann über die vier als DVD vorliegenden Filme vermerkt werden, die Anna Volz superlativisch als „Le plus sensuel" (*La leçon de piano*), „Le plus mythique" (*Gatsby le magnifique*), „Le plus subtil" (*Amour*) und „Le plus touchant" (*Love Story*) rühmt. Alle Filme passen ausgezeichnet in das Profil von *Roman photo*, und neben drei Klassikern des sentimentalen, melodramatischen Genres wird mit *Amour* ein nachdenklicher, gegenwartbezogener Film vorgeschlagen, der die Frage stellt, was von der Liebe bleibt, wenn ein Paar altert und der qualvolle Tod eines Partners absehbar ist.

Wie die Besprechung der redaktionellen Beiträge zu erkennen gab, verfolgt *Roman photo* eine ausgeklügelte Strategie zur Lenkung der emotionalen Befindlichkeit seiner Leserinnen. Zunächst soll eine entspannte, von Leichtigkeit geprägte Urlaubsatmosphäre geschaffen werden, welche den Rahmen dafür bietet, fotografisch und textuell die Imagination stimulierende Situationen zu suggerieren. Zahlreiche Identifikationsangebote dienen dazu, die entsprechenden Emotionen zu transportieren, wobei das Repertoire von der schwärmerischen Romantik bis hin zur – freilich ironisch „entschärften" – Erotik reicht. Bemerkenswert erscheint in diesem Zusammenhang das autoironische und doppelbödige, im Zeichen der Metasprachlichkeit stehende Verfahren, die Botschaften wiederholt so ambivalent zu präsentieren, dass sie einerseits in ihrer inhaltlichen Relevanz, zugleich aber auch als nicht ernst gemeintes Spielmaterial wahrnehmbar sind.

---

[36] http://www.lexpress.fr/culture/livre/les-conseils-de-lecture-de-milan-kundera_1231173.html (27.02.2015).

4. Affektsteuerung im Fotoroman: eine Fallstudie

Eine besondere Rolle im Prozess der Affektsteuerung kommt in *Roman photo* den beiden Fotoromanen zu, von denen der als *roman exclusif* aufgemachte *Il venait d'avoir 20 ans* auf sein inhaltliches und mediales Arrangement hin untersucht werden soll. Die Tatsache, dass es sich bei Fotoromanen um die faktuale Inszenierung einer fiktiven Realität handelt, sowie die Beobachtung, dass die Rahmung, aber auch die Inszenierung des fotografisch Dargestellten der Theatralisierung einer Geschichte dient,[37] erlaubt es, das Erzählte unter Einbezug der Poetik des Aristoteles einer kritischen Würdigung zu unterziehen. Hierbei soll auch die mediale Gestaltung Berücksichtigung finden, wenngleich die Wiedergabe der Charaktere als positive oder negative Referenzfiguren[38] im Sinne der Affektsteuerung im Mittelpunkt steht.

Für die „écriture, réalisation et mise en scène" von *Il venait d'avoir 20 ans* zeichnet Lionel Piovesan verantwortlich, der Kwikstori als Start-up-Unternehmen lancierte, nachdem er bei Walt Disney als kaufmännischer Angestellter und bei Kodak als *directeur de clientèle internationale* gearbeitet hatte. Da ein von ihm verfasstes Filmdrehbuch nicht realisiert werden konnte, entschied er sich dafür, es als Fotoroman zu veröffentlichen und sich selbstständig zu machen.[39] Eudes notiert Folgendes zu den Fotoromanen Piovesans:

> Le ton de ses romans-photos est contemporain, mais il reste fidèle aux vieilles recettes : des amours un peu tourmentées, mais pas trop, des décors de vacances, quelques trahisons, un zeste de violence (heureusement sans conséquences), une dose homéopathique de vraie vie (chômage, pensions alimentaires impayées) et une jolie fin. La mise en pages est sobre, avec des textes dans des bulles carrées, faciles à lire. (Eudes 2013)

---

[37] Piovesan (2013) betont, dass er während der Fotoshootings seine Darsteller die Szenen und Dialoge spielen lässt, um möglichst natürliche Situationen zu schaffen.

[38] „Les personnages du roman-photo constituent un merveilleux support de projections conscientes et inconscientes. Ils sont généralement, jeunes, beaux, sans problèmes financiers, sans soucis... Le transfert symbolique s'effectue consécutivement aux besoins de compensation (...)" (Saint-Michel 1979: 165).

[39] Vgl. Mossaz (2013) sowie http://www.kwikstori.com/actualite/maling-off-d-un-roman-photo.htm [sic] (24.04.2015).

Il venait d'avoir 20 ans folgt zum einen den Traditionen des Genres, da Piovesan eine Reihe von „archétypes des sentiments et des situations humaines" (Chirollet 1983: 144)[40] zitiert und auch auf den „classicisme kitsch du photoroman populaire" (ebda.: 172) zurückgreift. Zum anderen jedoch erhält der Fotoroman einen Sonderstatus dadurch, dass er das bekannte Motiv der Doppelliebe in einer Dreiecksgeschichte mit einem sozialen Skandalon verbindet, das den Ruch des Unmoralischen besitzt.

Allen, die das Lebensalter von 50 überschritten haben – erinnert sei daran, dass nach Piovesan die Leserschaft von Fotoromanen durchschnittlich 53 Jahre alt ist –, dürfte schon bei der Lektüre des Titels ein Lied im Ohr klingen, das Dalida 1974 mit großem Erfolg auch auf Deutsch sang. Ein halbes Jahrhundert vor Piovesans Fotoroman ging *Il venait d'avoir 18 ans* jedoch viel weiter als die 2012 erschienene Publikation, wagte es das Lied doch, einen One-Night-Stand zwischen einer älteren Frau und einem jungen Mann zum Thema zu nehmen. Wenngleich aus Rücksicht auf die unterschiedlichen medial geprägten Optionen das Lied und der Fotoroman das Thema einer derart unkonventionellen Beziehung unterschiedlich angehen, so fällt dennoch eine fast wörtliche Parallele auf, da die jeweils jugendlichen Liebhaber der Frau gestehen: „J'ai envie de toi" (Dalida 1974) bzw. „J'ai très envie de vous" (65).

Noch einen weiteren intertextuellen Fingerzeig hält der Fotoroman bereit, ist doch der Altersunterschied zwischen den Liebenden vergleichbar groß. Gibt in Dalidas Lied die Frau zu erkennen, dass sie bei der Begegnung mit dem jungen Geliebten „deux fois 18 ans" (Dalida 1974) alt war, so ist die Protagonistin des Fotoromans ebenfalls 36 Jahre alt (51). Der Kreis schließt sich, wenn Faber/Minuit/Takodjerad (2012: 135) darauf hinweisen, dass Dalida 1973 *Nous Deux* als Hauptdarstellerin des Fotoromans *Un jour pour notre amour* zur Verfügung stand.

---

[40] Dies sind: „la joie, la luxure, le bonheur, le désir, l'amitié, l'amour et la passion, l'avarice, la cupidité, l'inquiétude, etc., ainsi que leur cortège de situations socioculturelles : la richesse, la pauvreté, la jeunesse, la vieillesse, la mort, l'aisance financière, la possession des biens matériels, la gloire, le luxe, la reconnaissance sociale, la puissance, et beaucoup d'autres situations sociales matérialisées par les faits vécus par les héros ou produits par eux" (Chirollet 1983: 144).

Zum Inhalt des Fotoromans: *Il venait d'avoir 20 ans*[41] berichtet davon, wie die mit Philippe, einem erfolgreichen Anwalt für internationales Handelsrecht, seit 15 Jahren verheiratete Claire, eine „artiste photographe spécialisée dans les portraits" (51), bei der Vorbereitung einer Ausstellung über „l'humanité qui compose la société française au XXIe siècle" (52) dem jungen Arbeiter Maxime begegnet. Claire kann Maxime davon überzeugen, ihr als Fotomodell für die Ausstellung zu dienen, da er einen Migrationshintergrund aufweist. Während der Fotoshootings empfindet Claire eine wachsende Zuneigung zu Maxime, die sie bis in ihre Träume verfolgt. Auch Maxime wünscht sich eine Beziehung mit Claire, denn, wie er sagt: „les femmes plus âgées, ça plaît beaucoup aux jeunes" (60).

Überraschend wird Claire von Maximes Freundin Lola besucht, die sie warnt, ihr Maxime auszuspannen. Ausgerechnet in jenem Moment, in dem sich bei einem Shooting eine kompromittierende Situation zwischen Claire und Maxime ergibt, kehrt Philippe überraschend von der Arbeit nach Hause. Zwischen Maxime und Claire ist es zwar noch nicht zum Austausch von Zärtlichkeiten gekommen, doch stand dieser Moment unmittelbar bevor. In der darauffolgenden Nacht träumt die Fotografin davon, Maxime zu küssen und mit ihm zu fliehen.

Am nächsten Morgen erhält Claire erneut Besuch von Lola, die sie voller Wut und Enttäuschung als „chienne" (72) beschimpft und sie ins Gesicht schlägt, da ihre Liebe mit Maxime wegen Claire in die Brüche gegangen sei. Claire „est à la fois excitée à l'idée de rejoindre Maxime et très triste pour Philippe" (73), als es klingelt und Tessa, die Schwester Maximes, sie um ein Gespräch bittet. Ihr Bruder habe vor, sie zu entführen, und Claire sollte sich gut überlegen, ob sie das Abenteuer mit Maxime wirklich suchen möchte: „Si vous décidez de vivre l'aventure, ce ne sera pas à moitié" (76).

Bei einer Aussprache mit Philippe gesteht Claire ihrem Mann, dass sie sich in Maxime verliebt habe und schlägt ihm eine vorübergehende Trennung vor. Trotz seiner Enttäuschung lehnt Philippe diesen Vorschlag ab, doch räumt er seiner Frau ein, Maxime zu sehen, wann immer sie möchte. Als Claire ihm gesteht, dass „c'est plus fort que moi, ça me submerge, je pense à lui tout le temps" (77), verlässt Philippe, „énervé" (78), den Raum. Die letzte

---

[41] Der Fotoroman ist im Internet nachzulesen unter http://www.kwikstori.com/roman-photo-il-venait-d-avoir-20-ans.htm (24.04.2015).

Szene des Romans spielt am Folgetag, eingeleitet durch den Kommentar „Claire a pris sa décision. Elle a été difficile à prendre, mais elle est persuadée que c'est le mieux pour tous deux" (78). Beim Wiedersehen mit Maxime gesteht sie ihm, ihren Mann immer noch zu lieben: „J'aime mon mari, je suis heureuse avec lui, il m'apporte la sécurité que je recherche" (ebda.). Maximes Einwand „Tu ne penses pas un seul mot de tout ce que tu viens de dire" (79) entgegnet Claire mit der Einsicht „Je suis désolée, mais tu réaliseras un jour que c'était le mieux pour nous deux" (79), bevor sie ihm rät, zu Lola zurückzukehren. Die melodramatische Szene endet damit, dass sie auf Philippes Frage „Claire, tu viens?" mit „J'arrive. Adieu Maxime" antwortet.

4.1 Varianten und Variabilitäten des (foto-)grafischen Konventionalismus

Das grafische Layout des Fotoromans entspricht in der Regel – so auch im vorliegenden Fall – dem vom *roman dessiné* und der traditionellen *Bande dessinée* geprägten Muster. In *Il venait d'avoir 20 ans* sind allerdings auch behutsame Abweichungen von dieser Regel zu verzeichnen. Meist präsentiert Piovesan 5–6 Abbildungen pro *planche*, die von einem himmelblauen Hintergrund durch einen schmalen weißen Rahmen abgesetzt und den Regeln des Genres folgend in drei Reihen arrangiert sind. Diese farbige Gestaltung insinuiert der gängigen Farbsymbolik folgend Idealität, Reinheit und Transparenz, sodass die erzählte Fiktion in einem idealtypischen Umfeld verortet wird, das bei aller Melodramatik der Handlung auf eine harmonische Stabilisierung der emotionalen Unsicherheiten hinweist. Eine Abweichung bietet die sich über die gesamte Heftbreite ersteckende Einstiegsseite, auf der einer der dramatischen Höhepunkte des Romans, die Intervention Philippes kurz nach der körperlichen Annäherung von Claire und Maxime, als „Appetithappen" vorweggenommen wird. Auch werden die auftretenden Personen[42] einführend präsentiert und den Gesetzen des Mediums folgend die Handlung im *chapeau* eingeleitet.

---

[42] Es gilt die Regel, dass im Fotoroman, sofern es sich nicht um einen Fortsetzungsroman handelt, maximal sechs Personen auftreten dürfen, um das Geschehen überschaubar zu lassen, aber auch um Kosten zu sparen (Faber/Minuit/Takodjerad 2012: 235).

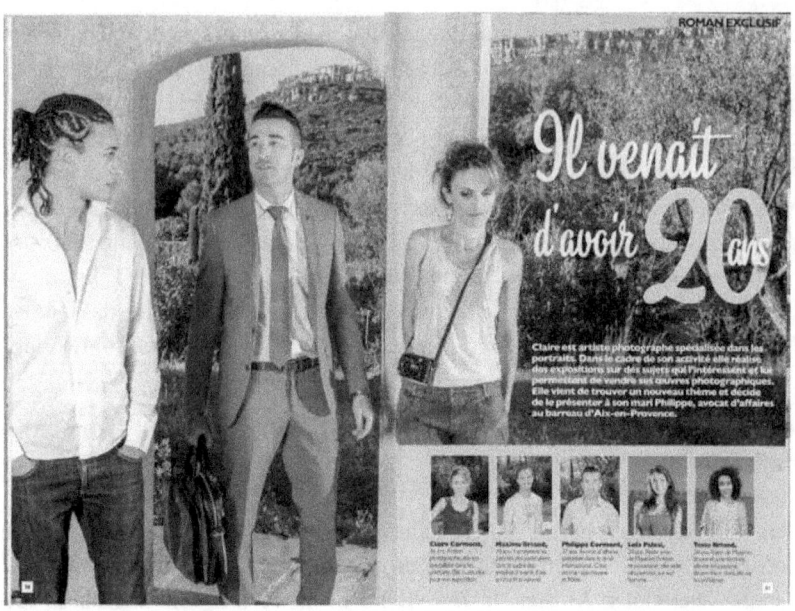

© Kwikstori (Lionel Piovesan) für diese und alle folgenden Abbildungen

Der quadratische oder rechteckige Zuschnitt der Fotos wird bei neun Gelegenheiten durch eine kreisrunde Gestaltung abgelöst, die auch über die Seitenmitte reichen kann (58f.). Hierdurch wirkt das grafische Arrangement von *Il venait d'avoir 20 ans* nicht nur der Gefahr einer Monotonie des Layouts entgegen. Vielmehr können auch besondere Momente in der Erzählung durch die grafische Variabilität, die hieraus resultierende Signalwirkung und die szenische Verdichtung des Dargestellten hervorgehoben werden. Der runde Zuschnitt erhält dabei die Funktion einer Lupe, und der *plan rapproché* erlaubt eine erzählerische Akzentuierung. Dies gelingt freilich nicht durchgängig, wie auf S. 54, wo ein Zoom auf Claires glücklich erscheinendes Gesicht von dem im Widerspruch hierzu stehenden Kommentar begleitet wird, dass sie mit dem Ergebnis ihrer Fotoshootings vor der „Entdeckung" ihres neuen Models Maxime nicht zufrieden ist. Diese Ausnahme bestätigt indes die Regel einer gut durchdachten *mise en page*. Auf S. 58f. erfährt Claire in einem runden Foto, dass Maxime eine „petite amie" hat, mit der er davon träumt, sein Wohnviertel zu verlassen, um mit ihr im bescheidenem Wohlstand in einem Dorf zu wohnen. In einem runden Foto wird diese Freundin auf S. 61 erstmals eingeführt, und auf S. 62 steht die erste Begegnung zwischen Claire und Lola im Fokus. Auf S. 65 kommt es zum ersten – von Claire nur erträumten – Kuss mit Maxime. Ein Fotoshooting wird auf S. 65 abgebildet, und auf S. 68f. findet sich in einem runden Bild die Schlüsselszene des Romans, in der Maxime und Claire sich umarmen und Philippe hinzukommt. Auf S. 72 wird durch den Zoomeffekt ersichtlich, wie sehr Claire die Fassung verloren hat, nachdem Lola sie geohrfeigt hat.

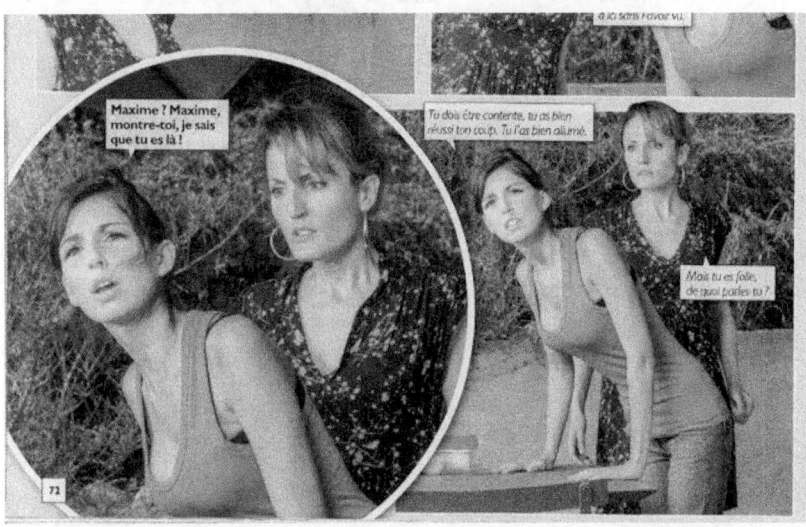

Ein letztes Mal setzt Piovesan diesen Lupeneffekt in jener Situation ein, in der Claire Maxime mitteilt, dass sie zu ihrem Mann zurückkehren möchte.

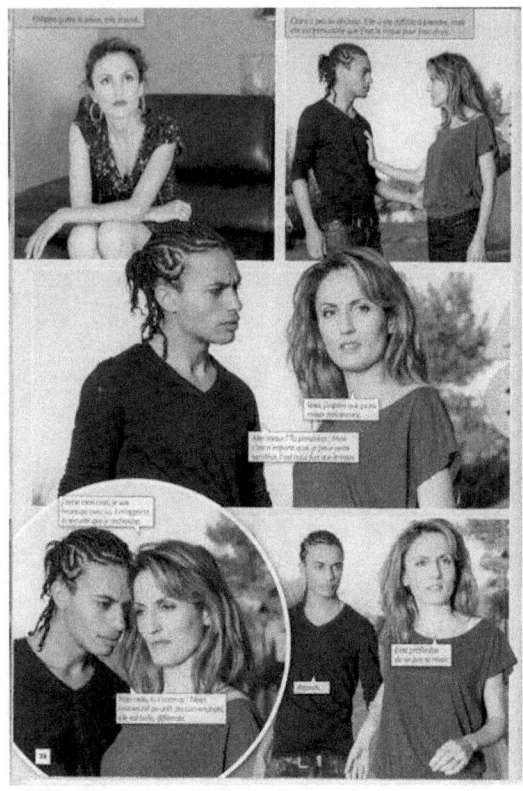

Für die in ästhetischer und medialer Hinsicht konservative, statisch und uniform[43] wirkende Gattung des Fotoromans erscheint es vergleichsweise innovativ, wenn Piovesan bei seiner grafischen Gestaltung auch eine Anleihe bei der *Bande dessinée* macht,[44] um seine Bilderzählung optisch zu dynamisieren und die Rahmung des Geschehens in den Hintergrund treten zu lassen. Dies gelingt ihm dadurch, dass er Körperteile seiner Personen wiederholt „aus dem Rahmen treten" lässt, und auch deren Aussagen und Gedanken die Grenzen des Fotos überschreiten können. Diese zurückhaltenden, doch effizienten Maßnahmen zielen darauf ab, die im Fotoroman im Vergleich mit dem Film

---

[43] Vgl. Sohet 1997: 105.
[44] „Comparée à celle de la bande dessinée, la situation du roman-photo frappe par son étroitesse et son immobilisme" (Peeters 1993: 16).

erheblich sichtbarere Gestaltung der medialen Vermittlung zu reduzieren, die Dynamik des Erzählflusses zu verbessern und die Leserinnen hierdurch unmittelbarer involvieren zu können.

Eine weitere ästhetische Parallele zur medialen Gestaltung der *Bande dessinée* ergibt sich hinsichtlich der flexiblen Formatierung der Bildfelder, die es ermöglicht, narrative Akzente und inhaltliche Informationen besonders hervorzuheben. Im Prozess der sequenziellen Wiedergabe eines Geschehens wird der Erzähl- und Leserhythmus etwa durch Fotos, die über eine ganze Bildseite reichen, verlangsamt. Sie können als *photos noyaux* (Saint-Michel 1979: 42) zu Beginn einer neuen Sequenz eine erzählerische Scharnierfunktion wahrnehmen oder innerhalb einer Sequenz die Leserinnen einladen, sich besonders intensiv in die dargestellte Situation zu versenken.

4.2 Charakterzeichnung und Affektlenkung

Mag es auf den ersten Blick auch kühn erscheinen, einen Fotoroman nach aristotelischen Kategorien[45] und auf der Grundlage der rhetorischen Affektenlehre zu bewerten, so vermitteln dennoch beide Ansätze griffige Anhaltspunkte für die Besprechung der Affektlenkung in *Il venait d'avoir 20 ans*. Einschränkend muss jedoch darauf hingewiesen werden, dass sich die Affektlage im Fotoroman auf einem anderen Niveau als in der Tragödie bewegt:

> Die dem privaten Rezeptionsraum einzig angemessene Affektlage ist weder die heroisch-pathetische oder entsetzende der Tragödien und Trauerspiele, der Haupt- und Staatsaktionen, noch die rebellisch-pathetische der Stürmer und Dränger, sondern die anmutende, Vergnügen und sanfte Gefühlsschwärmerei gewährende Emotion, wie sie nach der rhetorischen Affektenlehre durch die Darstellung des Charakters, durch das Ethos hervorgebracht wird. (Ueding 1979: 77)

Aufgrund der besonderen Bedeutung der Charaktere für das Affektmanagement des Fotoromans[46] sei dieser Aspekt in den Mittelpunkt gestellt. Aristoteles empfiehlt, dass die nachgeahmten handelnden Menschen „notwendi-

---

[45] Auf eine solche Theatralisierung des Geschehens weist Saint-Michel in seinem Kapitel „Du roman-photo comme spectacle" (1979: 78ff.) hin. Nach Chirollet ist die „théâtralisation de l'image" (1983: 143) typisch für das Genre, mit der Folge dass „le photoroman, c'est du *théâtre photographique*" (ebda. 144).

[46] „L'identification découle de la puissance des désirs"(Saint-Michel 1979: 166).

gerweise entweder gut oder schlecht [sind]. (...) Demzufolge werden Handelnde nachgeahmt, die entweder besser oder schlechter sind, als wir zu sein pflegen, oder auch ebenso wie wir" (Aristoteles 1994: 7). Ergänzend werden vier Merkmale der Charaktere aufgeschlüsselt: „Das erste und wichtigste besteht darin, dass sie tüchtig sein sollen. (...) Das zweite Merkmal ist die Angemessenheit. (...) Das dritte Merkmal ist das Ähnliche. (...) Das vierte Merkmal ist das Gleichmäßige" (Aristoteles 1994: 47). Affekte werden daher maßgeblich über die Charaktere als Träger der Handlung vermittelt. Aber auch die Handlung selbst sollte der Tragödie vergleichbar über affektstimulierende Qualitäten verfügen. So notierte Aristoteles, dass die Tragödienhandlung nicht nur in sich geschlossen zu sein habe, „sondern auch Schaudererregendes und Jammervolles" (Aristoteles 1994: 33) präsentieren müsse. Wie gestaltet sich dieses Zusammenspiel von Charakteren und Handlung in *Il venait d'avoir 20 ans*? Die folgenden Seiten möchten hierauf eine Antwort geben.

4.2.1 Die Ehefrau und Künstlerin

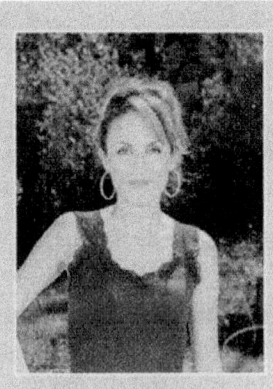

Claire Cormont,
36 ans. Artiste photographe, elle est spécialisée dans les portraits. Elle a une idée pour son exposition.

Il venait d'avoir 20 ans entspricht den Forderungen des Aristoteles durch die gelungene charakterliche und optische Profilierung der auftretenden Personen, wobei die positiven Charaktere das Merkmalsbündel „Tüchtigkeit", „Angemessenheit", „Ähnlichkeit" und „Gleichmäßigkeit" besonders gut abdecken. Auffallend ist die Rollenverteilung gemäß einem im Drama gängigen Standard: Claire ist als Protagonistin und Identifikationsfigur für die Leserin als „mittlerer Charakter" entwickelt. Dies erlaubt es, dass ihre emotionale Zerrissenheit unmittelbar nachvollziehbar wird. Wenn Claire der Leserin als „Frau wie Du und ich" erscheint, so ist dies ein Effekt der von Piovesan in allen seinen Fotoromanen verfolgten Strategie, nicht mit professionellen Models zu arbeiten. Stattdessen castet er Laien und Schauspieler, die aufgrund ihrer natürlichen Ausstrahlung der Leserschaft erheblich näher stehen als professionelle Mannequins.[47] Zwar fehlt seinen Figuren jene glamouröse Ausstrahlung, die gerade im italienischen Fotoroman auch heute noch gepflegt wird, doch verfügen sie zweifellos über das für eine affektive Leserbindung notwendige ansprechende Äußere.

Nachdem sich Claire in den jungen Arbeiter Maxime verliebt hat, versucht sie zwar zunächst, sich gegen ihre neuen Gefühle zu wehren – hier werden für die Leserinnen besonders emotionsstimulierende Akzente gesetzt –, doch obsiegt zunächst die Macht der Liebe.

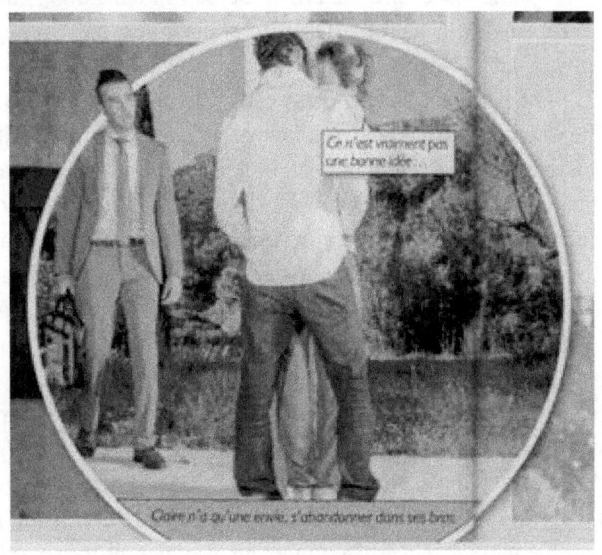

---

[47] „Dans le roman-photo traditionnel, on utilise des mannequins, qui ne savent pas jouer la comédie, et on leur fait prendre des poses figées et artificielles. Moi, je fais travailler des acteurs professionnels et je les prends en photo en pleine action. C'est plus long, mais les expressions et les gestes sont naturels. Visuellement, ça change tout" (zit. in Eudes 2013). Eine Rolle spielt sicherlich auch der Kostenfaktor: Piovesans Laienmodels erhalten für einen halben Tag Arbeit 50 Euro (http://www.kwikstori.com/actualite/casting-kwikstori.htm [24.04.2015]). Von den in *Il venait d'avoir 20 ans* auftretenden Darstellern konnte allein Laura Giraudi (Lola) eine Modelkarriere starten (http://www.kwikstori.com/acteur/laura-giraudi.htm [24.04.2015]).

Für den Ablauf der Handlung, doch besonders mit Blick auf das Romanende, wo sie sich dafür entscheidet, bei Philippe zu bleiben, ist die hier abgebildete Schlüsselszene besonders wichtig. Zwar gibt sich Claire im entscheidenden Moment Maxime hin, doch bleibt sie zumindest verbal zurückhaltend: „Ce n'est vraiment pas une bonne idée..." (68). Die für das Gefühlserleben einer Leserin sicherlich hochspannende Ambivalenz ihrer Emotionen entsteht hierbei nicht nur durch den Widerspruch zwischen Bild- und Textbotschaft, sondern auch durch einen aufschlussreichen Einblick in ihr wahres Gefühlsleben, den der allwissende Erzähler vermittelt: „Claire n'a qu'une envie, s'abandonner dans ses bras" (68). Daher suchen in den folgenden Tagen die erotischen Projektionen Claire im Traum heim, mit der Folge, dass ihre emotionale Verwirrung immer größer wird. Aber auch in dieser Phase ist sie nicht sicher, ob sie ihre Gefühle richtig deutet: „Je ne comprends pas ce qui m'arrive..." (74), gesteht sie der Schwester Maximes. Selbst wenn die oben dargestellte Szene fotografisch eindeutig zu sein scheint, bleibt zunächst offen, ob es zwischen Maxime und Claire tatsächlich zum Kuss kommt. Dass sich die beiden umarmten, aber nicht küssten, belegt zum Ende des Romans Claires Gebrauch des *Conditionnel* in ihrer Aussprache mit Philippe: „Je ne sais plus où j'en suis. Je suis tombée amoureuse de ce jeune homme. Et si tu ne nous avais pas surpris la dernière fois, je l'aurais embrassé, car j'en avais très envie" (76). Allenfalls in ihren Traumvorstellungen hat Claire somit die Ehe gebrochen, nicht aber in der fiktiven Realität des Romans.

Mag an dieser Stelle der Vergleich mit dem jansenistisch geprägten Menschenbild der Dramen Racines[48] überraschen, so ist doch eine Parallele auffallend. Sie besteht darin, dass Claire durch das von der Liebe verhängte Schicksal unschuldig schuldig zu werden droht. Zur Erfassung der von ihr erlebten Problematik kann ein Kommentar Racines hilfreich sein, der über Phädra vermerkt, sie sei „ni tout à fait coupable ni tout à fait innocente" (Racine 1950: 745). Die von Picard gestellte Frage nach der „responsabilité" (Piucard 1950: 741) Phèdras kann daher auch an Claire gerichtet werden. Erwartungsgemäß gestaltet sich die Antwort im Fotoroman weniger komplex als in der klassischen Tragödie. Claire ist in der Lage, die Fatalität des Zufalls zu überwinden, und sie handelt nach einigem Zögern letztlich verant-

---

[48] Vgl. Goldmann 1959: 416ff.

wortungsvoll – vielleicht sogar aufopferungsvoll – gegenüber Philippe und Maxime, wenn sie sich zu ihrer Ehe bekennt. Sie entgeht der Tragik Phädras, da sie die eigenen emotionalen Bedürfnisse in melodramatischer Weise zurückstellt.

Die blaue Farbe ihres Shirts, das sie in der entscheidenden Situation trägt, symbolisiert daher die schon in ihrem Namen „Claire" verortete Transparenz, Reinheit und Wahrheit. Zwar weist Maxime in der Schlussszene darauf hin, dass sie kaum der Sprache ihres Herzens folgen dürfte („Tu ne penses pas un seul mot de tout ce que tu viens de dire" [79]), doch Claire bleibt bei ihrem Entschluss: „Je suis désolée, mais tu réaliseras un jour, que c'était mieux pour nous deux." Im folgenden Bild gibt sie ihm zudem den Rat: „Tu devrais aller retrouver Lola" (ebda.).

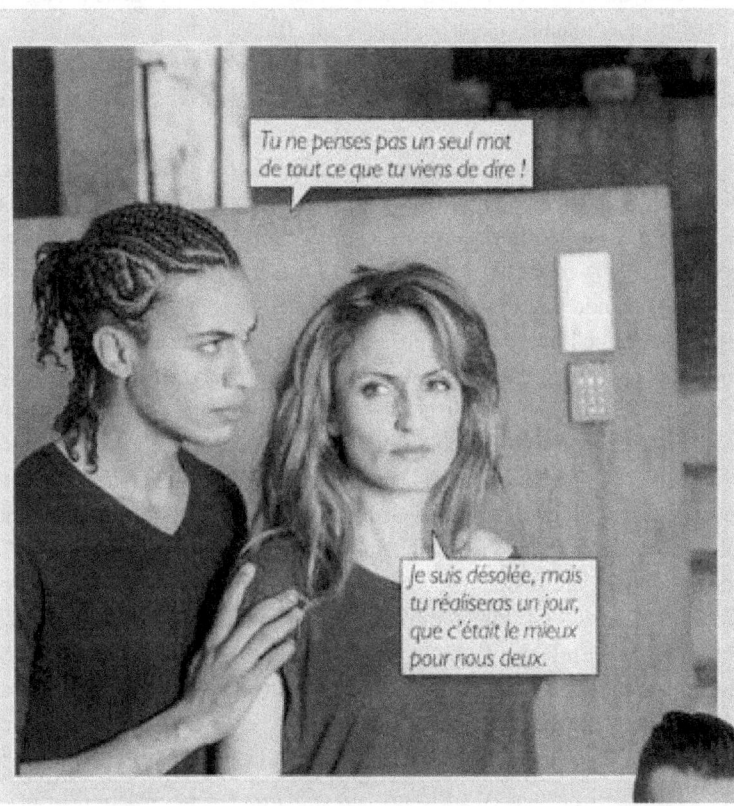

Weil Claire – anders als Phädra – letztlich im Sinne der Ehemoral unschuldig geblieben ist und sie der Vernunft folgend ihre Verantwortung gegenüber Philippe betont, kann sie das Mitgefühl ihrer Leserinnen gewinnen. Claire erweist sich als Opfer der Umstände und der Sprache ihres Herzens, sodass sie für ihre Ehekrise nicht verantwortlich ist. Ihre finale Entscheidung lässt sie zugleich zu einer melodramatischen Heldin aufsteigen, die sich den gesellschaftlichen Konventionen unterwirft. Ihre Gefühle für Philippe sind zwar abgekühlt (am Tag vor der Schlussszene musste sie ihrem Mann gestehen: „Je n'ai rien contre toi, Philippe, mais j'aime Maxime" [77]), doch erweisen sie sich als hinreichend, um die sozial legitimierte Beziehung fortzusetzen und vielleicht sogar eines Tages die Liebe zu Philippe neu zu entdecken. Bezüge zur realen Lebenspraxis mancher Leserinnen dürften in dieser Hinsicht nicht zufällig gewählt sein, und es ist davon auszugehen, dass gerade konservativ denkende Leserinnen Claires Entscheidung für Philippe nachvollziehen können. Nicht zu vergessen die großzügige Haltung Philippes, der bereit ist, Claire zu verzeihen: Wer würde sich nicht einen solchen Ehemann wünschen?

Einen Kommentar verdient die Tatsache, dass Claire die Erfüllung ihrer erotischen Sehnsüchte zumindest im Traum nicht verwehrt bleibt. Dem Populärroman des 19. Jahrhunderts vergleichbar bietet *Il venait d'avoir 20 ans* auf diese Weise für Claire wie auch für die Leserinnen eine in emotionaler Hinsicht entlastende „Abenteuerlichkeit ohne Risiko" (Neuschäfer 1976: 61). Hierzu trägt auch bei, dass die erträumten erotischen Eskapaden letztlich von einer in der Realität der Fiktion beheimateten konservativen Ideologie kanalisiert werden, nach der nicht ist, was in sozialer Hinsicht nicht sein darf. Eine Parallele zwischen der Erlebniswelt Claires und der Erlebniswelt einer Käuferin von *Roman photo* tut sich auf: Dient Claire der Traum als kompensatorischer Evasionsraum, so übernimmt für eine Leserin die emotional stimulierende Traumwelt des Magazins genau diese Funktion. Ist der Traum jedoch beendet, stellt sich in *Il venait d'avoir 20 ans* wie auch in der Lebenswirklichkeit des Publikums die soziale Ordnung der Gefühle wieder ein. Wenn sie zum Ende des Romans Maxime mitteilt, sich für ihre Ehe entschieden zu haben, dann ist das folgende Geständnis in dieser Perspektive durchaus glaubhaft: „J'aime mon mari, je suis heureuse avec lui, il m'apporte la sécurité que je recherche" (78). In Claires Bedürfnispyramide steht die Suche nach existenzieller Sicherheit, die zudem von einer emotional aufgefrischten Ehebeziehung belohnt werden dürfte, aber auch die Verantwortung für ihren Mann und das Leben Maximes über der Erfahrung eines *amour fou*. Dies dokumentiert den emotionalen und ideologischen Rückversicherungscharakter des Romans, zumal dem Zielpublikum die Erfahrung eines *juste milieu* im Alltag eher geläufig sein dürfte als emotionale Achterbahnfahrten und sich hieraus ergebende existenzielle Unsicherheiten. *Il venait d'avoir 20* stimuliert somit in durchaus komplexer Weise die Affekte der Leserinnen. Zum einen dürften sie der letztlich utopischen Liebesbeziehung zwischen Maxime und Claire nachtrauern und Mitleid mit der von ihren Gefühlen zerrissenen, sich emotional aber so vorbildlich kontrollierenden Frau haben, zum anderen ist davon auszugehen, dass sie aus Gründen der sozialen und ökonomischen Vernunft Claires Entscheidung sehr gut nachvollziehen können.

4.2.2 Der junge Liebhaber

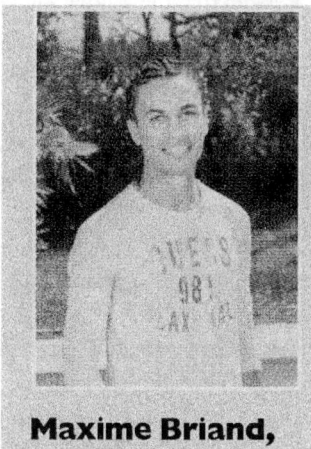

Maxime Briand,
20 ans. Il entretient les piscines des particuliers, dans le cadre des emplois d'avenir. Il est spontané et naturel.

Die Auswahl des zweiten Hauptcharakters, Maxime, wird dadurch bestimmt, dass Claire in ihrer Fotoausstellung die „mutation de la société française" (52) thematisieren möchte. Anfangs des 20. Jahrhunderts, so überlegt Claire, sei Frankreich noch mehrheitlich von „agriculteurs et de personnes de race caucasienne" (ebda.) besiedelt gewesen, während die Gegenwart sich anders präsentiere:

Or, aujourd'hui, c'est totalement différent, les populations d'origine africaine, asiatique, maghrébine représentent une part de plus en plus importante de la population française et les agriculteurs représentent une minorité d'actifs (ebda.).

Claires Gedanken frappieren aufgrund der Nachhaltigkeit der im 19. Jahrhundert seit

Gobineaus *Essai sur l'inégalité des races humaines* in Frankreich verbreiteten biologisch-anthropologischen Kategorie der *race*. Zwar ist der Begriff im französischen Sprachgebrauch weniger tabuisiert als im Deutschen, doch können Claires Überlegungen missverständlich wirken, zumal die indoeuropäische *race aryenne* als eine der drei Gruppierungen der *race caucasienne*,[49] von der sie spricht, angesehen wurde. Der Autor Piovesan hat seinen Verweis auf die zunehmend multiethnische Zusammensetzung der französischen Gesellschaft strategisch geschickt gewählt, greift er doch ein aktuelles, seit Jahren sehr emotional diskutiertes Thema auf. Vor allem aber erlaubt ihm Claires Fotoprojekt, Maxime derart zu konzipieren, dass neben seinem Alter auch seine ethnische Herkunft etlichen Leserinnen als Hemmnis für die Entwicklung einer Liebesbeziehung erscheinen dürfte: Der junge Mann ist nicht nur 16 Jahre jünger als Claire,[50] sondern er weist auch einen Migrationshintergrund auf. Hinzu kommt, dass er im Zuge des Programms zur Schaffung von „emplois d'avenir" (51) als Arbeiter eine sozial deutlich unterlegene Position erhält. In *Il venait d'avoir 20 ans* werden somit mehrere Barrieren aufgebaut, die in einer konservativen Perspektive der Entwicklung einer Beziehung zwischen den Hauptcharakteren entgegenstehen. Wenn letztlich entgegen den „klassischen" Gesetzen des Genres die Liebe zwischen Maxime und Claire unerfüllt bleibt, so weist dies darauf hin, dass der Fotoroman im Zeichen eines gewachsenen sozialen Realismus seine naive, märchenhafte Unschuld verloren hat. Offenbar ist die Liebe nicht mehr in der Lage, alle sozialen Hindernisse zu überwinden.

Maximes Rolle im Roman entstammt einer weit zurückreichenden Tradition, welche die Liebe zwischen Angehörigen verschiedener sozialer Schichten zum Thema hat. *Il venait d'avoir 20 ans* bestätigt, dass laut Frenzel der herkunftsbedingte Liebeskonflikt in realistischen Epochen auf dem sozialen Unterschied aufbaut, während in romantischen Epochen die Variante der Familienfeindschaft bevorzugt wird (Frenzel 1988: 474). Auch in dieser

---

[49] Claires Sprachgebrauch wäre für das 19. Jahrhundert nicht ungewöhnlich. So notiert der *Littré* (1872) unter den Stichwort „Caucasien,ienne : Race caucasienne, nom donné à la race humaine blanche."

[50] Philippe weist Claire in der finalen Auseinandersetzung ausdrücklich darauf hin, dass Maxime ihr Sohn sein könnte: „Il a 20 ans, ça pourrait être l'âge de notre fils, si on en avait un" (77).

Logik bestätigt sich der soziale Realismus von *Il venait d'avoir 20 ans*. Romantisch erscheint indes die Tatsache, dass Claire trotz dieser Hemmnisse vorübergehend der Liebe zu Maxime verfällt, was die Wirkungsmacht der auf dem Cover von *Roman photo* aufgerufenen Begriffe *amour, passion* und *émotion* belegt. Dass die Gefühle freilich zum Ende des Romans in melodramatischer Weise normenkonform reguliert werden, verleiht der Protagonistin einen Anflug von Erhabenheit und Tragik.

Im Sinne der Affektlenkung der Leserschaft ist auffallend, dass gemäß dem von Claire vertretenen Konzept der *race* Maxime imagotypische Merkmale aufweist, wie sie für den Exotismus seit der Romantik prägend wurden. Schon der Klang seines Namens, Maxime Briand,[51] versinnbildlicht die Superlativierung der „beauté magnifique" des jungen Mannes. Die Information, dass Maxime „spontané et naturel" (51) sei, stellt ihn in die unmittelbare Nähe des „bon sauvage" eines Rousseau, Marmontel, Mercier oder Chateaubriand. Auch das schon von Kolumbus in seinem Bordbuch erwähnte Merkmal der exotischen Nacktheit des im paradiesischen Urzustand lebenden „Naturmenschen" findet sich bei ihm wieder.[52] Im Fotoroman wird es in einer Claire zuzuordnenden Perspektive mit der erotisierenden Wirkung seines attraktiven Äußeren kombiniert.

Wenn Maxime in der realistischen Fiktion zunächst allein aufgrund der Hitze mit nacktem Oberkörper arbeitet, dann aber auf Claires Wunsch hin auch während der Fotoshootings nur seine Hose trägt – „j'aime faire des photos naturelles" (58), wie sie sagt –, bleibt dies für Claires Vorstellungswelt nicht ohne Folgen. Da eine bildliche Darstellung der erotisierenden Wirkung des jungen Mannes schwerlich realisierbar sein dürfte, lautet der explizite Erzählerkommentar: „Il s'est mis torse nu. Une force brute et animale se dégage de lui. Elle cherche le meilleur angle de vue" (59).

---

[51] Vgl. in Robert (1967: 218): „BRILLANT, ANTE 2° *Fig.* Qui sort du commun, s'impose à la vue, à l'imagination par sa qualité. V. Beau, magnifique, somptueux, splendide".

[52] Kolumbus notiert über die nackten Ureinwohner Amerikas: „Ils étaient tous très bien faits, très beaux de corps et très avenants de visage" (zit. nach Todorov 1982: 50).

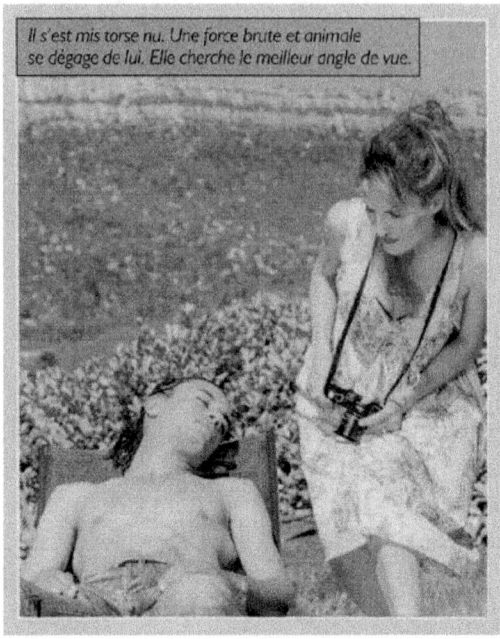

Offen bleibt, warum der Autor und Fotograf Piovesan zu diesem Kommentar das hier abgebildete Foto ausgewählt hat. Wirkt der entspannt im Liegestuhl liegende Maxime tatsächlich als jemand, der mit einer „force brute et animale" ausgestattet ist? Auch die folgenden Fotos bieten für die Zuschreibung derartiger Eigenschaften keinen Anlass. Da Bildsprache und Kommentar in Opposition zueinander stehen, entsteht der Effekt einer unfreiwilligen Komik. In Verbindung mit der das „Objekt" ihrer Wünsche umkreisenden Darstellung Claires wird der Eindruck erweckt, dass hier eine Situation kitschig wirkt, weil sie in medialer Hinsicht schlecht aufbereitet wurde.

Die für die Porträtfotografie erprobte Regel, möglichst nahe am „Objekt" zu arbeiten, bleibt aufgrund der Anziehungskraft des animalisierten „Naturmenschen" Maxime nicht ohne Konsequenzen. Als Claire wenige Tage später davon träumt, ihn zu küssen, seine Haut zu streicheln und ihm ihre Liebe zu gestehen, sieht sie ihn signifikanterweise in einer Traumsequenz erneut halbnackt.

Das Erotische verbindet sich in der unten abgebildeten Fotosequenz mit dem Kitschigen und letztlich dem unfreiwillig Komischen, als unvermittelt Philippe hinter dem Sofa auftaucht. Kitschig wirkt die Szene vor allem durch die Klischeehaftigkeit der Darstellung, die nach Art von Poesiekarten aus den Anfängen des 20. Jahrhunderts eine verhaltene Erotik mit Posen in Verbindung bringt, die auch der sentimentale Film oder *telenovelas* immer wieder aufs Neue bildlich abrufen.[53] Ein Vergleich mit zwei Beispielen aus der Frühzeit des Liebeskitsches[54] möge die klassisch zu nennende Stereotypie der von Piovesan angewandten Bildsprache verdeutlichen.

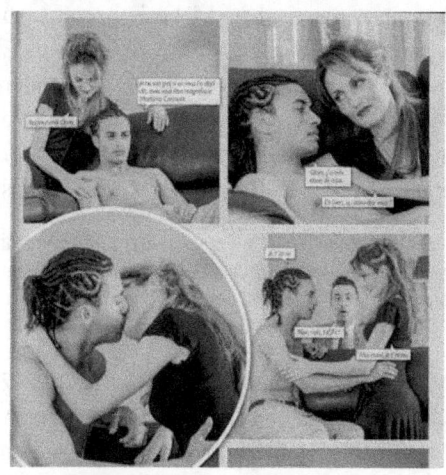

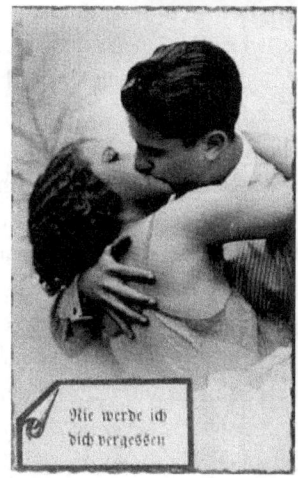
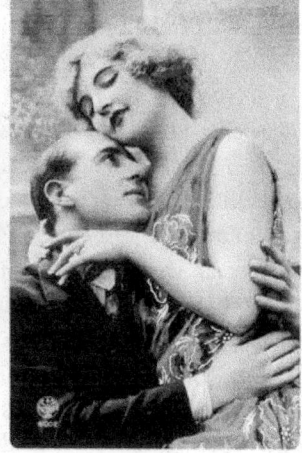

---

[53] „…ils [scil.: les photoromans populaires] possèdent les attributs de toute conventionnalité de reconnaisance des scènes romanesques, du « kitsch », en un mot" (Chirollet 1983: 143).
[54] Entnommen aus Thuller 2007: 15.

Il venait d'avoir 20 ans weist ein geradezu prototypisches Arrangement auf, wie es Hegel für das bürgerliche Epos beschrieb, in dem die „Poesie des Herzens" der „Prosa der Umstände" (Hegel 1970: 393) entgegenstehe. An einer solchen Kollision von romantischer Liebeskonzeption und bürgerlichem Alltag ging Flauberts Emma Bovary ebenso wie Fontanes Effi Briest zugrunde. Claire indes findet in *Il venait d'avoir 20 ans* eine andere Lösung für diese Problematik, sodass letztlich die *ratio* über die Emotionen des Herzens obsiegt. Eine derartige Konfliktlösung entspricht ebenfalls dem Schema Hegels, der vermerkt, dass sich im Roman ein solcher Zwiespalt

> entweder tragisch und komisch löst oder seine Erledigung darin findet, dass einerseits die der gewöhnlichen Weltordnung zunächst widerstrebenden Charaktere das Echte und Substantielle in ihr anerkennen lernen, mit ihren Verhältnissen sich aussöhnen und wirksam in dieselben eintreten. (ebda.: 393)

Tatsächlich söhnt sich Claire nach einer Weile des Zögerns mit den Verhältnissen aus. Sie folgt den gesellschaftlichen Normen und bittet Maxime, ihrem Vorbild zu folgen und zu Lola zurückzukehren. Der *amour fou* wird den bürgerlichen Konventionen geopfert – ein melodramatisches Thema, das schon im 19. Jahrhundert durch die Figur der edlen Kurtisane in Alexandre Dumas fils' Feuilletonroman *La dame aux camélias* und in Verdis Oper *La Traviata* erfolgreich behandelt wurde.

Bringt man eine konservativ-bürgerliche Perspektive in Anschlag, dann ließe sich Claires Entscheidung als Akt der sozialen Verantwortung gegenüber dem jugendlichen, existenziell noch nicht abgesicherten lebenden Maxime, aber auch gegenüber ihrem Ehemann Philippe deuten. Parallelen zum bürgerlichen Populärroman des 19. Jahrhunderts liegen auch hierbei nahe. So entschlüsselt Neuschäfer das strategische Arrangement dieses erfolgreichen Genres, welches darauf hin angelegt ist, „das Unterhaltungsbedürfnis der Bourgeoisie, aber auch ihr Bedürfnis nach Selbstbestätigung zu befriedigen" (Neuschäfer 1976: 59). Vergleichbares gilt auch für *Il venait d'avoir 20 ans*, wo der bürgerlichen *raison* folgend der sozial Untergeordnete, für den die Liebe mit Claire eine ernsthafte emotionale und soziale Option darstellen würde,[55] der Wahrung der bürgerlichen Existenz geopfert wird. Anders als

---

[55] Auch die als Prostituierte arbeitende Kameliendame hat nach Neuschäfer „eine ungestillte Sehnsucht nach dem Bürgerlichen" (Neuschäfer 1976: 60).

Dumas' Kameliendame unterwirft sich Maxime jedoch nicht aus freien Stücken dem bürgerlichen Denken, sodass die Unvereinbarkeit von individuellem Liebesempfinden und gesellschaftlichen Konventionen im Fotoroman deutlicher akzentuiert wird. Dass der Impuls für die melodramatische Problemlösung von Claire ausgeht, bestätigt die Macht der gesellschaftlichen Konventionen über das Individuum, aber ohne dass dies problematisiert würde. Im Gegenteil: Wenn Claire Maxime rät, zu Lola zurückzukehren, wird die verbindliche und nur temporär erschütterte Ordnung der Gefühle ebenso wie auch die Ordnung der Gesellschaft wiederhergestellt. Die Bestätigung der bürgerlichen Ehemoral, die Wahrung ihrer sozialen Position und das Handeln gemäß der gesellschaftlichen Vernunft sind letztlich für Claires Entscheidung ausschlaggebend. Maximes Schicksal, nur notdürftig abgefedert durch die Option, die Beziehung mit Lola neu zu knüpfen, verkündet die konservative Botschaft, dass ein *amour fou* in der Realität kaum möglich ist. Dieser Einsicht wird allenfalls eine diskrete melodramatische Nuance zugestanden, zumal der Fotoroman in Aussicht stellt, dass in einer den gesellschaftlichen Standards folgenden Wahrnehmung Maxime und Lola wie auch Claire und Philippe als Paare harmonisieren dürften. Selbst in einem Fotoroman kann die Ratio obsiegen, und so findet Claire nach der Achterbahnfahrt ihrer Emotionen wieder ihre „Bodenhaftung", denn aus Sicht einer lebenserfahrenen, konservativ denkenden Leserin trifft sie ihre Entscheidung verantwortungsvoll, geläutert und mit kühlem Kopf. Die Anlage des Romans und sein Schluss bestätigen dabei erneut das Funktionieren jenes probaten Erfolgsrezepts, das Neuschäfer für den Populärroman herausgearbeitet hat, denn „die drei Punkte Evasion, Bestätigung, Beschwichtigung sind auch in den Produkten heutiger Konsumliteratur auf Schritt und Tritt anzutreffen" (Neuschäfer 1976: 60).

Mag die Mehrheit der Fotoromane auch gegenwärtig auf ein ungetrübtes Happy End zusteuern, so gibt *Il venait d'avoir 20 ans* zu erkennen, dass ein idealisiertes und romantisch verabsolutiertes Liebeskonzept auch heute nicht unbedingt realistisch erscheint. Je weiter sich das Genre dabei von der gesellschaftlichen Realität entfernt, umso kitschiger wirkt das Dargestellte. Die romantische Liebe hat ihre Allmacht verloren – selbst im Fotoroman. Doch auch wenn eine Leserin im vorliegenden Fall nach der finalen Läuterung der Protagonistin – vermutlich nicht ohne Bedauern – zu eben diesem Schluss kommt, so vermochte sie doch die emotionalisierende und evasive Funktion der romantischen Utopie zumindest temporär zu genießen.

4.2.3 Der brave Ehemann

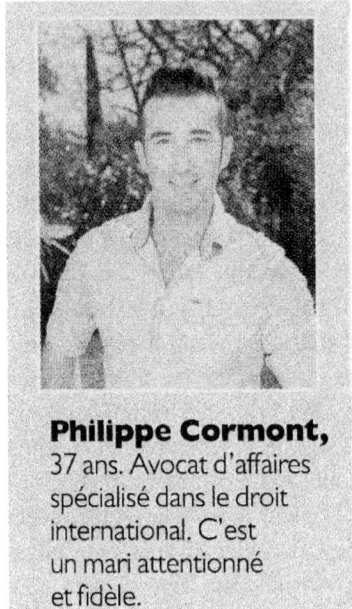

Philippe Cormont,
37 ans. Avocat d'affaires spécialisé dans le droit international. C'est un mari attentionné et fidèle.

Die von Aristoteles für dramatische Charaktere geforderten Merkmale „Tüchtigkeit", „Angemessenheit", „Ähnlichkeit" und „Gleichmäßigkeit" gelten in besonderem Maße für Philippe, den Ehemann Claires. Als „avocat d'affaires spécialisé dans le droit international" (51) übt er seinen Beruf offenbar sehr erfolgreich aus. Im Sinne der erzählerischen Ökonomie greift Piovesan zur Dokumentierung dieses Erfolgs auf einschlägige optische Signale zurück, wie den Business-Look (Anzug, Krawatte, Aktentasche) und die Verortung der Handlung in der malerisch gelegenen und stilvoll eingerichteten Villa mit Swimming-Pool in der Nähe von Aix-en-Provence. Den Regeln des Genres folgend bleiben diese Attribute jedoch diskret im Hintergrund, um nicht von der Handlung abzulenken.[56]

Philippe repräsentiert den bürgerlichen Alltag mit seinen in der Regel wenig extremen emotionalen Ausschlägen, und so erscheint es nur schlüssig, dass die in seiner Berufs- wie Freizeitkleidung dominierende graue bis graublaue Farbe diese Mittelposition optisch veranschaulicht. Aufgrund seiner überwiegend positiven Eigenschaften und vor allem dank seines weit reichenden Verständnisses für Claires Nöte dürfte Philippe die Sympathien der Mehrzahl

---

[56] „Le scénariste ne cherche pas à situer son histoire dans un décor trop marqué. Les indications des lieux sont au contraire plutôt passe-partout : le bord d'un lac, un parc, un café, une rue, une chambre... La lectrice pourra ainsi mieux s'identifier avec le héros et se projeter dans l'histoire. Sans compter que cela réduit considérablement le budget du tournage" (Faber/Minuit/Takodjerad 2012: 233).

der Leserinnen von *Roman photo* erhalten. Dies umso mehr, als er bereit ist, seine Frau auf ihrem Weg zurück in die geordneten Bahnen des bürgerlichen Lebens zu begleiten. Bei Claires Entscheidung gegen den wilden, existenziell riskanten *amour fou* und für den in erotischer Hinsicht weniger knisternden, aber materiell abgesicherten *amour conjugal* spielt Philippes Persönlichkeit eine entscheidende Rolle.

Schon in der einleitenden Beschreibung wird Philippes Profil als „mari attentionné et fidèle" (ebda.) festgelegt,[57] und entsprechend begrüßt er Claires neues Fotoprojekt mit „C'est une bonne idée (...) C'est super" (52) oder „C'est génial" (57). Seiner Frau schenkt er bei verschiedenen Gelegenheiten viel Zuwendung. Das Eheglück ist jedoch nicht ungetrübt, denn ein strittiges Thema verfolgt Claire und Philippe bis ins Ehebett. Philippe muss in einer Rechtsangelegenheit eine *compagnie pétroliére* vertreten, die in Nordfrankreich Schiefergas fördern möchte, und Claire hat hierfür kein Verständnis: „Je déteste cette notion d'acheter les gens pour une cause injuste" (ebda.). Das Gespräch findet abends im Bett statt, und zur Wahrung des Ehefriedens wechselt Philippe rasch das Thema: „Je suis vraiment content que ton projet avance aussi bien. Je suis certain que ça va beaucoup plaire" (ebda.). Seine Taktik scheint aufzugehen, denn Claire antwortet mit „Tu es tellement patient avec moi" (ebda.). Philippe greift dieses positive Signal auf und möchte Claire nach einem Kuss zum Austausch von Zärtlichkeiten bewegen („J'ai très envie de toi" [58]). Er bleibt jedoch erfolglos: „Pas ce soir, désolé" (ebda.). Offenbar ist trotz des materiellen Wohlstands nach 15 Ehejahren die Beziehung nicht mehr ungetrübt, wie der desillusionierte Kommentar Philippes in der geschilderten Bettszene zu erkennen gibt: „Décidément, ça ne va pas fort en ce moment" (ebda.). Fast wirkt es wie eine Ironie des Schicksals, wenn später Claire davon träumt, dass ihr imaginierter Geliebter, Maxime, mit genau den gleichen Worten ein völlig gegenteiliges Ergebnis erreicht:

---

[57] Hiermit relativiert Piovesan die klassische Rollenverteilung, für die galt: „Il faut laisser aux femmes le domaine de l'affectivité et aux hommes, qui sont des bourreaux de travail, celui de la carrière" (Benesvy 1996: 30). Wenn Claire während ihrer Arbeit die Liebe zu Maxime entdeckt, wird eine weitere „goldene Regel" des Genres sogar mit ironischer Ambivalenz zitiert: „Le travail est lié à l'ambition et tue l'amour" (ebda.: 31).

„Claire, j'ai très envie de vous" –„Eh bien, qu'attendez-vous?" (65). Das Ergebnis ist ein inniglicher Kuss – freilich nur im Traum, und dies ist mit Blick auf das Ende des Romans nicht unerheblich.

Mag es auch in seiner Beziehung zu Claire kriseln, so ist Philippe doch „visiblement très éprouvé" (76), als er Claire und Maxime in einer kompromittierenden Situation überrascht. Das Ehepaar spricht sich zwei Mal über das Geschehene aus, und es zeigt sich kurz vor Romanende, dass Claire in hohem Maße frustriert ist: „J'en suis vraiment désolée, tu es un bon mari, mais après quinze ans de vie commune, on n'a toujours pas réussi à avoir d'enfant" (77). Für Claire gehört ein Kind zur Ehe, und indirekt macht sie ihrem Mann den Vorwurf, für ihren unerfüllten Kinderwunsch verantwortlich zu sein. Doch auch diesen „coup de bois" (ebda.), wie er sagt, steckt Philippe weg, der in seiner Liebe zu Claire sogar so weit geht, ihr eine *ménage à trois* vorzuschlagen: „Tu le vois si tu veux, mais on ne se sépare pas. D'accord?" [ebda.]. Da Claire jedoch nur noch an Maxime denken kann, verlässt er das Zimmer mit den bedeutungsschweren Worten: „Fais comme tu veux, de toute façon ma mère avait raison, je n'aurais jamais dû épouser une artiste!" (ebda.). Mag der Verweis auf die Mutter zunächst auch überraschen, so ist er doch in rezeptionspsychologischer Hinsicht klug gesetzt. Kurz vor der Peripetie sollten sich jene besonders im Romangeschehen wiederfinden können, die immer noch verbreiteten Gemeinplätzen zur „Natur" von Künstlern folgend[58] die Weltsicht der Mutter Philippes teilen. Auch wenn eine solche Leserin für die fast schon tragisch anmutenden emotionalen Verwirrungen Claires ein gewisses Verständnis aufbringen sollte, so dürfte sie in dieser entscheidenden Phase des Romans auf der Seite Philippes stehen. Sofern der Satz gilt, dass Mütter immer recht haben (welche lesende Mutter würde dem widersprechen?), dann erscheint Philippe in der Tat als unschuldiges Opfer der Eskapaden einer kapriziösen Künstlerin, die gerade dabei ist, einen großen Fehler zu begehen.

Philippes psychologisch sehr gut nachvollziehbare Reaktion auf die emotionale Enttäuschung entspricht in hohem Maße der Aristotelischen Forderung nach der Lebensähnlichkeit fiktiver Personen. Hinzu kommt, dass er

---

[58] „ARTISTES – Tous farceurs. (...) Gagnent des sommes folles mais les jettent par les fenêtres. Femme artiste ne peut être qu'une catin. Ce qu'ils font ne peut s'appeler travailler" (Flaubert 1978: 24).

dank seiner emotionalen Konstanz ein Charakter ist, der die von Aristoteles ebenfalls genannte Qualität der Gleichmäßigkeit glaubhaft verkörpert. Philippe bestätigt zum Romanende die Eigenschaften eines verständnisvollen, in seiner Zuwendung und Toleranz geradezu vorbildlichen Ehemanns. Wenn seine emotionale Belastbarkeit Grenzen aufweist, so ist dies aus einer konservativen, „realistischen" Perspektive sogar zu begrüßen. Immerhin bringt sein letztlich entschiedenes Auftreten („Fais comme tu veux" [77]) Claire dazu, über das nach verbreiteten moralischen und sozialen Maßstäben aussichtslose Abenteuer mit Maxime ernsthaft nachzudenken. Zugleich hält er ihr den Weg zurück in die Ehe offen. Nachdem sich Claire dafür entschieden hat, ihre Ehe zu retten, steht Philippe daher im entscheidenden Moment bereit, sie wieder aufzunehmen: „Claire, tu viens?" „J'arrive. Adieu Maxime" (79). Die lebenspraktische Botschaft an die Leserin, die sich aus dieser Entscheidung ableitet, dürfte lauten: „Un tiens vaut mieux que deux tu l'auras".

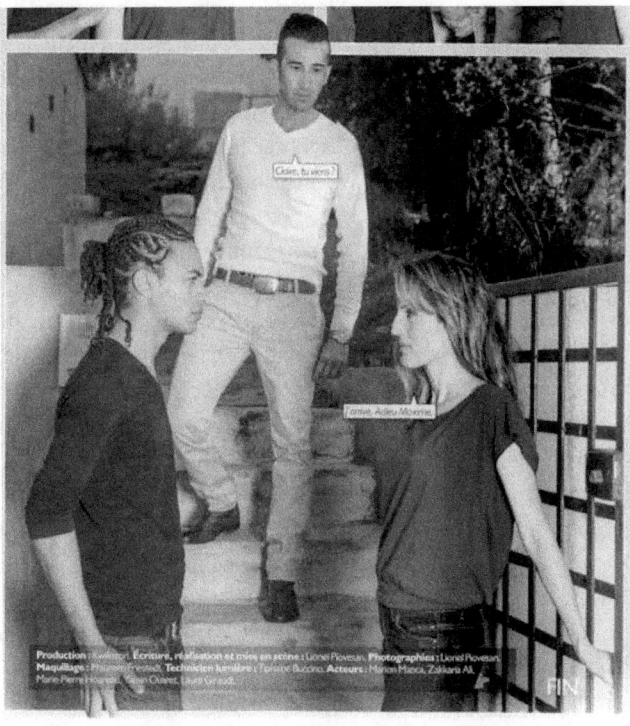

4.2.4 Die Rivalin

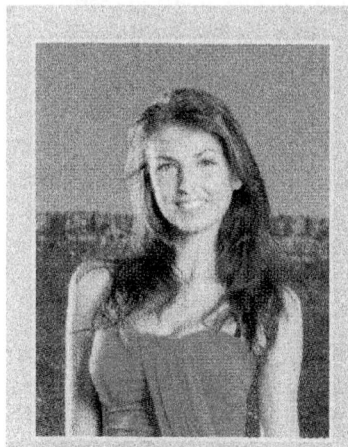

Lola Palusi,
20 ans. Petite amie de Maxime. Entière et possessive, elle veille jalousement sur son homme.

Für die Entwicklung der Handlungsdramatik und -dynamik von *Il venait d'avoir 20 ans* spielt Maximes Freundin Lola eine wichtige Rolle, wird sie doch eingangs des Romans als „entière et possessive" (51) präsentiert. Im Verlauf des Romans bezeichnet sie Maxime diesen Eigenschaften entsprechend als „ma tigresse" (67). Dem Namen nach italienischer Herkunft, verfügt Lola Palusi auch über das stereotypisch abrufbare Temperament „der Südländerinnen", wenn sie eifersüchtig darum kämpft, Maxime nicht zu verlieren. Piovesan nutzt erneut das Stereotypenwissen seiner Leserschaft im Sinne erzählökonomischer Effekte, um den kognitiven Aufwand im Zuge der konsumtiven Lektüre möglichst gering zu halten. Lolas exzentrisches und zur Arroganz neigendes Wesen bildet einen Kontrapunkt zu dem Verhalten der übrigen Personen, und auch ihr Styling wirkt im Unterschied zu den vergleichsweise biederen Outfits der übrigen Personen, besonders durch den Kontrast zu Claire, eher glamourös. Von allen Charakteren des Romans entspricht sie am wenigsten den aristotelischen Merkmalen, doch erweist sich gerade dies als wichtiger Faktor für die Dramaturgie und den Spannungsbogen der Handlung.

Piovesan greift bei der Stilisierung Lolas auf Klischees zurück, die auch in anderen Fotoromanen erfolgreich abgerufen werden. Dies gilt nicht zuletzt für ihre Kleidung, und so fällt die Farbe des schulterfreien Kleides, das sie trägt, als sie in den Roman eingeführt wird, besonders ins Auge. Das Rot signalisiert der traditionellen Symbolik entsprechend einerseits die Liebe, doch andererseits auch die Gefahr, die von Lola ausgeht. Dass es sich um eine für das Genre durchaus gängige Darstellung eines derart profilierten

Frauentyps handelt, belegt der Vergleich mit der rechts abgebildeten Protagonistin eines in Italien mit professionellen Models produzierten Fotoromans, mit dem sprechenden Titel „Ce n'était pas un ange".[59]

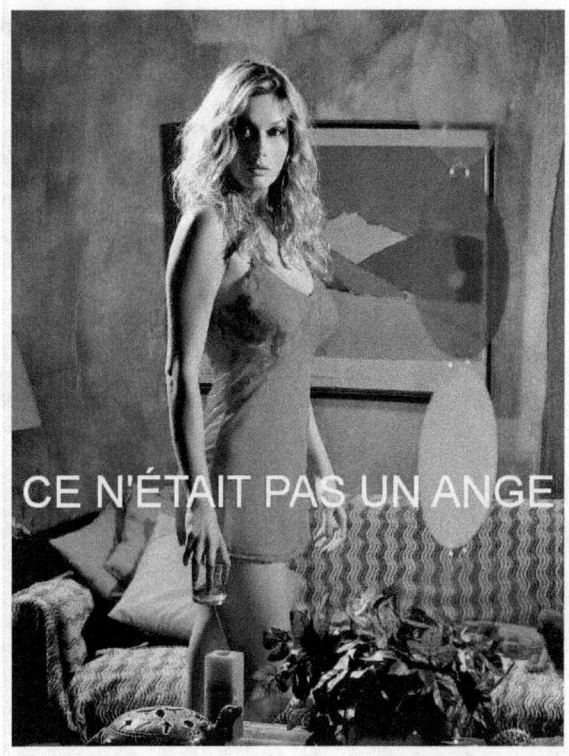

Der Einsatz einer konventionalisierten, auf die Psyche der Betrachterinnen unmittelbar einwirkenden Farbsymbolik fördert die Wahrnehmung des Fotoromans als Kitsch. Zwar „renforce-t-elle [scil.: la quadrichromie] le réalisme lié à la simple reconnaissance indubitable des fragments du réel perçu" (Chirollet 1983: 90), doch führt dies zu einer ästhetischen Abwertung des Genres:

---

[59] http://www.mybestory.com/lecture-roman-96-704-ce-n-etait-pas-un-ange.htm (08.03.2015).

Les scènes n'en sont pas plus vivantes, comme le croient les lecteurs, elles sont plus banales, plus plates et donc, nettement plus stéréotypées par leur picturalité ordinaire. Quoi de plus ordinaire, commun, que l'illusion de la vision colorée naturelle ? (Chirollet 1983: 90)

Lola wird in vielfältiger Weise zu Claires Widersacherin stilisiert, was sich im Roman auf mehreren Ebenen artikuliert (Claires Eigenschaften werden im Folgenden zuerst genannt): **1. Aussehen**: alt vs. jung, blond vs. braunhaarig, hochgesteckte Haare vs. offene Haare; neutrale Kleidung vs. provozierende Kleidung, dezente Farbwahl vs. grelle Farbwahl; **2. Soziales Milieu**: „milieu bourgeois" vs. „milieu modeste" (62), **3. Auftreten**: beherrscht vs. impulsiv, zugewandt vs. ablehnend, defensiv vs. provozierend; **4. Sprache**: gepflegte Umgangssprache vs. schnodderige, mit Argot durchsetzte Umgangssprache („Ben", „thune", „ouais" [ebda.], „dégueulasse" [73], „Il s'est barré" [ebda.]).[60]

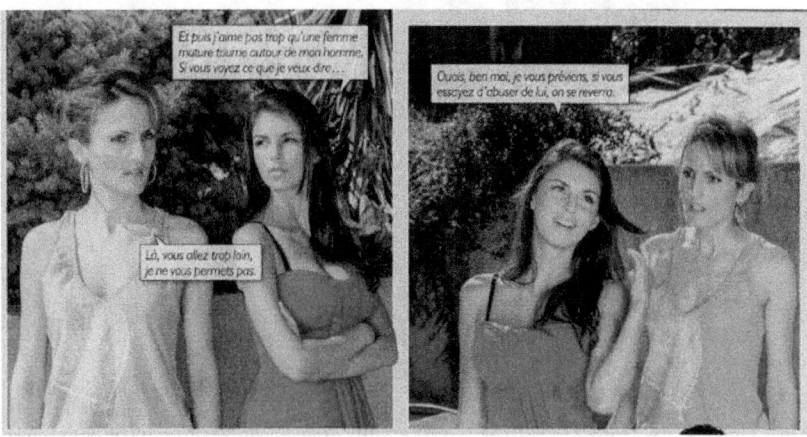

Lola ist auch für den von Eudes (2013) erwähnten „zeste de violence" zuständig, der für den Erfolg des Genres traditionell wie aktuell eine *conditio sine qua non* darstellt: Handgreiflichkeiten erweisen sich im Fotoroman als

---

[60] Grundsätzlich siedelt sich das Sprachniveau des Fotoromans zwischen der Schriftsprache und der gesprochenen Sprache an, wobei die Tonlage weniger *familier* ist, als in Alltagsgebrauch. Dies ist darauf zurückzuführen, dass er mit der inneren Stimme gelesen wird (Faber/Minuit/Takodjerad (2012: 234).

unverzichtbares Mittel für die Zuspitzung der Handlung. Dementsprechend zählt die Ohrfeige, die Claire von Lola erhält, zu den dramatischen Höhepunkten von *Il venait d'avoir 20 ans*. Lola trägt in diesem Moment ein türkisfarbenes Shirt, dessen Farbe sie als abweisend und kühl erscheinen lässt.

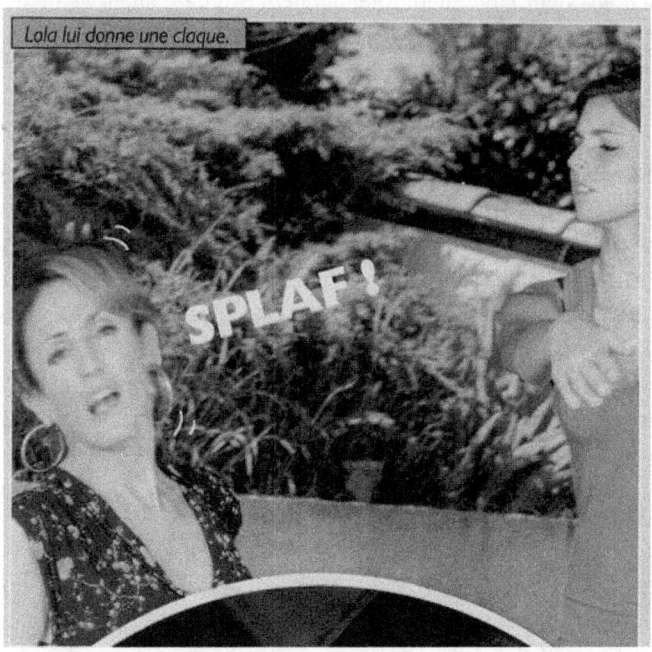

Die obige Abbildung eines der dramatischen Höhepunkte gibt Anlass zu einer weiteren Anmerkung: Im Unterschied zur *Bande dessinée*, die durch die ikonische Gestaltung sprachlicher Onomatopoetika und durch Bewegungslinien, die mit den handelnden Personen in Verbindung stehen, die Dynamik einer Aktion unterstreichen kann,[61] verfügt der Fotoroman aufgrund seiner medialen Gegebenheiten nur über ein reduziertes Formenrepertoire. Dies belegt auf dem abgebildeten Foto das lautmalerische, sehr statisch wirkende „SPLAF!", das als Teil der Bildwelt die horizontale Ausrichtung der gespro-

---

[61] Vgl. zum Funktionieren der Onomatopoetika in der *Bande dessinée* Bierbach (2007).

chenen Texte verlässt und geradezu wie auf das Bild aufgestempelt wirkt. Aufgrund ihrer Integration in das Foto unterscheidet sich die Lautmalerei von den im Fotoroman stets eckigen, mit einem Rand versehenen Sprechblasen oder Erzählerkommentaren, die in einer *cartouche* oder *légende* grafisch und semantisch aus dem Bild „herausgenommen" werden, auch wenn sie in den Rahmen integriert bleiben.[62] Lautmalereien hingegen werden formal in das Foto integriert, doch bleiben sie Fremdkörper, welche die Illusionsbildung stören. Entsprechend sparsam wird demzufolge im Fotoroman – anders als in der *Bande dessinée* – von diesem Darstellungsmittel Gebrauch gemacht. Um im konkreten Fall der optischen Statik von „SPLAF!" durch ein dynamisches Moment entgegenzuwirken, bedient sich Piovesan eines Weichzeichners, dessen Verwischungen Claires Gesicht wie in einer filmischen Bewegung erscheinen lässt. Bemerkenswert sind vier dezente Bewegungslinien auf Kinnhöhe und oberhalb des Kopfes, die auf einen Darstellungscode zurückgreifen, der für den Fotoroman so ungewöhnlich wie für die *Bande dessinée* gängig ist,[63] welche neben den Bewegungslinien auch über „un registre de signes non figuratifs mais hautement signifiants comme ces « gouttes de peur », cette « corolle de petits traits d'étonnement » et autres du même acabit" (Sohet 1997: 107) verfügt.

---

[62] Dies kann unter Umständen zu „une *supra-lecture* déconcertante pour les non-initiés" (Saint-Michel 1979: 38) führen. Sohet bestätigt die im Vergleich zum Fotoroman viel variableren Gestaltungsmöglichkeiten der *Bande dessinée*: „Car l'iconique ne se réduit pas à la seule fonction représentative des éléments présentés dans la vignette, il « pénètre » le registre du linguistique et rend signifiants la forme des bulles, les appendices de raccords, le type de lettrage, son format, son épaisseur, sa disposition, etc... La pratique du photo-roman traditionnel semble renoncer à ces dispositifs d'expression (...)" (1997: 107). Guillet spricht für die *Bande dessinée* daher zu Recht von einer „continuité aussi bien visuelle que narrative" (Guillet 2010: 23), die der Fotoroman nicht kennt.

[63] „La difficulté pour l'acteur de roman-photo, c'est de prendre la pose sans caricaturer son personnage, sans surjouer et surtout… sans bouger. La photo ne pardonne pas, les personnages parlent la bouche fermée, voire semi-ouverte, et c'est bien plus difficile qu'il n'y paraît" (Faber/Minuit/Takodjerad 2012: 234). Dem Experiment der transmedialen Kombinatorik von Zeichnung und Fotografie widmen sich Schuiten und Peeters in ihrer *graphic novel L'enfant penchée*. Siehe Leinen (2011).

4.2.5 Die Vertraute

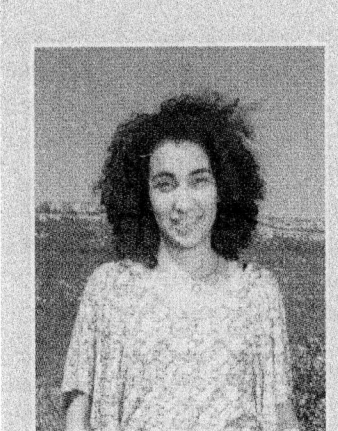

Tessa Briand,
28 ans. Sœur de Maxime,
douce et attentionnée,
elle est très proche
de son frère, dont elle est
la confidente.

Die letzte noch zu präsentierende Person ist Maximes ältere Schwester Tessa, der die Qualitäten „douce et attentionnée" (51) zugeschrieben werden. Wie einleitend betont wird, kommt ihr im Fotoromans jene Rolle der „confidente" (ebda.) zu, die vor allem seit der Klassik im Drama konventionalisiert wurde. Tessa gibt in dieser Funktion Claire und der Leserin wichtige Hintergrundinformationen zu den Charakteren von Maxime und Lola. Nicht minder bedeutsam sind ihre Ratschläge, die Claire helfen sollen, ihren weiteren Lebensweg zu gestalten. In kommunikativer wie auch in optischer Hinsicht findet Tessas Gespräch mit Claire „auf Augenhöhe" statt, anders als die Dialoge zwischen Claire und Lola, in denen die verbalen Drohungen der jüngeren Frau fotografisch meist durch ihre übergeordnete, dominierende Position im Bild umgesetzt werden.

Tessa versucht als lauterer Charakter zunächst, Claire ihre größte Sorge zu nehmen, denn Lola sei in Wahrheit nicht so aggressiv, wie es den Anschein habe: „C'est une bonne petite, elle doit être très triste" (74). Diese Information soll jedoch nur vordergründig Lolas impulsives Verhalten verständlich machen. Eine nicht minder wichtige Funktion dieser Aussage besteht darin, dass Tessa durch ihre Einschätzung in erzählstrategischer Hinsicht das Ende des Romans vorbereitet. Als Claire nämlich in der letzten Szene ihre Entscheidung getroffen hat, bei Philippe zu bleiben, kann sie aufgrund Tessas Information über Lolas „wahren" Charakter Maxime guten Gewissens vorschlagen, zu Lola zurückzukehren.

Auch über Maxime erfahren die intradiegetische Adressatin Claire und die Rezipientinnen des Romans wichtige Neuigkeiten: Einem Botenbericht vergleichbar erzählt Tessa, ihr Bruder habe seine Beziehung mit Lola beendet. Er könne vor Liebe sogar nichts mehr essen und stehe unter derart großer emotionaler Anspannung, dass ihn seine Familie davor zurückhalten müsse, Claire zu entführen. Tessas Auskünfte zu Maxime komplementieren das Bild eines in romantischen Kategorien denkenden jungen Liebhabers, der im wahrsten Sinne des Wortes „den Kopf verloren" hat. Wenn er mit der Entführung eine besonders dramatische Verhaltensweise andenkt, die bereits im Ritterepos, im Märchen oder im spanischen Drama des *Siglo de Oro* die Gemüter der Rezipienten beschäftigte, so erscheint dies als Angebot an die Leserinnen, dem Spiel „Was wäre, wenn?" folgend sich auszumalen, welche Entwicklung die Beziehung mit Claire in einem solchen Fall nehmen könnte. Die *confidente* übernimmt in der Fiktion, aber auch mit Blick auf die Information der Leserschaft, die Rolle der ehrlichen Maklerin, die lebensklug im Konflikt vermittelt, ob eine ältere Frau einen jungen Mann lieben darf. Das Skandalon wirft sicherlich nicht nur bei Claire, sondern auch bei den Leserinnen die Frage nach der moralischen und gesellschaftlichen Akzeptanz einer derartigen, auch gegenwärtig immer wieder für Schlagzeilen sorgenden, Konstellation auf. Schließlich hilft eine Aussage Tessas bei der Vorbereitung der dramatischen Schlussszene, wenn sie Claire nach deren verunsicherter Frage „Je fais quoi alors?" warnt: „Ça, vous êtes la seule à pouvoir décider. Mais je vous préviens, Maxime est sensible et entier. Si vous décidez de vivre l'aventure, ce ne sera pas à moitié" (76). Wie wir gesehen haben, folgt Claire diesem Rat im Sinne der bürgerlichen und ökonomischen Vernunft.

5. Fazit

Sind Fotoromane „Kitsch"? Zweifelsohne tragen Fotoromane wie *Il venait d'avoir 20 ans* kitschige Züge, die durch die Wiedergabe emotionaler Höhen und Tiefen der Kompensation einer in der Gegenwartsgesellschaft zunehmend desillusionierten Alltagserfahrung dienen. Zuviel Kitsch schadet jedoch der Illusionsvermittlung, und so situiert Piovesan im analysierten Beispiel den kitschigsten Moment des Romans, die Kussszene zwischen Claire und Maxime, auch nur in der Traumvorstellung seiner Protagonistin. Emotionale Verwirrungen werden zwar imaginiert, aber selbst in der Fiktion nicht ausgelebt, sodass die gesellschaftliche Norm letztendlich bestätigt wird. Wie das analysierte Beispiel erkennen lässt, muss sich offenbar auch der Fotoroman im Rahmen des gesellschaftlich Wahrscheinlichen bewegen, sofern er um eine katharthische Läuterung der Affekte[64] bemüht ist bzw. die geltenden Konventionen nicht zuletzt aus verkaufsstrategischen Gründen bestätigen möchte. Dies schließt jedoch nicht aus, dass die Regeln der Gesellschaft im Sinne einer nuanciert modellierten Dramatik zumindest temporär außer Kraft gesetzt oder destabilisiert werden. Gerade in diesen Phasen erschließt der Fotoroman dem Publikum kompensatorische Imaginationsräume, die das Lektüreerlebnis insofern fördern, als emotionale Fantasien auf entspannende Weise und zugleich aktiv in die Lektüre eingebracht werden können. In diesem Sinne ergibt sich eine perfekte Symbiose mit dem redaktionellen Kontext von *Roman photo*, der teils direkt, teils spielerisch und auf einer ironisch gebrochenen Metaebene die Emotionen der Leserinnen abruft.

Auffallend ist, dass *Il venait d'avoir 20 ans* mit einer vergleichsweise komplexen Auflösung des Liebeskonflikts schließt, indem Piovesan das Happy End melodramatisch abtönt. Ein solcher Romanschluss ermöglicht zwar die Wiederherstellung der gesellschaftlichen Ordnung in moralischer, institutioneller und ökonomischer Hinsicht, doch erweist sich diese Ordnung nicht mehr als perfekt, nachdem der *amour fou* Alternativen zumindest in Aussicht gestellt hat. Gerade das melodramatische Ende von *Il venait d'avoir*

---

[64] „Vécus par substitution, les photoromans détiennent une valeur cathartique, car ils provoquent une décharge émotionnelle entraînant une libération euphorique des pulsions libidinales du lecteur complaisant" (Chirollet 2001: 130).

20 ans unterbindet daher den für das Genre typischen emotionalen Entlastungseffekt, da bei entsprechender Lesart die Fragwürdigkeit der verbreiteten Normen und Moralvorstellungen ersichtlich wird. Die narrative und inhaltliche Organisation des analysierten Beispiels ist in diesem Sinne ebenso wie die affektive Lenkung der Leserinnen das Produkt einer ausgeklügelten Strategie, die auch im redaktionellen Teil von *Roman photo* erfolgreich umgesetzt wurde. Trotz kitschiger Momente unterläuft *Il venait d'avoir 20 ans* somit den verbreiteten „classicisme kitsch" (Chirollet 2001: 126) des konventionellen Fotoromans,[65] da den Leserinnen das Angebot unterbreitet wird, mittels der Widerspenstigkeit ihrer Phantasie Alternativen zu gängigen Lebensentwürfen zu erschließen.

Sind Fotoromane „Kitsch"? Durchaus, aber gleichwohl sollte ihre Komplexität nicht unterschätzt werden! Es ist an der Zeit, dass auch diese Seite des so vielgescholtenen Mediums Beachtung findet.

---

[65] „Les photoromans montrent en quelque sorte la valeur propédeutique de la „descente aux enfers" en vue de la résurrection psychologique de l'être humain régénéré ; ils renvoient le lecteur, par ce procédé, à la leçon optimiste de la vie qui n'attend que la libération de l'amour pour s'exprimer en toute plénitude" (Chirollet 2001: 127).

Bibliografische Angaben

ARISTOTELES (1994). *Die Poetik*. Stuttgart: Reclam.

BAETENS, Jan (1992). *Du roman-photo*. Mannheim: Medusa; Paris: Les Impressions Nouvelles.

DERS. (1996). „Le roman-photo *in situ*", in: DERS./Ana GONZALEZ (Hgg.), *Le Roman-Photo. Actes du Colloque de Calaceite (Fondation Noesis) 21–28 août 1993*. Amsterdam: Rodopi, 36–39.

DERS. (2010). *Pour le roman-photo*. Brüssel: Les Impressions Nouvelles.

BARTHES, Roland (1977). *Fragments d'un discours amoureux*. Paris: Éd. du Seuil.

BENESVY, Monique (1996). „Le titre: toute une histoire...", in: Jan BAETENS/Ana GONZALEZ (Hgg.), *Le Roman-Photo. Actes du Colloque de Calaceite (Fondation Noesis) 21–28 août 1993*. Amsterdam: Rodopi, 24–35.

BIERBACH, Mechtild (2007). „Sprachwelten – Zur Semiose von Onomatopoetika in französischsprachigen Comics", in: Frank LEINEN/Guido RINGS (Hgg.), *Bilderwelten – Textwelten – Comicwelten. Romanistische Begegnungen mit der Neunten Kunst*. München: Martin Meidenbauer, 351–379.

CERTEAU, Michel de (1979). „Pratiques quotidiennes", in: Geneviève POUJOL/Raymond LABOURIE (Hgg.), *Les cultures populaires*. Toulouse: Privat, 23–30.

DERS. (1990). *L'invention du quotidien. 1. Arts de faire*. Nouvelle édition, établie et présentée par Luce Giard. Paris: Gallimard.

CHIROLLET, Jean-Claude (1983). *Esthétique du photoroman*. Paris: Edilic.

DERS. (2001). *Photo-archaïsme du XXe siècle*. Nizza: CY Éditions.

DPA (2013). „Lesende Frauen wollen Emotionen", in: *Rheinische Post* (29.08.2013).

ECO, Umberto (1979). *Lector in fabula. La cooperazione interpretativa nei testi*. Mailand: Bompiani.

FABER, Dominique/MINUIT, Marion/TAKODJERAD, Bruno (2012). *Nous Deux présente la saga du roman-photo*. Paris: Gawsewitch.

FEMINA (2013). *Femina* (Beilage Sud-Ouest) 05.–11.08.2013.

FISKE, John (^{2}2010 [1987]). *Television Culture*. London: Routledge.

FLAUBERT, Gustave (1978): *Dictionnaire des idées reçues*. Paris: Aubier.

FONDANECHE, Daniel (2005). *Paralittératures*. Paris: Vuibert.

FRENZEL, Elisabeth (1988). *Motive der Weltliteratur. Ein Lexikon dichtungsgeschichtlicher Längsschnitte.* Stuttgart: Kröner.

GIESZ, Ludwig (1979). „Phänomenologie des Kitsches", in: Jochen SCHULTE-SASSE (Hg.), *Literarischer Kitsch. Texte zu seiner Theorie, Geschichte und Einzelinterpretation.* Tübingen: Niemeyer, 27–42.

GOLDMANN, Lucien (1959). *Le dieu caché : étude sur la vision tragique dans les Pensées de Pascal et dans le théâtre de Racine.* Paris: Gallimard.

GUILLET, Elsa (2010). *Du roman-photo à la suite photographique. Mémoire de fin d'études et de recherche appliquée.* Paris: ENS Louis Lumière (http://www.enslouis-lumiere.fr/formation/recherche/memoires-de-fin-detudes/photographie/2010/du-roman-photo-a-la-suite-photographique.html [20.03.2015]).

HEGEL, Georg Wilhelm Friedrich (1970). *Werke.* Bd. 15. *Vorlesungen über die Ästhetik*: III, hg. v. Eva MOLDENHAUER u. Karl Markus MICHEL. Frankfurt/Main: Suhrkamp.

HERDER (1978). Marianne OESTERREICHER-MOLLWO (Bearb.), *Herder Lexikon Symbole.* Freiburg; Basel; Wien: Herder.

HERTRAMPF, Martina (2007). „PHOTO-COMIC-ROMAN und COMIC-PHOTO-ROMAN: Mediale Grenzphänomene zwischen Comic, Photographie und Photo-Roman", in: Frank LEINEN/Guido RINGS (Hgg.), *Bilderwelten – Textwelten – Comicwelten. Romanistische Begegnungen mit der Neunten Kunst.* München: Martin Meidenbauer, 287–313.

KARPFEN, Fritz (1925). *Der Kitsch. Eine Studie über die Entartung der Kunst.* Hamburg: Weltbund-Verlag.

KRÖNERT, Veronika (2009). „Michel de Certeau: Alltagsleben, Aneignung und Widerstand", in: Andreas HEPP/Friedrich KROTZ/Tanja THOMAS (Hgg.), *Schlüsselwerke der Cultural Studies.* Wiesbaden: VS Verlag für Sozialwissenschaften, 47–57.

LEINEN, Frank (2011). „Mediale Kombinatorik, Transgressionen und Beglaubigungsstrategien in *L'enfant penchée* und *L'affaire Desombres* (François Schuiten/Benoît Peeters)", in: Roger LÜDEKE (Hg.), *Kommunikation im Populären. Interdisziplinäre Perspektiven auf ein ganzheitliches Phänomen.* Bielefeld: Transcript, 233–255.

LITTRÉ, Émile (1872). Littré, *Dictionnaire de la langue française (1872–77).* (http://artflsrv02.uchicago.edu/cgi-bin/dicos/pubdico1look.pl?strippedhw=race+caucasienne [07.03.2015]).

MIKOS, Lothar (2009). „John Fiske: Populäre Texte und Diskurs", in: Andreas HEPP/Friedrich KROTZ/Tanja THOMAS (Hgg.), *Schlüsselwerke der Cultural Studies.* Wiesbaden: VS Verlag für Sozialwissenschaften, 156–164.

MOORE, Ian (2005). *Does your Marketing Sell? The secret of effective marketing communications*. London; Boston: Nicholas Brealey Publishing.

NEUSCHÄFER, Hans-Jörg (1976). *Populärromane im 19. Jahrhundert von Dumas bis Zola*. München: Wilhelm Fink Verlag.

PEETERS, Benoît (1993). „Le roman-photo: un impossible renouveau?", in: Jan BAETENS/Ana GONZÁLEZ (Hgg.), *Le Roman-Photo. Actes du Colloque de Calaceite (Fondation Noesis) 21–28 août 1993*. Amsterdam: Rodopi, 16–23.

PICARD, Raymond (1950): „Présentation", in: Jean RACINE, *Œuvres complètes* I. *Théâtre – Poésies*. Présentation, notes et commentaires par Raymond Picard. Paris: Gallimard, 737–743.

RACINE, Jean (1950). *Œuvres complètes* I. *Théâtre – Poésies*. Présentation, notes et commentaires par Raymond Picard. Paris: Gallimard.

ROBERT, Paul (1967). *Le Petit Robert*. Paris: Le Robert.

ROMAN PHOTO (2012). Marie Guiton (Dir. générale), *Vie pratique féminin (hors série)*. Roman photo. No. 14. Neuilly-sur-Seine.

SAINT-MICHEL, Serge (1979). *Le roman-photo*. Paris: Larousse.

SCHUITEN, François/PEETERS, Benoît (1996). *L'aventure des images. De la Bande dessinée au multimédia*. Paris: Autrement.

SOHET, Philippe (1997). „Les ruses du roman-photo contemporain", in: *Études littéraires* 30, 1, 105–115.

STÖFFLER, Fritz (1975). „Die Acht-Farben-Wahl nach Lüscher in der Psychiatrie. Teil 1: Grundlagen des Tests", in: *Medizinische Klinik*. 70, 10, 433–437.

UEDING, Gert (1979). „Rhetorik des Kitsches", in: Jochen SCHULTE-SASSE (Hg.), *Literarischer Kitsch. Texte zu seiner Theorie, Geschichte und Einzelinterpretation*. Tübingen: Niemeyer, 65–88.

WALDMANN, Günter (1979). „Literarischer ‚Kitsch' als wertungsästhetisches Problem", in: Jochen SCHULTE-SASSE (Hg.), *Literarischer Kitsch. Texte zu seiner Theorie, Geschichte und Einzelinterpretation*. Tübingen: Niemeyer, 89–120.

THULLER, Gabriele (2007). *Kitsch. Balsam für Herz und Seele*. Stuttgart: Belser.

TODOROV, Tzvetan (1982). *La conquête de l'Amérique. La question de l'autre*. Paris: Seuil.

Internetquellen

DALIDA (1974). "Il venait d'avoir 18 ans" (https://www.youtube.com/watch?v=zy DZc8QDlYY [22.04.2015]).

EUDES, Yves (2013). "Le nouveau roman... photo", *Le Monde* (04.03.2013) (http://www.lemonde.fr/acces-restreint/technologies/article/2013/03/04/6a6d6697 6b6a6fc597676569619c_1841857_651865.html [06.03.2015]).

MOSSAZ, Annick (2013). "La start-up Kwickstory relance le roman-photos", *Le Dauphiné* (http://www.ledauphine.com/economie-et-finance/2013/04/09/la-start-up-kwikstori-relance-le-roman-photos-pvtt [06.03.2015]).

PIOVESAN, Lionel (2013). "Le roman-photo fait son retour", Interview mit BFM Business, 19.02.2013 (https://www.youtube.com/watch?v=YfxK_ecCDkY [06.03.2015]).

http://www.editionsblabla.fr/ (06.03.2015).

http://www.girls.fr/ (06.03.2015).

http://www.johnny-hallyday-entre-nous.fr/Magazines_anciens/Divers_1970_1979.htm (06.03.2015).

http://www.kwikstori.com/actualite/maling-off-d-un-roman-photo.htm [sic] (27.02.2015).

http://www.kwikstori.com/roman-photo-il-venait-d-avoir-20-ans.htm (27.02.2015).

http://www.kwikstori.com/acteur/laura-giraudi.htm (24.04.2015).

http://lamichaure.com/ (06.03.2015).

http://www.lexpress.fr/culture/livre/les-conseils-de-lecture-de-milan-kundera_1231173.html (27.02.2015).

http://www.mybestory.com/lecture-roman-96-704-ce-n-etait-pas-un-ange.htm (08.03.2015).

http://www.mybestory.com/mes-outils-actualite-35.htm (08.03.2015).

http://www.nousdeux.fr/ (19.03.2915).

http://www.sugarstories.fr/dam/ (06.03.2015).

https://www.ashleymadison.com/app/public/index.p (20.02.2015).

Abbildungsnachweis

Sollte versehentlich, trotz aller Bemühungen, die Inhaber aller Bild- und Fotorechte ausfindig zu machen, ein Rechteinhaber nicht genannt sein, werden berechtigte Ansprüche selbstverständlich im Rahmen der üblichen Vereinbarungen abgegolten.

Die uneinheitliche Qualität der im Beitrag abgedruckten fotografischen Reproduktionen resultiert aus der Notwendigkeit, Abbildungen, die in *Roman photo* als Druckraster vorliegen, zum Teil erheblich zu vergrößern.

Günter Krause (Nantes)

Kitsch-Philosophie

Auf den ersten Blick mag es überraschen, dass sich die Philosophie überhaupt mit dem Phänomen „Kitsch" auseinandergesetzt hat – dazu auch noch zum ersten Mal ausgerechnet in Deutschland im Jahre 1941 – und zwar in Otto Friedrich Bollnows Schrift *Das Wesen der Stimmungen*, in der als Punkt 4 des Kapitels über „Stimmung und Haltung" der Kitsch auf knapp drei Seiten abgehandelt wird. Bei etwas näherer Betrachtung wird allerdings schnell klar, dass die Kitsch-Diskussion tatsächlich in erster Linie ein deutsches Phänomen ist, das eng mit der Jugendbewegung und schon von daher auch mit der Lebensphilosophie verknüpft ist. Der Kitsch wird aus dem Geiste der Jugendbewegung geboren und wo immer er auftaucht, geht es zentral um die Frage, welchen Nutzen und Nachteil er für das Leben hat. Auch wenn Christian Kellerer 1957 sein programmatisches Werk *Weltmacht Kitsch*[1] herausgibt, kann das kaum darüber hinwegtäuschen, dass sich vorwiegend deutschsprachige Autoren auf die Suche nach Kitsch in allen Lebensbereichen begeben haben. Darüber hinaus ist es sicherlich auch kein Zufall, dass es für das Wort „Kitsch" in anderen Sprachen praktisch kein Äquivalent gibt, vielleicht mit Ausnahme des in der amerikanischen Umgangssprache gebräuchlichen „tacky", das der Bedeutung des Adjektivs „kitschig" zumindest sehr nahe kommt. Dieser „deutsche Ursprung" könnte auch damit zu tun haben, dass sich in einem als Terminus technicus daherkommenden Wort zuallererst ein spezifisches Verhältnis zur Sentimentalität ausdrückt, die als etwas Defizientes vorgestellt wird, und der dann auch noch mit der „Bildung", einem weiteren Produkt „made in Germany", sehr häufig ein angeblich überaus wirksames Antidoton verabreicht wird.

Fritz Karpfen beginnt sein 1925 erschienenes Buch *Der Kitsch. Eine Studie über die Entartung der Kunst* mit der Feststellung: „Jedermann weiß, was

---

[1] Vgl. Kellerer 1957.

Kitsch ist, und niemand kann eine präzise Deutung darüber geben."² Ab dem zweiten Kapitel wird er dann versuchen, dem Phänomen dadurch auf die Spur zu kommen, dass er Kitsch als „Lebensfaktor" vorstellt. Tatsächlich hat der Kitsch-Begriff bis heute keine wirklich klar umrissene Bedeutung und schon 1934 vermutete Norbert Elias, dass es hierfür umso klarere Gründe gibt: „Der Begriff ‚Kitsch' aber ist nichts anderes als ein Ausdruck für diese Spannung zwischen dem reich durchgebildeten Geschmack der Spezialisten und dem unentwickelten, unsicheren Geschmack der Massengesellschaft."³

Diese Spannung ist offensichtlich begrifflich nur schlecht fassbar, weshalb Norbert Elias dem Kitsch-Begriff eine Tendenz zur „Verwaschenheit"⁴ attestiert. Diese Verwaschenheit des Kitsch-Begriffs bringt es andererseits aber mit sich, dass seine historische Entwicklung überaus interessant ist, weil sie die von Elias konstatierte Funktion wirklich sehr deutlich werden lässt. So überrascht es nicht, dass das erstmalige Auftauchen des Begriffs in die Gründerjahre um 1880 – wahrscheinlich in München, vielleicht aber auch in Berlin – fällt, und dass der Begriff von Anfang an mit Dreck assoziiert wird. Das „Gekitschte" ist ein Ausdruck aus dem Dialekt und bedeutet so viel wie „geglätteter Straßenschlamm", die „Kitsche", um noch deutlicher zu werden, ist die „Kotkrücke", d.h. die Vorrichtung, mit der der Straßenschlamm geglättet wird. Diese fäkalische Dimension wird nie ganz aus dem Kitsch-Diskurs verschwinden und drückt sich insbesondere auch in dem Wort „Schund" aus, das zunächst häufig einfach mit „Kitsch" identifiziert wird, dann aber spätestens seit den 1920er Jahren eine eindeutig sexuelle Konnotation erhält, da es fast ausschließlich auf die Bereiche der Pornographie bezogen wird.

Etwa 30 Jahre lang, genau bis zum Jahre 1909, führt der Kitsch-Begriff allerdings eher ein Schattendasein im unmittelbaren Umfeld der Jugendbewegung insgesamt und insbesondere innerhalb der stark pädagogisch inspirierten Erneuerungsbewegung der Kunst um 1900, in der immer wieder bestimmte Formen sogenannter „höherer" und „niederer" Kunst gleichgesetzt werden –

---

[2] Karpfen 1925: 7.

[3] Elias, Norbert. *Kitschstil und Kitschzeitalter*, zuerst publiziert in: *Die Sammlung*, Jg. 2/1935 (herausgegeben von Klaus Mann), dann in: *Gesammelte Schriften*, Bd. I, Frankfurt/Main 2002, hier zitiert nach der Ausgabe des Lit-Verlags, Münster 2004: 25.

[4] Ibid.: 38f.

vorzüglich hinsichtlich ihrer Auswirkungen auf die Charakterbildung des Menschen – und dagegen das Ideal einer „reinen" Kunst gesetzt wird. Dieses neue Reinheitsideal impliziert auch eine Erneuerung und Aufwertung des Handwerks, das eine neue Verbindung mit der Kunst eingehen soll. 1909 organisiert Gustav Edmund Pazaurek im Stuttgarter Landesgewerbemuseum, dessen Direktor er ist, die Ausstellung „Geschmacksverirrungen im Kunstgewerbe", die ein sehr breites Presse-Echo findet. Als Reaktion hierauf publiziert Pazaurek 1912 sein Buch *Guter und schlechter Geschmack im Kunstgewerbe*, das dem Kitsch-Begriff endgültig zum Durchbruch verhilft und in dem er ihn ganz im Sinne des jugendbewegten Reinheitsideals wie folgt definiert :

> Der äußerste Gegenpol der künstlerisch durchgeistigten Qualitätsarbeit ist geschmackloser Massenschund oder Kitsch, der sich um irgendwelche ethischen, logischen oder ästhetischen Forderungen nicht kümmert, dem alle Verbrechen und Vergehen gegen das Material, gegen die Technik, gegen die Zweck- wie Kunstform vollständig gleichgültig sind, der nur eines verlangt: das Objekt muss billig sein und dabei doch wenigstens möglichst den Anschein eines höheren Wertes erwecken.[5]

Ebenfalls im Jahre 1909 publiziert Ernst Schultze seine überaus erfolgreiche Streitschrift *Die Schundliteratur*[6], mit der er zur ‚kulturellen Gesundung des Volkes'[7] beitragen will, aber erst ab 1913 wird Gustav Sack[8] den Kitsch-Begriff dann auch vollends auf die Literatur ausdehnen.

Ein Jahrzehnt später hat der Kitsch-Begriff praktisch alle Bereiche künstlerischer Aktivitäten erfasst und Fritz Karpfens Studie über den Kitsch von 1925, die erste Buchpublikation zu diesem Thema, kann in diesem Kontext sowohl als ein Resümee als auch als Beginn einer neuen Ära des Kitsch-

---

[5] Pazaurek, Gustav Edmund. *Guter und schlechter Geschmack im Kunstgewerbe*, Stuttgart; Berlin 1912, zitiert nach: *Kitsch – Texte und Theorien*, Stuttgart 2007: 121.

[6] Vgl. Schultze 1911.

[7] Ernst Schultze engagierte sich um 1900 herum in der Volkshochschulbewegung, habilitierte sich 1918 an der Universität Leipzig in den Fächern Nationalökonomie und Sozialwissenschaften, unterschrieb 1933 das „Bekenntnis der Professoren an den deutschen Hochschulen zu Adolf Hitler und dem nationalsozialistischen Staat" (wie ebenfalls Otto Friedrich Bollnow) und tat sich in den 30er Jahren insbesondere durch mehrere anglophobe Pamphlete hervor.

[8] Vgl. Sack 1962: 375f.

Begriffs angesehen werden. Denn ab jetzt wird mehr oder weniger systematisch versucht, den Begriffsinhalt von „Kitsch" an die früh- und hochklassische Ästhetik zurückzubinden, indem „Kitsch" mit Termini wie „Dilettantismus", „Unkunst" oder „Modekunst" in eine enge Verbindung gebracht wird. Als Gewährsleute werden insbesondere Karl Philipp Moritz, Markus Herz[9], Johann Gottfried Hoche[10] und Friedrich Schiller immer wieder zitiert. Tatsächlich findet man etwa schon bei Markus Herz, Arzt, Philosoph und Lieblingsschüler Kants, die Vorstellung eines direkten Zusammenhangs von „gutem Geschmack", „Freiheit" und „Stärkung der Persönlichkeit":

> Denjenigen, der die Fähigkeit, das wahre Schöne und Häßliche in den Gegenständen zu erkennen und zu entdecken, in einem vorzüglichen Grade besitzt, nennt man einen *Mann von Geschmack* [...].[11]

> Laßt uns nunmehr die vornehmsten Umstände erwägen, welche bey ganzen Völkerschaften auf die zum Geschmack erforderlichen Fähigkeiten von besonderm Einflusse sind. Erstlich, die *Freyheit im Denken*. Je weiter der Wirkungskreis ist, den die Seele bey der Ausübung einer Kraft vor sich sieht, desto größer ist die Lust, die das Wirken ihr gewährt, desto mehr strengt sie sich an, um immer weiter vorwärts zu kommen.[12]

Bei Hoche taucht neben dem Reinheitsgebot bereits das auf, was dann im Existenzialismus seit Kierkegaard „Stimmung" genannt wird: „Die menschliche Seele ist ein Instrument, das rein tönt, wenn es der Spieler rein erhält, das harmonisch tönt, wenn eine Harmonie gegriffen wird."[13]

Bereits Friedrich Schiller macht als Hauptmerkmal der Modeliteratur ihren Kompilationscharakter aus. Noch Walter Killy wird seinen Versuch über den literarischen Kitsch[14] von 1961 effektvoll mit einer simplen Kompilation diverser Kitsch- und Nicht-Kitsch-Texte beginnen, die tatsächlich den Eindruck von Homogenität erweckt.

Insbesondere Herz und Hoche betonen den zentralen Stellenwert des Selbst-Genusses bei der Modekunst; der Modeliteraturleser genießt sich und nicht

---

[9] Vgl. Herz 1790.
[10] Vgl. Hoche 1794.
[11] Herz 1790: 3.
[12] Ibid.: 155f.
[13] Hoche 1794: 7.
[14] Vgl. Killy 1961.

das ästhetische Objekt. Durch diesen Rückgriff gesellt sich – psychoanalytisch ausgedrückt – in den 1920er Jahren zum fäkalischen Aspekt des Kitsches ein onanistischer, der ihn aber zum ersten Mal gesellschaftsfähig macht. Der Begriff „Traumkitsch", den Walter Benjamin 1927 in seiner Glosse gegen den Surrealismus verwendet, reflektiert in gewisser Hinsicht diese Ambivalenz, in der Kitsch als „[d]ie oberste, die allerletzte Fratze dieses Totenbaumes"[15] der Gegenstände erscheint. Er fährt fort: „Er ist die letzte Maske des Banalen, mit der wir uns im Traum und im Gespräch bekleiden, um die Kraft der ausgestorbenen Dingwelt in uns zu nehmen."[16]

Kitsch erscheint hier als wesentlicher Bestandteil eines gesellschaftlichen Rituals, das eine traumhafte Scheinbefriedigung in einer Welt der ausgestorbenen Dinge, einer sich entziehenden Realität, verspricht. Kunst wird dies von nun an als eine neue Möglichkeit entdecken, der Welt zu zeigen, wie sie – quasi ohne Filter – ist und lässt auf ihre Weise eigentlich schon hier die Dichotomie Kunst – Kitsch obsolet werden.

Interessant ist in diesem Kontext, und damit komme ich langsam auf Otto Friedrich Bollnow und die Philosophie des Kitsches zurück, dass der Kitsch-Begriff in Nazi-Deutschland in doppelter Hinsicht eine durchaus wichtige Rolle gespielt hat: zum einen übernehmen die Nazi-Attacken gegen die moderne, „entartete" Kunst praktisch alle Klischees der Kitsch-Kritik, zum anderen werden die Kritik des sentimentalen Kitsches sowie die Diskussion um das Verhältnis von „höherer" zu „Volkskultur" durchaus selbständig weitergeführt. Dass sich in einem Text von 1941, auch einem philosophischen, ein Kapitel zu diesem Thema findet, ist also eigentlich nicht erstaunlich. Hinzu kommt, dass Bollnow alles vermeidet, was Verdacht erregen könnte, und deshalb das Phänomen letztlich nicht wirklich problematisiert, sondern lediglich als mögliches Gegenargument zu bestimmten Aspekten von Martin Heideggers Daseinsanalyse aus *Sein und Zeit* von 1927 verwendet.

Otto Friedrich Bollnow wurde am 14.März 1903 in Stettin geboren und starb am 7. Februar 1991 in Tübingen. Sein Vater war Lehrer und sehr aktiv in der jugendbewegten Volksschullehrerschaft. Der Sohn kam erst nach eini-

---

[15] Benjamin, Walter. „Traumkitsch", zuerst in: *Neue Rundschau*, Januar 1927 (unter dem Titel „Glosse zum Surrealismus"), zitiert nach: *Kitsch – Texte und Theorien*, Stuttgart 2007: 183.

[16] Ibid.

gen Umwegen über die Architektur, die Mathematik und die Physik, insbesondere über die Dilthey-Schüler Georg Misch und Hermann Nohl, zur Philosophie. In den 1920er Jahren nahm auch er – in den Fußstapfen seines Vaters wandelnd – als Mitglied im „Skuld" aktiven Anteil an der Jugendbewegung. 1979 schreibt er in seinen „Erinnerungen aus der Studentenzeit", die in dem Buch *Die Ehrfurcht vor dem Leben* erschienen sind, dazu Folgendes:

> Als ich mit 18 Jahren aus einer verschlafenen pommerschen Kleinstadt zum Studium nach Berlin kam, fühlte ich mich zunächst sehr verlassen in dieser großen Stadt und in der unübersehbaren Menge der Studenten. Das änderte sich erst, als ich nach einigen Monaten Aufnahme in einem Kreis von aus der Jugendbewegung herkommenden Studenten fand. Er nannte sich Akademische Gemeinschaft Skuld. Die Skuld, nachdem [sic!] er sich im Zuge des romantischen Denkens der damaligen Zeit benannt hatte, war in der altgermanischen Mythologie die eine der drei die Schicksalsfäden spinnenden Gottheiten, der Nornen, und zwar die Norne der Zukunft (neben der Urd und der Werdandi, den Nornen der Vergangenheit und der Gegenwart). Ich hatte schon in den ersten Tagen am Schwarzen Brett der Hochschule den Anschlag gelesen: ‚Die Skuld ist eine Erziehungsgemeinschaft. Sie will Menschen bilden, die unabhängig von Herkommen und öffentlicher Meinung aus eigner Verantwortung und in innerer Wahrhaftigkeit zu leben wagen.' Der Ernst der aus diesen Sätzen sprechenden Gesinnung ergriff mich stark, aber es dauerte noch einige Zeit, bis es zum persönlichen Kontakt kam. Die Mitglieder dieses Kreises, in den ich dann bald eintrat, kamen meist aus dem Wandervogel. Der Wandervogel war zu Beginn unsres Jahrhunderts in einem Vorort Berlins aus einer Gruppe von höheren Schülern entstanden, hatte sich dann aber bald zu einer sich über ganz Deutschland ausbreitenden, großen geistigen Bewegung entwickelt, die sich in einer Vielzahl größerer oder kleinerer Bünde entfaltete und gemeinsam unter dem Namen der Jugendbewegung zusammengefaßt wurde. Ihr gemeinsamer Ausgangspunkt war das Ungenügen an der veräußerlichten und erstarrten, hohl gewordenen Zivilisation der Zeit und das elementar durchbrechende Verlangen nach einem neuen, echten und ursprünglichen Leben. Dieses fand man in der freien Natur, in den Wäldern und auf den Bergen. So zog man hinaus, sooft man konnte, man ging auf 'Fahrt', wie man sagte, auf größeren oder kleineren Wanderungen, man kochte das Essen im Freien auf offenem Feuer, man schlief beim Bauern in der Scheune und später dann meist im aus mitgeführten Zeltbahnen zusammengeknüpften Zelt. Man entdeckte die alten Volkslieder als Ausdruck eines unmittelbaren einfachen Lebens, die dann im ‚Zupfgeigenhansel', dem überall verbreiteten Liederbuch, gesammelt wurden. Selten zog man auf Fahrt, ohne die Laute oder andre Musikinstrumente mitzunehmen, und fühlte sich beim gemeinsamen Gesang in einem hochgestimmten neuen Lebensgefühl. Wo sich die Gruppen trafen, fühlte man sich über alle Klassen- und Standesgrenzen hinweg verbunden im Bewußtsein eines neuen Aufbruchs. Man entdeckte auch die alten Volkstänze wieder und tanzte sie auf den gemeinsamen Festen. Schon in der Kleidung, in den kurzen Hosen und dem offenen, den Hals freilassenden ‚Schillerkra-

gen', brachte man die Ablehnung der städtischen Lebensformen sichtbar zum Ausdruck. Das gemeinsame Bekenntnis der Jugendbewegung wurde 1913 auf einem großen Fest in der sogenannten Meißnerformel zusammengefaßt, die in leicht abgewandelter Form in den angeführten Sätzen der Skuld wieder aufgenommen war. Diese Jugendbewegung hatte zur Zeit meines Studiums ihren Höhepunkt schon überschritten, aber erst der National-Sozialismus hat ihr mit seinem Totalitätsanspruch ein gewaltsames Ende gemacht.[17]

In der zweiten Hälfte der 1920er Jahre begann Bollnow dann auch (auf Vermittlung von Martin Wagenschein) eine Lehrtätigkeit an der reformpädagogischen Odenwaldschule von Paul Geheeb und verband von nun an mehr und mehr seine philosophischen und pädagogischen Ambitionen. 1928/29 hörte er drei Semester Heidegger in Marburg und Freiburg; zwei Jahre später habilitierte er sich mit einer Arbeit über Jakobi. Von 1931–37 war er Privatdozent in Göttingen. 1939 wurde er zum Ordinarius an die Universität Gießen berufen. Nicht unerwähnt bleiben sollte auch, dass er 1933 zu den Unterzeichner des „Bekenntnis[ses] der Professoren an den deutschen Hochschulen zu Adolf Hitler und dem nationalsozialistischen Staat" gehörte. Ab 1946 war er zunächst Professor in Mainz, wurde dann aber 1953 auf einen Lehrstuhl für Philosophie und Pädagogik in Tübingen berufen, wo er bis zu seiner Emeritierung 1970 lehrte. 1975 erhielt er die Ehrendoktorwürde der Universität Straßburg und 1980 den Kulturpreis der deutschen Freimaurer. Ab dem Ende der 1970er Jahre beschäftigte sich Bollnow vor allem mit den Themen „Mensch und Natur" sowie „Politik und Ethik". Im Jahr 2005 wurde die Bollnow-Gesellschaft gegründet und seit 2009 erscheint eine von der Robert-Bosch-Stiftung geförderte, auf zwölf Bände angelegte Studienausgabe seiner Werke, deren erster Band *Das Wesen der Stimmungen* ist.

Für den philosophisch geschulten Leser kündigt dieser Titel seinen Bezugspunkt klar und deutlich an, nämlich das sechste Kapitel („Die Sorge als Sein des Daseins" – und hier insbesondere der § 40 „Die Grundbefindlichkeit der Angst als eine ausgezeichnete Entschlossenheit des Daseins") aus Martin Heideggers *Sein und Zeit*. In seinem Werk *Grundbegriffe der Metaphysik* fasst Martin Heidegger kurz darauf die Definition von „Stimmung" wie folgt zusammen: sie ist „eine Weise, im Sinne einer Melodie, die … für dieses Sein

---

[17] Bollnow 1979: 52ff.

den Ton angibt, d.h. die Art und das Wie seines Seins stimmt und bestimmt. (Gestimmtsein ist) die Grundweise, wie das Dasein als Dasein ist."[18]

Von daher ist „das Dasein je schon immer gestimmt"[19]. Im Gegensatz zu Gefühlen und Affekten sind die Stimmungen gegenstandslos, ungerichtet, unbestimmt und auch vom Erlebnis klar zu unterscheiden. Stimmung „erschließt das Dasein in seiner Geworfenheit"[20] und das „In-der-Welt-sein als Ganzes"[21]. Sie ist der erste unmittelbare Zugang zur Welt: „Wir müssen in der Tat *ontologisch* grundsätzlich die primäre Entdeckung der Welt der ‚bloßen Stimmung' überlassen."[22] Als philosophischer Terminus taucht „Stimmung" zum ersten Mal in Søren Kierkegaards *Der Begriff Angst* von 1844 auf, wo die „wahre Stimmung" mit dem „Ernst" identifiziert wird, weil dieser nicht auf Äußerliches geht, sondern im Innern liegt. „Die Stimmung [...] ist aufdeckende Angst, und in ihrer Angst zeichnet sich die Sünde ab, während sie sich wieder und wieder ängstigt vor der Zeichnung, die sie selbst hervorbringt."[23]

Angst erscheint hier als säkularisierte Form der Ur-Sünde und der Ur-Schuld, d.h. nicht zuletzt als Ursprung von Erkenntnis. Ganz in diesem Sinne beschließt Martin Heidegger den schon erwähnten § 40 aus *Sein und Zeit*:

> Allein in der Angst liegt die Möglichkeit eines ausgezeichneten Erschließens, weil sie vereinzelt. Diese Vereinzelung holt das Dasein aus seinem Verfallen zurück und macht ihm Eigentlichkeit und Uneigentlichkeit als Möglichkeiten seines Seins offenbar.[24]

So sehr Otto Friedrich Bollnow nun dem Grundkonzept der Produktion von Eigentlichkeit und Uneigentlichkeit zustimmt, so sehr missfällt ihm die zentrale Rolle einer einzigen Stimmung, nämlich der Angst, in diesem Prozess, weil so das Leben einseitig vom Tod her bestimmt werde. Zwar ist „Angst" keineswegs einfach mit „Angst vor dem Tod" gleichzusetzen, da „Angst"

---

[18] Heidegger 1983: 101.
[19] Heidegger 1972: 134.
[20] Ibid.: 136.
[21] Ibid.: 137.
[22] Ibid.: 138, Hervorhebung im Original.
[23] Kierkegaard 1964: 18.
[24] Heidegger 1972: 190f.

kein Objekt hat, aber mit der „Angst um das Leben" (oder der „Sorge", wie Heidegger sagt), der der Tod den Horizont setzt. Im Anschluss an Friedrich Nietzsche und Philipp Lersch erscheint Bollnow zunächst der Rausch, die Ektase, anthropologisch als die „ursprünglichste für den Menschen mögliche Erfahrung der Lebendigkeit und damit der äußerste Gegenpol der Angst."[25] Und letztendlich plädiert er für eine ursprüngliche Stimmungspluralität, die gleichzeitig als eine Art Synthese der Grundkonzepte seiner beiden Lehrer erscheint, da diese Pluralität dem Postulat der „Unergründlichkeit des Lebens"[26] (Georg Misch) sowie dem Prinzip der „offenen Frage"[27] (Helmuth Plessner) entspricht. In diesem Kontext erscheint Kitsch als höchst aufschlussreiches Schwellen-Phänomen, das ermöglicht, „zwischen der echten, tragenden Stimmung und der sich zuweilen vordrängenden Entartungsform eines verantwortungslosen Stimmungsgenusses"[28] klar zu unterscheiden. So weit ist das von Walter Benjamins „Traum-Kitsch" nicht entfernt, aber das ist auch schon alles; praktisch kein Wort zu dem, wie dies genauer vorzustellen wäre. Kitsch erscheint hier als anthropologisch interessantes Phänomen, weil man ihn inzwischen nicht nur in allen Lebensbereichen, sondern auch in allen Epochen entdeckt zu haben glaubte und seine Analyse angeblich die Möglichkeit eröffnete, ihn für die Bildung einer „ernsten Gesinnung" als Grundlage der „wahren Bildung" nutzbar zu machen.

Rund 20 Jahre später (1960) wird Ludwig Giesz dann – durchaus mit Bezug auf Otto Friedrich Bollnow – versuchen, eine *Phänomenologie des Kitsches* zu entwickeln – wobei man sofort hinzufügen muss, dass der Titel höchst irreführend ist, da der unmittelbare Anknüpfungspunkt keineswegs Husserl, sondern, ohne Umschweife, Nietzsche ist. Auch finden wir bei Giesz weder den Umweg über die Existenzphilosophie (Kierkegaard) und Heideggers Daseinsanalyse noch das pädagogische Ethos der Jugendbewegung. Ziel seiner Untersuchung ist eine „anthropologische Ästhetik"[29], die im Anschluss an die „Geburt der Tragödie" ästhetische Zustände untersucht. Letztere treten

---

[25] Bollnow 2009: 62.
[26] Misch 1967: 233.
[27] Plessner 1953: 270ff.
[28] Bollnow 2009: 116.
[29] Giesz 1971: 13.

an die Stelle der Bollnow'schen „Stimmungen", meinen aber exakt dasselbe, da sie nicht Kantisch transzendental als „Bedingung der Möglichkeit", sondern als Ursprung vorgestellt werden. Es ist dieses Ursprungsdenken, das Ludwig Giesz als „phänomenologisch" bezeichnet, wobei er sich insbesondere auf die Psychologie Ludwig Binswangers beruft[30], wodurch der Bezug zu Heideggers Daseinsanalyse dann doch wieder hergestellt wird (allerdings nicht explizit). Gleichsam unter der Hand wird uns so als eigentliches Kitsch-Problem der Broch'sche Kitsch-Mensch vorgestellt, oder präziser „jene Zustände [im Menschen, G.K.] die ihren Niederschlag in Kitschprodukten finden bzw. durch (genießende) Begegnung mit dem Kitschgegenstand hervorgerufen werden."[31]

Zur Erhellung des Kitsch-Zustands bedarf es, nach Giesz, nun einer genaueren Analyse der „besonders heikle[n] Berührungsstelle", der „Beobachtung der Gemeinsamkeiten und Unterschiede von *ästhetischer Distanz und sentimentalem Selbstgenuß*."[32] Genuss allgemein

> ist auf den Genußgegenstand bezogen, der in Isolation genossen wird; ästhetischer Genuß hebt diese Isolation des Genusses in gewisser Weise auf, da nun Stellung genommen, Wohlgefallen am Genußgegenstand gefunden wird. [...] Die Privatheit und Isolation reinen Genießens wird durch die kontemplative Haltung beeinträchtigt bis aufgehoben. Von der geringfügigen Beeinträchtigung bis zur totalen Aufhebung reicht die Skala möglicher ästhetischer Akte; der Kitsch aber ist, wie wir sehen werden, innerhalb dieser Skala zu lokalisieren.[33]

Das Spezifische des Kitsch-Genusses wird dann, wie leicht vorhersehbar war, in der Null-Beeinträchtigung, dem Selbst-Genuss, der sich in nichts von seinem Objekt irritieren lässt, ausgemacht. Der Kitsch-Genuss genießt, *dass* er genießt und nicht, *was* er genießt; das unterscheidet ihn deutlich – so Giesz – sowohl vom ästhetischen als auch vom Spielgenuss. Terminologisch wird der Kitsch-Genuss als „Genüßlichkeit"[34] gefasst. Damit ist eigentlich auch schon

---

[30] Vgl. ibid.: 14.
[31] Ibid.: 26.
[32] Ibid.: 28, Hervorhebung im Original.
[33] Ibid.: 30.
[34] Ibid.: 34: „In der Genüßlichkeit ist Distanz zu den Genußobjekten – verglichen mit der ästhetischen Distanz – insoweit unecht (wir meinen hier damit noch kein Werturteil), als nur scheinbar transzendiert wird: Die Genußqualität nämlich des

wieder alles gesagt und das Problem einer anthropologisch-philosophischen Definition von Kitsch tritt offen hervor: entweder wird die Kitsch-Produktion (innerlich und äußerlich) als anthropologische Grundkonstante begriffen, dann lässt sie sich kaum wirklich kritisieren, weil sie dann, selbst als das „Böse in der Kultur", eine Art Mephisto-Rolle für den Menschen innehätte, d.h. eine wesentliche Antriebsfeder humaner Selbstverwirklichung wäre. Oder der Kitsch wird als etwas begriffen, das den Menschen genau hieran hindert, d.h. als Stimmung bzw. Zustand, der durch eine Art von „Gegenwehr" (dem emphatischen Bildungsbegriff) überwunden werden müsste. Otto Friedrich Bollnow tendiert (und das Wort ist mit Bedacht gewählt) deutlich zur zweiten Möglichkeit, Ludwig Giesz wohl eher zur ersten. Die Vagheit beider Positionen ließe sich mit Giesz als Symptom des Kitsch-Genusses deuten: „Grob gesprochen würde der Kitschgenuss eigentlich eine spezifische Unentschiedenheit zwischen purem Genuss und ästhetischem Genuss bedeuten, wobei eben dieses vage Zwischensein genossen wird."[35]

---

primären Genußobjekts bleibt im Selbstgenuß erhalten und wird nicht modifiziert. Anders formuliert: Der Genüßliche tendiert dazu, die Freiheit ästhetisch-distanzierten Genusses vorzutäuschen, bleibt aber de facto dennoch weitgehend im Banne seines nicht-transzendierten Objekts. Wir sagen ‚weitgehend', um damit das merkwürdige Ineinander von Objektgenuß und Selbstgenuß anzudeuten, das den Genüßlichen kennzeichnet. Noch diesseits wertender Kategorien können wir in der *Genüßlichkeit* einen *unreinen Genußtypus – quasi-ästhetischer Art* – ausfindig machen, der keineswegs konstruktiv errechnet zu werden braucht; tatsächlich reagieren wir recht elementar, wenn wir ihm (in uns selbst oder bei anderen Menschen) begegnen. Scham, peinliche Verlegenheit, Ekel, strafende Nemesis des Komischen sind unsere Reaktionen auf ihn. (Man vergleiche etwa unsere Toleranz gierigen Tieren gegenüber mit dem Angewidertsein angesichts feinschmeckerischer Mitmenschen; Hunger und Appetit; Triebhaftigkeit und Lüsternheit u. a. m.)."

[35] Ibid.: 38.

Bibliografische Angaben

BENJAMIN, Walter (2007). „Traumkitsch", in: Ute DETTMAR/Thomas KÜPPER (Hgg.), *Kitsch – Texte und Theorien.* Stuttgart: Reclam, 181–183.

BOLLNOW, Otto Friedrich (2009). „Das Wesen der Stimmungen", in: DERS., *Schriften. Studienausgabe in 12 Bänden.* Hg. von Ursula Boelhauve. Bd. I. Würzburg: Königshausen & Neumann.

BOLLNOW, Otto Friedrich (1979). „Erinnerungen aus der Studentenzeit", in: DERS., *Die Ehrfurcht vor dem Leben.* Erl. von K. Suzuki. Tokyo: Asahi-Verlag.

ELIAS, Norbert (2004). *Kitschstil und Kitschzeitalter.* Münster: LIT.

GIESZ, Ludwig (1971). *Phänomenologie des Kitsches. Ein Beitrag zur anthropologischen Ästhetik.* München: Fink.

HEIDEGGER, Martin (1983). „Die Grundbegriffe der Metaphysik. Welt – Endlichkeit – Einsamkeit", in: DERS., *Gesamtausgabe.* Hg. von Friedrich-Wilhelm von Herrmann. Bd. 29/30. Frankfurt/Main: Klostermann.

HEIDEGGER, Martin (1929/30, ^{12}1972). *Sein und Zeit.* Tübingen: Niemeyer.

HERZ, Markus (1790). *Versuch über den Geschmack und die Ursachen seiner Verschiedenheit.* Berlin: Bey Christian Friedrich Voss und Sohn.

HOCHE, Johann Gottfried (1794). *Vertraute Briefe über die jetzige abentheuerliche Lesesucht und über den Einfluß derselben auf die Verminderung des häuslichen und öffentlichen Glücks.* Hannover: Ritscher.

KARPFEN, Fritz (1925). *Der Kitsch. Eine Studie über die Entartung der Kunst.* Hamburg: Weltbund-Verlag.

KELLERER, Christian (1957). *Weltmacht Kitsch. Ist Kitsch lebensnotwendig?* Stuttgart; Zürich; Wien: Europa Verlag.

KIERKEGAARD, Søren (1964). „Der Begriff der Angst", in: DERS., *Werke.* Übers. von Liselotte Richter. Bd. I. Reinbek b. Hamburg: Rowohlt.

KILLY, Walter (1961). *Deutscher Kitsch. Ein Versuch mit Beispielen.* Göttingen: Vandenhoeck & Ruprecht.

MISCH, Georg (1930, ^{3}1967). *Lebensphilosophie und Phänomenologie. Eine Auseinandersetzung der Dilthey'schen Richtung mit Heidegger und Husserl.* Unveränderter Nachdruck der 2. Auflage. Darmstadt: Wissenschaftliche Buchgesellschaft.

PAZAUREK, Gustav Edmund (2007). „Guter und schlechter Geschmack im Kunstgewerbe", in: Ute DETTMAR/Thomas KÜPPER (Hgg.), *Kitsch – Texte und Theorien*. Stuttgart: Reclam, 116–128.

PLESSNER, Helmuth (1953). „Macht und menschliche Natur. Ein Versuch zur Anthropologie der geschichtlichen Weltansicht (1931)", in: DERS., *Zwischen Philosophie und Gesellschaft. Ausgewählte Abhandlungen und Vorträge*. Bern: Francke, 270ff.

SACK, Gustav (1962). *Prosa, Briefe, Verse*. München: A. Langen.

SCHULTZE, Ernst (1909, ²1911). *Die Schundliteratur. Ihr Wesen, ihre Folgen ihre Bekämpfung*. Halle a.d.S.: Buchhandlung des Waisenhauses.

Patrice Neau (Nantes)

Propagande et kitsch.
Quelques réflexions sur l'art nazi et sur le réalisme socialiste

Au début de son article « Avant-garde et kitsch » Clement Greenberg propose d'aborder la place du kitsch dans nos cultures par le biais d'une question qui lui semble essentielle, celle du « rapport entre l'expérience esthétique telle qu'elle est vécue par l'individu spécifique – et non général – et les contextes historique et social où une telle expérience se situe ».[1]

Cette remarque me semble particulièrement féconde pour étudier en quoi les arts plastiques de deux pays totalitaires ont produit à grande échelle des œuvres qui relèvent d'une esthétique que l'on peut qualifier de kitsch et que Greenberg oppose à la création des avant-gardes. Ces avant-gardes, nous dit Greenberg en 1939, ne sont pas révolutionnaires au sens politique du terme, elles laissent à d'autres le soin de faire la révolution. Elles s'adressent à une élite, elles s'appuient sur les classes dirigeantes qui lui procurent une source de revenus stables. Dans les deux pays que nous allons étudier, les élites traditionnelles ne peuvent plus jouer ce rôle qui est en fait celui du mécène, soit par disparition pure et simple comme en Union soviétique, soit par soumission aux exigences artistiques des nouveaux maîtres dans l'Allemagne nazie. Une fois les avant-gardes réduites au silence, les académismes toujours en place peuvent occuper le terrain et prospérer. Mais le kitsch n'est pas l'académisme, et même s'il lui emprunte souvent son langage artistique, il s'appuie sur une longue tradition culturelle qu'il pille et qu'il détourne, que ce soit au profit du marché et d'intérêts commerciaux ou de propagande idéologique. A la différence des sociétés démocratiques où une nouvelle école, un nouveau style chassent l'autre ou cohabitent même ensemble un certain temps (la Nouvelle objectivité ne détrônant pas totalement l'expressionnisme en

---

[1] Greenberg 1988 : 9.

Allemagne, l'art déco coexistant avec le surréalisme en France), les régimes totalitaires imposent un art et une culture uniques qui se veulent novatrices et ils mettent en place un appareil de contrôle de la production artistique qui leur assure un monopole de diffusion. Pourtant la mise à l'écart des avant-gardes qui va caractériser les politiques artistiques des États totalitaires n'allait pas de soi : Goebbels se fera le chantre de l'expressionnisme avant de capituler devant les exigences de l'idéologue Rosenberg soutenu par Hitler, les constructivistes et autres avant-gardes russes ne seront écartés progressivement qu'à partir de 1922 et en Italie, cas le plus complexe, le futurisme trouvera sa place dans un régime fasciste dont Marinetti se fera le chantre.

Les régimes totalitaires sont guidés par la volonté d'engendrer un art de masse qui soit efficace dans sa prétention à véhiculer un message idéologique. L'efficacité de la transmission du message est le critère premier de cet art qui doit s'adresser au plus grand nombre et qui va faire appel à un style réaliste plus par pragmatisme que par conviction idéologique : le réalisme permet un langage compris par tous, il peut être compris aussi bien par les paysans des campagnes que par les ouvriers des villes, il nivelle, il ouvre une voie royale au kitsch. Art de masse dont les messages doivent facilement être assimilés par les masses, il est réduit à un nombre de thèmes stéréotypés imposés par le pouvoir, il manie des valeurs simples, univoques, il ne laisse place ni à l'interprétation ni à l'ambiguïté, il se veut pédagogique, n'a de réaliste que le nom, car il montre un monde idéalisé, donc fictif que le pouvoir veut montrer. Il reflète l'optimisme contraint d'une société où les conflits n'ont plus d'existence légitime, société sans classes en URSS, communauté de destin dans l'Allemagne nazie. Il doit permettre l'adhésion immédiate du spectateur, l'identification aux valeurs exaltées par l'œuvre. Il obéit à des lois et fait de l'artiste dont la créativité est niée, puisqu'il ne devient qu'un producteur d'images stéréotypées à usage immédiat, un artisan. Les qualités qu'on exige de lui sont celles que l'on demande à un bon artisan : connaissance et maîtrise des techniques académiques, savoir-faire, habileté professionnelle à « traiter » des sujets dont la liste est limitée. L'individualité, conséquence de l'autonomie de l'artiste et nécessaire à l'émancipation du sujet, est bannie. On reconnaîtra ici facilement bien des traits qui s'appliquent aux techniques de manipulation par la publicité.

Pourquoi avoir choisi deux régimes totalitaires contemporains et avoir laissé de côté l'Italie ou même les États-Unis du *new deal*, où les arts plastiques, sans qu'il y ait dans ce cas caractère d'exclusivité, furent mis au service de la politique de Roosevelt ? En Italie, le régime n'a jamais réussi – et l'a-t-il même voulu ? – à imposer une culture unique, une culture d'État. Pourquoi se serait-il privé du soutien enthousiaste que lui apportaient des artistes comme Marinetti et autres futuristes ? On sait aussi que Mussolini ne s'intéressait guère à l'art et s'en remettait aux jugements des spécialistes. Aux États-Unis, la main mise sur les arts est de nature différente : dans un contexte de crise profonde, de doute existentiel sur le destin de la nation américaine, les artistes, eux aussi victimes économiques de la Grande dépression, sont invités à exalter les valeurs de l'Amérique dans des œuvres de commande dont la thématique et le style (qualifié souvent de « style moyen ») font l'objet d'un accord fondé sur un consensus entre le créateur et le maître d'ouvrage, la production privée de ces mêmes artistes n'étant nullement affectée par des contraintes stylistiques ou thématiques imposées. Le WPA (*Work Progress Administration*) a aussi une ambition sociale, celle de permettre aux artistes de surmonter une période, limitée dans le temps, où le marché de l'art était particulièrement dépressif.

L'Allemagne et la Russie connaissent une politique fondamentalement différente : il s'agit par des mesures coercitives d'imposer une forme unique d'expression artistique.

Les années qui suivirent la révolution de 1917 en Russie ont été marquées par un foisonnement intellectuel et artistique où les courants d'avant-garde s'expriment malgré l'hostilité grandissante du parti bolchevique. Dans une atmosphère marquée par de violentes polémiques, les associations d'artistes proches du parti (l'AHRR : Association des artistes de la Russie révolutionnaire[2]) préconisent une peinture proche de la grande tradition réaliste du XIXe siècle (celle des Ambulants ou *peredvijniki* ou des réalistes comme Répine). Si les *peredvijniki* ont à leur début en 1870 voulu stigmatiser les injustices sociales de la Russie tsariste, leur peinture s'est progressivement affadie pour devenir de plus en plus anecdotique (scènes de genre, paysage, vision folklorisante du peuple russe). L'association des Ambulants subsistera jusqu'en

---

[2] Des artistes qui deviendront ensuite des peintres emblématiques du réalisme socialiste en font partie : Ysaak Brodsky, Gerassimov.

1923 et son idéologie conservatrice imprègnera les premières réalisations du réalisme socialiste. On connaît l'effervescence artistique des années qui suivent la révolution : les constructivistes passent d'un art de laboratoire à un art productiviste au service de la construction d'une nouvelle société communiste, mais à la même époque déjà le Comité central du parti bolchevique préconise un art réaliste de propagande révolutionnaire compréhensible par les masses. Le sujet l'emporte sur la forme : exaltation des réalisations industrielles et techniques de la jeune Russie soviétique, vie quotidienne des ouvriers et paysans, portraits des dirigeants, glorification de l'Armée rouge. Il faut attendre le début des années trente et la stabilisation du pouvoir personnel de Staline pour que tous les courants d'avant-garde soient réduits au silence et que le réalisme socialiste soit imposé comme seule démarche artistique autorisée. La théorie du réalisme socialiste, telle qu'elle a été formulée par Maxime Gorki en 1932, puis précisée dans les années cinquante par Malenkov, ne vise pas à représenter la réalité d'une situation donnée, mais un idéal, celui de la société socialiste. Même si l'histoire du réalisme socialiste a été en Union soviétique fort tortueuse et dépendante des mots d'ordre changeants de Staline[3], il n'en demeure pas moins que le réalisme socialiste représente l'affirmation du primat de la politique, plus exactement de la ligne politique dictée par un parti, sur toute forme d'expression artistique. Il ne pose pas des critères esthétiques, mais des critères idéologiques. Maxime Gorki a, dès 1934, précisé cette doctrine :

> Le réalisme socialiste dit oui à la vie qui est action, qui est activité créatrice et qui a pour objectif le développement continu des plus précieuses capacités individuelles de l'homme pour être victorieux des forces de la nature, pour une vie longue et saine, pour le grand bonheur de vivre sur une terre que l'homme, en rapport avec ses besoins croissants, veut transformer en une belle demeure pour l'humanité rassemblée en une grande famille[4].

Ces propos lénifiants posent les fondements d'une représentation idéalisée du monde. Cette vision du monde va trouver sa transposition dans l'art officiel. Cet art est omniprésent et le citoyen soviétique ne peut échapper à des représentations qui envahissent l'espace public : on connaît les stations somptueuses du métro de Moscou, les affiches et cartes postales de propagande, et

---

[3] Gillen 2005 : 19–20.
[4] Ibid. p. 21.

aussi les innombrables portraits de Staline investis d'une valeur iconique et reproduits à l'infini : cartes postales, timbres, statuettes, etc. Le « produit » est décliné sur tous les supports disponibles. Multiplié à l'infini, il deviendra aussi dans l'ère post-soviétique objet de dérision, de détournement et de modulation.[5] L'empire du kitsch n'a donc pas attendu pour étendre son emprise l'avènement des sociétés post-modernes. Que penser alors des affirmations péremptoires de Valérie Arrault :

> L'essentiel du kitsch est qu'il coïncide avec les caractères typiques du libéralisme en tant qu'idéologie triomphant dans le monde entier et qui impose une déréglementation sans frontières aux rapports sociaux[6].

La prévalence d'un art kitsch dans la production artistique de l'Allemagne nazie, de l'URSS et des démocraties populaires permet de nuancer fortement cette thèse.

Mais revenons aux régimes totalitaires qui ont su faire du kitsch un élément efficace de propagande non au service d'intérêts mercantiles, mais à celui bien plus redoutable d'une idéologie d'État coercitive

En 1933, les nouveaux maîtres de l'Allemagne n'avaient pas encore de politique des Beaux-Arts bien arrêtée, si ce n'est la volonté d'exclure les artistes considérés comme représentants du « système de Weimar » et de restructurer la vie culturelle autour d'institutions dont les responsables sont tout dévoués au régime. Dans le domaine de la peinture, une lutte d'influence va opposer Goebbels, défenseur d'un expressionnisme qu'il assimile à un art nordique et germanique dont Emil Nolde, membre du NSDAP, serait le chantre et Rosenberg, tenant d'un art *völkisch*, conservateur, régionaliste et épigonal. On connaît l'aversion et même la haine de Hitler, artiste raté, pour toutes les formes de la modernité assimilée à une décadence venue de l'étranger. Par un glissement d'idées, cette soi-disant décadence de l'art moderne n'est que le symptôme précurseur d'une décadence des institutions politiques. L'art moderne (dadaïsme, surréalisme, abstraction, expressionnisme) doit donc être combattu, car il est l'émanation de ce « système » qui aurait conduit l'Allemagne à sa perte. Goebbels, après quelques velléités d'indépendance, se rangera vite aux vues de Hitler. C'est sous son autorité

---

[5] Chez un artiste comme Kosolapov, par exemple.
[6] Arrault 2010 : 30.

que les musées allemands seront soumis à une épuration systématique et publique, alors que d'autres régimes autoritaires se contentent de faire disparaître discrètement les œuvres non-conformes : le IIIe Reich pratique les autodafés, dénonce dans des expositions comme celle sur l'art dégénéré les artistes condamnés par la propagande officielle.

Y a-t-il un art nazi ? Un art officiel, sûrement, puisque l'État interdit, encadre et réglemente une liberté de création artistique qui « doit cependant s'exercer dans le secteur nettement circonscrit de nos nécessités et de nos responsabilités nationales et dont les limites sont fixées par la politique et non pas par l'Art »[7]. L'art est un instrument politique au service d'une action qui se veut pédagogique. Il exprime les valeurs que l'État national-socialiste veut promouvoir, il veut aussi faire accéder les masses à une culture populaire qui s'opposerait à l'élitisme de celle de Weimar, il s'adresse à l'ensemble de la communauté nationale (*Volksgemeinschaft*), en particulier par le biais de la KDF. L'art officiel se démarque de la modernité, mais à la différence du réalisme socialiste, il n'a pas ses théoriciens, il se veut, dans sa thématique, l'expression d'une idéologie, il se tourne, pour les exprimer, vers les expressions esthétiques qui respectent les normes académiques :

> La haine et l'impopularité de l'art moderne et de ses recherches, tant chez les dirigeants nazis qu'au sein du public, amène en conséquent l'État national-socialiste à favoriser le retour aux formes du passé, à l'académisme et au pompiérisme du XIXe siècle. Art sans danger pour l'État, car reconnu, apprécié du plus grand nombre et aisément utilisable pour exprimer l'idéologie du Reich millénaire[8].

A la différence du réalisme socialiste qui se revendique comme bras armé d'une nouvelle société socialiste, qui se veut militant, l'art de l'Allemagne nazie se veut consensuel (nous n'entrerons pas dans les débats qui ont pu agiter les différents cénacles artistiques proches du NSDAP[9]). Le public visé, pour parler en termes de marketing, c'est la bourgeoisie cultivée, le fameux *Bildungsbürgertum*, auquel le national-socialisme prête, à tort ou à raison, un caractère foncièrement conservateur. C'est à lui qu'il prétend s'adresser, mais

---

[7] Guyot/Restellini 1996 : 79.

[8] Ibid. p. 87.

[9] Voir à ce sujet : Van Dyke, James : « Über die Beziehungen zwischen Kunst, Propaganda und Kitsch in Deutschland 1933 bis 1944 » dans Czech/Doll 2007 : 250–257.

il confond une bourgeoisie cultivée qui a été ouverte à la modernité de Weimar et un public beaucoup plus large, la petite bourgeoisie assez étrangère aux débats artistiques et flattée d'accéder à une culture qu'on lui présente comme un idéal immuable. Une brève visite des expositions annuelles de Munich[10] est tout à fait édifiante : les œuvres de propagande ne sont que très minoritaires (il n'y a en 1940 qu'une trentaine d'œuvres consacrées à la guerre sur les 1800 œuvres exposées), la plupart des œuvres sont des natures mortes, des paysages, des peintures animalières des plus conventionnelles : peinture décorative et illustrative propre à décorer tout intérieur petit-bourgeois. Il existe un hiatus entre une idéologie qui veut réduire l'art à un instrument politique et une production de masse épigonale.

Cet art veut s'adresser à une communauté nationale idéalisée qui ne connaîtrait pas les antagonismes de classe, car elle est soudée dans un élan commun. Sur ce plan, les productions de l'Allemagne nazie et de l'Union soviétique présentent, dans leur thématique, de nombreuses similitudes :

- le portrait est le genre qui a sans doute le mieux résisté aux expérimentations formelles de l'art du XXe siècle. Le chef suprême est omniprésent (portrait peint et photographie et reproductions omniprésentes), suivi des dignitaires de l'appareil d'État dans un usage éminemment rituel et illustratif du portrait. En URSS un genre nouveau connaît une grande diffusion : le scientifique, le savant, l'académicien sont glorifiés (comme ce sera également le cas dans les pays du bloc socialiste après 1945), ce qui va de pair avec la célébration des succès de la science soviétique.

Les portraits peints de Hitler sont relativement peu nombreux comparés aux photos et aux sculptures. Le portrait de Knirr, l'un des plus connus, est dans la tradition du portrait officiel des souverains : sobriété, autorité, attributs du pouvoir (brassard, uniforme, décorations, arrière-plan sobre, intemporalité).

Arrêtons-nous un instant sur le tableau surprenant, presque mystique de Schurpin, *Le matin de notre patrie*[11]. Staline, détaché, serein, confiant, seul face au soleil levant, remplit presque tout le tableau. Le soleil chasse les té-

---

[10] La tout nouvelle Haus der Kunst de Munich est le lieu d'une exposition annuelle de peinture (« Grosse deutsche Kunstausstellung »), vitrine de l'art officiel du IIIe Reich.

[11] Ce tableau ainsi que les autres tableaux cités sont reproduits sur de nombreux sites internet.

nèbres de la guerre et annonce des jours radieux symbolisés par les conquêtes du socialisme : l'électricité, les batteries de moissonneuses-batteuses, les usines dont les cheminées fument.

- le sport : Le tableau de Gerhard Keil (*Turner*) est emblématique d'une représentation stéréotypée : les quatre jeunes hommes semblent interchangeables, ne sont pas individualisés, ni dans leur physique et leur absence d'expressivité ni dans leurs mouvements. L'individualité est consciemment gommée au profit du groupe : le sport n'est pas une activité individuelle, privée, elle s'inscrit dorénavant dans une pratique collective qui confère à la force physique une personnification presque menaçante (poings fermés, progression inexorable, que rien ne semble pouvoir entraver et qui menace presque le spectateur par sa frontalité).

- le travail aussi bien dans l'héroïsation de l'individu que l'on trouve dans les deux pays alors que la glorification du collectif est plus visible dans les pays socialistes. La représentation du travailleur obéit dans les deux cas aux mêmes schémas : exaltation de la force physique, stéréotypisation poussée, absence de référence précise à l'environnement. La dureté du travail physique est masquée par la puissance des héros herculéens qui domptent la matière. D'un côté le héros surhumain, de l'autre le collectif, le défilé de travailleurs, les scènes de masse.

On peut aussi noter dans la thématique des différences :

- l'absence (ou quasi absence) du nu dans le réalisme socialiste. Le nu est réputé tabou, mais il faudrait s'interroger sur la circulation publique d'œuvres, tolérées dans l'atelier, mais pas toujours exposées ni reproduites. Alexander Deineka représente peut-être une exception (*Mère*, 1932). Le nu féminin est représenté avec régularité tout au long de sa longue carrière, souvent dans le cadre de scènes de baignade. Mais l'art de Deineka, si varié – ou si opportuniste – relève-t-il du kitsch ? Dans l'Allemagne nazie, la représentation de la femme obéit aux aléas des impératifs politiques. Dans un premier temps, elle est cantonnée dans son rôle de femme au foyer et de reproductrice. L'image prédominante est celle de la femme-mère. Dès le début de la guerre la main d'œuvre féminine est mobilisée au service de la patrie. On constate alors une prolifération de nus :

> [C]es nus féminins tombent d'ailleurs dans ce que d'aucuns nomment la pornographie : c'est la représentation de la femme jeune et excitante, appétissante, qui

appelle et s'offre au désir de l'homme. La peinture doit alors pousser à la procréation afin que de nouveaux soldats soient formés[12].

On peut néanmoins s'interroger sur cette interprétation de Lionel Richard. La peinture du IIIe Reich a produit quantité de nus, il n'est pas certain qu'ils aient tous l'effet que note L. Richard. Le nu est un genre académique les plus anciens, un exercice de style et les nus nazis frappent par un caractère uniforme, interchangeable, par l'attitude figée et le manque d'expression, pour ne pas dire l'ennui, des modèles : des femmes blondes, au corps plus athlétique que séduisant, l'expression du travail honnête de l'artisan qui connaît son métier. Ces nus sont des nus pour un cours d'anatomie. On connaît le célèbre tableau d'Ivo Saliger, *Le jugement de Pâris*, où une jeune femme nue offre son corps au jugement d'un Pâris jeune hitlérien en uniforme. Tous ces nus féminins n'échappent pas à la stéréotypisation : femmes blondes répondant à un canon racial plus qu'esthétique, scènes mythologiques, beautés rurales. Ces tableaux se distinguent également par une reproduction clinique du corps féminin et l'absence totale de dimension émotionnelle dans ces corps qui ne veulent être qu'un archétype de la femme aryenne. Toute comparaison avec les nus des peintres expressionnistes (Kirchner, Otto Müller pour ne citer qu'eux) serait cruelle.

On n'accordera qu'une importance anecdotique au thème de Leda et du cygne, un des thèmes favoris de Hitler :

> Le thème de Léda tournait presque à l'obsession chez lui, à telle enseigne que n'importe quel peintre allemand qui s'en inspirait était presque sûr de remporter une médaille d'or aux expositions des artistes du Parti[13].

- la représentation du monde rural, ce monde idéalisé qu'est celui de la paysannerie du XIXe siècle est bien sûr absente en URSS, le paysan devenant kolkhozien. L'idéalisation de la paysannerie est au centre de l'idéologie nazie (Walter Darré, *la paysannerie source de vie de la race nordique*). Le tableau d'Adolf Wissel *Kalenberger Bauernfamilie* est emblématique de cette idéalisation de la famille et de la paysannerie.[14] Dans l'idéologie national-socialiste, la famille constitue la cellule fondamentale de la *Volksge-*

---

[12] Richard 1999 : 75.
[13] Guyot 1996 : 145.
[14] Voir aussi Udo Wendel *Die Kunstzeitschrift* et Rudolf Otto *Bauernfamilie*.

meinschaft. Sa représentation obéit donc à des critères imposés : le père est le chef de famille, la mère est la mère nourricière, strictement cantonnée dans des tâches domestiques, le cadre est souvent celui du monde rural. Il n'est pas besoin de souligner qu'il s'agit d'une vision idéalisée et trompeuse : l'Allemagne n'est plus l'Allemagne rurale, c'est une Allemagne industrielle dans laquelle l'éducation national-socialiste arrache l'enfant à son cadre familial pour l'embrigader dans des organisations de jeunesse. Sans doute a-t-on jugé préférable de montrer systématiquement un monde rural et non la réalité d'un monde ouvrier qui aurait pu être associé à l'image du prolétariat et de la revendication sociale. Le laboureur, le semeur, le faucheur sont représentés avec les instruments aratoires traditionnels.

- l'héroïsme, le combat sont des éléments fondateurs de l'idéologie national-socialiste. Hitler a une prédilection pour le combattant héroïque, stylisé, représenté dès 1937 à Munich dans le tableau emblématique *La dernière grenade*. Même en temps de paix, c'est une image agressive d'un peuple prêt à la guerre qui est propagée. La grande guerre patriotique sera une source inépuisable d'inspiration pour l'iconographie officielle qui déploiera toute une palette allant du naturalisme la plus cru au néo-impressionnisme A ce titre le kitsch flamboyant d'un Larionov mérite une mention spéciale : *La parade de la victoire* reprend et dramatise les éléments de la peinture officielle en idéalisant le maréchal Joukov paradant à cheval (attribut du souverain) dans un décor symbolique (les drapeaux nazis piétinés, la cathédrale Saint Basile, un kremlin, Lénine et Staline en effigie, un ciel d'orage). On peut également citer le célèbre tableau de Latkionov (*La lettre du front*), à la fois objet de sarcasmes et d'admiration,

> délibérément placé dans le coin le plus sombre du Salon pansoviétique jubilaire de 1947, occulté ou attaqué pour son naturalisme vulgaire, son précisionnisme d'exécution, ses effets luministes et ses contrastes criards, le tableau semble cristalliser alors le mépris général de la critique. Un plébiscite populaire et l'attribution d'un Prix Staline de première classe en feront l'incarnation du désaveu cinglant infligé par la « vie » aux compétences et aux jugements des professionnels. L'œuvre fonctionnera dès lors comme une référence extraterritoriale, toujours indigne et néanmoins admirable, bref comme une épreuve initiatique sur la route du réalisme socialiste[15].

---

[15] Baudin 1997 : 96.

Antoine Badin ne décrit-il pas ici le fonctionnement de la culture kitsch, qui s'impose par delà le jugement des professionnels, critiques et historiens d'art ? Dans son essai *Avant-garde and kitsch* (1939), Clement Greenberg constate que les régimes totalitaires qui se sont mis en place en Europe dans la période de l'entre deux guerres ont favorisé des formes d'expression artistique que l'on peut qualifier de « kitsch », car elles correspondent à une culture de masse qui « permet au dictateur de rester à l'écoute de ‚l'âme' du peuple ». Par facilité et démagogie, les cultures officielles des États dictatoriaux privilégieraient donc des formes d'expression qui permettent d'exercer une domination plus efficace sur les masses.

> Un régime politique qui introduit de nos jours une culture officielle le fait par pure démagogie. Si en Allemagne, en Italie et en Russie, la tendance officielle de la culture est aujourd'hui au kitsch, ce n'est pas parce que leurs gouvernements respectifs sont contrôlés par des philistins mais bien parce que le kitsch y représente la culture de masse, comme partout ailleurs[16].

Conclusion

Peut-on caractériser un style kitsch qui serait propre aux régimes autoritaires d'Allemagne et d'URSS ? On a vu d'évidentes similitudes dans les thématiques et surtout dans l'usage qui est fait des arts plastiques. Y a-t-il une esthétique qui serait propre à ces régimes, une homogénéité du langage pictural ? Sans doute pas, sinon dans un style qui se veut réaliste avec des modulations prudentes : référence à l'art grec dans l'Allemagne nazie, à la fois parce que c'est un art qui n'a pas connu l'influence juive, argument répété à satiété par les idéologues nazis, mais sans doute aussi parce que la Grèce classique constitue depuis Winckelmann l'horizon indépassable de la culture allemande et est donc propre à séduire une bourgeoisie cultivée en lui offrant une image trompeuse, celle d'un État soucieux de préserver l'héritage classique, mais c'est un bien piètre stratagème. En Russie soviétique, c'est la grande tradition du réalisme russe des Ambulants qui est convoquée avec de timides ouvertures vers le post-impressionnisme et du purisme.

---

[16] Greenberg 1988 : 24.

Dans cet art toute trace d'individualité est bannie, les productions peuvent être classées par thème sans aucune difficulté, le registre des thèmes autorisés étant fini. L'originalité, et bien sûr encore moins, l'innovation, l'invention sont bannies. Cet art est unidimensionnel, ne laisse pas de place à l'ambiguïté. Jamais le spectateur n'est surpris, d'où le prodigieux effet d'ennui et de répétition qui émane des grandes expositions d'art allemand de Munich. Que ce soit en Allemagne ou en Russie soviétique, on paraphrase les styles des époques passées, avec une prédilection pour le XIXe siècle, la peinture historique, on ne cherche pas la confrontation avec la tradition pour la dépasser.

Il est sans doute vain de vouloir généraliser en donnant une définition stylistique globale qui ne recouvrerait que partiellement la réalité des œuvres. Plus que d'homogénéisation, il est peut-être préférable de parler d'éclectismes, de références et d'emprunts. L'héritage réaliste russe du XIXe siècle reste la référence la plus sollicitée, tout en offrant une palette très large aux artistes. Les « incessantes fluctuations de l'injonction idéologique »[17] incitent à la prudence, les recommandations stylistiques peuvent, dans le cas de l'Union soviétique, varier d'une année à l'autre.

Le kitsch est sans aucun doute inséparable de l'avènement d'une société de masse qui permet la production en grande série d'objets manufacturés reproductibles à l'infini. Il est soumis aux injonctions du pouvoir loin de la liberté du *ready-made* soumis au seul choix de l'artiste.

---

[17] Baudin, op. cit.: 180.

Bibliographie

ARRAULT, Valérie (2010). *L'empire du kitsch*. Paris : Klincksieck.

ADAM, Peter (1992). *Art of the Third Reich*. New York : Harry N. Abrams Inc. Publishers.

BAUDIN, Antoine (1997). *Le réalisme socialiste soviétique de la période jdanovienne (1947-1953)*. Volume I. *Les arts plastiques et leurs institutions*. Berne : Lang.

CZECH, Hans-Jörg/DOLL, Nikola (2007). *Kunst und Propaganda im Streit der Nationen*. Dresde : Sandstein.

GREENBERG, Clement (1988). « Avant-garde et kitsch », dans : Clement GREENBERG/Ann HINDRY (éds.), *Art et culture. Essais critiques*. Paris : Macula, 9–17.

GILLEN, Eckart (2005). *Das Kunstkombinat DDR. Zäsuren einer gescheiterten Kunstpolitik*. Cologne : DuMont.

GUYOT, Adelin/RESTELLINI Patrick (1983, ³1996). *L'Art nazi. Un art de propagande*. Bruxelles : Éditions Complexe.

MICHAUD, Éric (1996). *Un art de l'éternité. L'image et le temps du national-socialisme*. Paris : Gallimard.

RICHARD, Lionel (1999). *Le nazisme et la culture*. Bruxelles : Éditions Complexe.

Michael Heinze (Düsseldorf)

Traditionspflege oder Kitsch? Die Hochzeit von Prince William und Kate Middleton im Spannungsfeld zwischen nationaler Identitätsfrage und Kitsch

Nationalkitsch – Annäherung an eine Definition

Kitsch ist – um vorweg eine Definition zu wagen – ein einzigartiges Phänomen, das auch im rationalsten Mitmenschen Emotionen hervorruft. Die deutsche Sprache hat für diese Erscheinung ein, wie ich meine, fast unübersetzbares Wort: Gefühlsduselei. Und auch wenn wir uns unserer Bildung und kognitiv-analytischen Wahrnehmung der Welt noch so rühmen, wird uns die eine oder andere Form des Kitsches anrühren und in diesem Falle, zumeist völlig unbemerkt oder mit einem wissenden, schamhaften Lächeln, Genuss bereiten. Hans-Dieter Gelfert begründet diese emotionale Macht des Kitsches wie folgt:

> Direkter noch als die Kunst spielt der Kitsch auf der Klaviatur der Affekte. Dass viele Menschen geradezu süchtig nach ihm sind, ist Beweis genug, dass er in der Psyche heftige Appetenzeffekte wachruft. Alles Süßliche, Geschönte, Liebliche und Idealisierte weckt kitschiges Begehren. Aber auch das Aversionsverhalten wird vom Kitsch in eine Quelle von Lust verwandelt, nämlich da, wo er auf die Tränendrüsen drückt. Sentimentale Schnulzen bieten Negatives, das im Rezipienten Abwehrspannung hervorruft, die durch empathisches Mitleiden, oft unter Tränen, lustvoll aufgelöst wird. Handelt es sich dabei um das Leiden eines edlen Menschen, der sich für die gute Sache opfert, oder um eine schöne junge Frau, die an Schwindsucht dahinsiecht, geht die Entspannungslust zudem in Appetenzlust über und wird durch diese verstärkt. Umgekehrt wird die Befriedigungslust aller Spielarten des süßlichen Kitsches durch eine Beimischung von Leiden intensiviert. Ein Roman, der unter wolkenlosem Himmel ungetrübte Heiterkeit vorführt, wirkt in aller Regel weniger kitschig als einer, der mit sentimentalem Schmerz gewürzt ist. Letzteres ist das Standardrezept des Schmalz-Kitsches. (Gelfert 2000, S. 21)

Gelfert untersucht in seiner Studie 18 verschiedene Typen des Kitsches, doch der Typus, der hier von Interesse sein soll, ist der vom Autor als ‚Patriotischer Kitsch' betitelte. Nationalkitsch, Hurrakitsch, oder Regentenkitsch; die Liste der Begriffe, die sich in der Literatur findet für Objekte, die die nationale Identität zu untermauern suchen, doch letztlich als sentimentaler Kitsch verschrien sind, ist lang. Und das Phänomen an sich ist nicht neu, wenn es auch mit dem 19. Jahrhundert in Westeuropa eine explosionsartige Vermehrung erfährt. Doch denken wir zurück an die griechische und römische Antike und die – teilweise in großen Zahlen produzierten – Vasen, Teller und ähnlichen Tand, die geziert waren von Politikern und Herrschern der Zeit, so muss auch hier eine ähnliche Absicht konstatiert werden. Und im Mittelalter galt es als große Ehre, vom mächtigen Gastgeber eine Dublette mit dem Miniaturkonterfei eben dieses Herrschers verehrt zu bekommen.

Zur Motivation für solcherlei Kitschprodukte hat Gustav E. Pazaurek angemerkt:

> Religiöse und patriotische Motive, Heimatliebe und die Erinnerung an die schönsten und berühmtesten Stätten der Welt, Geschenke zu besonderen Anlässen, das entwickelte Bedürfnis der modernen Reklame, vor allem jedwede Aktualität in gutem oder bösem Sinne – alles das lässt sich bei einer entsprechenden Fingerfertigkeit und kommerziellen Übung geschickt mit dem Kitsch verbinden, wenn auch alle diese Momente mit dem künstlerisch Schönen eigentlich blutwenig zu tun haben. – Aber Geld wird damit verdient, sehr viel Geld[1] – und das ist ja die Hauptsache.

> Der Hurrakitsch spekuliert auf die patriotischen Gefühle, der Devotionalienkitsch auf die religiöse Gesinnung um so weiterer Kreise, je weniger finanzielle Opfer dieser Patriotismus oder diese Religiosität fordert. Die Regenten mit ihren Familien müssen zunächst herhalten, dann die Hoheitssymbole des Staates, um die unglaublichsten Objekte damit zu „schmücken", Ofenkacheln und Kleiderbürsten, Aschenbecher und Flaschenkorke. Besonders appetitlich sind die Regentenporträte in Email auf sog. „Schmucklöffeln"; ob es zu den höchsten Annehmlichkeiten großer Personen gehört, sich von jedermann, wenn auch nur bildlich, ablecken lassen zu müssen, oder ob es sich um sinnige Geschenke für „Speichellecker" handelt, mag dahingestellt bleiben. Unsere hervorragendsten Staatsmänner, wie etwa Bismarck, glaubt man dadurch besonders ehren zu können, wenn man ihren Kopf in Fayence

---

[1] Diese Aussage muss für das 21. Jahrhundert nicht nur aufrechterhalten, sondern – unmöglich wie es scheinen mag – um ein Vielfaches erhöht werden. Gerade in Großbritannien, das Gegenstand dieses Beitrages sein soll, ist man sich des Millionengeschäfts bewusst. Bereits vor der königlichen Hochzeit wurde dies in den Zeitungen ausführlich diskutiert (vgl. v. a. Rayner 2011).

als Bierseidel gestaltet, der bei jedem Trunk erst trepaniert werden muss, um die Schädeldecke bzw. den Gefäßdeckel zu lüften, oder wenn man ihr Profil als Radiergummi bildet, damit Nase, Kinn usw. recht bald anmutige Veränderungen aufweisen können. (Pazaurek 2007, S. 124f.)

Pazaurek knüpft das Bedürfnis für diese Kitschprodukte an ein emotionales Erleben der eigenen Nationalität. Personen, die dieses Nationalitätsempfinden zu repräsentieren vermögen, stehen also nicht für sich selbst, sondern für ein Charakteristikum der eigenen Nationalität. Pazaurek beschwört den sog. „Eisernen Kanzler" Bismarck als Beispiel herauf, der – durch seine Rolle in der Gründung des Kaiserreiches und die strenge Führung des Staates – eine Qualität verkörpert, die die junge Nation herbeisehnt: Charakterstärke, Unbeirrbarkeit und Zielgerichtetheit.[2] Viele Nationen haben solch verklärte historische Persönlichkeiten zu der einen oder anderen Zeit zum Nationalsymbol erhoben.[3] Hierzu gehören sicherlich auch die mythischen oder allegorischen Gestalten; während der von den Nationalsozialisten verherrlichte Hermann ein militaristisches, übermächtiges Deutschlandbild widerspiegelte, ist der in der Nachkriegszeit weit verbreitete deutsche Michel ein weitaus harmloseres Geschöpf, das andere Tugenden der neu zu begründenden Nation – wie Fleiß, Ehrlichkeit und Strebsamkeit – reflektiert.

Auch Hans-Dieter Gelfert sieht den Ursprung dieses Nationalkitsches, den er ‚Patriotischen Kitsch' nennt, im 19. Jahrhundert:

Wenn Pest, Hunger, Krieg und Tod die vier apokalyptischen Reiter sind, die alles Unheil über die Menschen bringen, könnte man ihnen vier Reiterinnen zugesellen, in deren Namen noch weit mehr Menschen hingeschlachtet wurden. Sie heißen Rasse, Nation, Religion und Utopie. Alle vier haben die Welt in Blut getaucht und

---

[2] Eine ähnliche Absicht muss hinter der populär-politischen Ausnutzung der Person des Reichspräsidenten Hindenburg gesehen werden. Wie Anna von der Goltz ausführt, wird das Bild der Stärke, das Hindenburg verkörpert, gerade im Ersten Weltkrieg (aber auch noch in der kränkelnden Weimarer Republik) werbe- und politwirksam eingesetzt (vgl. von der Goltz 2010).

[3] Eine Person, die das Spannungsfeld Politik – Kitsch – Pseudohagiographie nicht nur in ihrem nationalen Kontext gesprengt hat, sondern zum internationalen Symbol geworden ist (wenn auch dahingestellt bleiben muss, ob die heutigen Verwender des Symbols sich seiner Bedeutung immer vollends bewusst sind), ist Ernesto Che Guevara. Markus Buschhaus geht der Genese des ‚Symbols Che Guevara' in einem Aufsatz auf den Grund, der auch die Verwendung im modernen Kitsch analysiert (vgl. Buschhaus 2010).

mit Schlammlawinen von Kitsch überrollt. Die stärkste von ihnen ist die Nation; denn im Ernstfall saugt sie die drei anderen in sich auf und nennt die geballte Mischung aus pervertierten Idealen, kollektivem Egoismus und kitschiger Verblendung Patriotismus. Das 19. Jahrhundert, das als das Jahrhundert der Nationalismen in die Geschichte einging, ist zugleich das einer uferlosen Flut von patriotischem Kitsch, deren Relikte noch heute in Form von Denkmälern die europäischen Städte zieren.

Im Vergleich zum patriotischen Kitsch des 20. Jahrhunderts ist der des 19. allerdings noch harmlos. Ob die Franzosen die Grande Nation oder die Deutschen das Land der Dichter und Denker auf den Schild hoben, das kitschige Bild hatte zumindest einen Hauch von moralischem Wert und kultureller Verfeinerung. (Gelfert 2000, S. 58)

Gelfert fährt fort, den literarischen Kitsch des Dritten Reiches zu analysieren und hält fest, dass dieser alle anderen Nationen übertroffen habe (vgl. ibid., S. 59f.).[4] Dass die Nation Religion und Utopie in sich ‚aufzusaugen' vermag, lässt sich ebenfalls an einem britischen Beispiel verdeutlichen: Eine konstruierte britische Nationalität, auf deren Konstruktionscharakter später noch einzugehen sein wird, dient seit fast einem Jahrhundert als Anlass und schärfste Waffe des Nord-Irland-Konflikts. Die Religion wird als vordringlichstes Element der Nation gegen die eigenen Mitbürger ins Feld geschickt; die Utopie, die dahinter steht, eine einige Nation. Und auch dieses Sehnen nach Nation und Einheit verkörpert sich im Nationalkitsch, wie zum Beispiel in den international bekannten Wandgemälden in den Städten Nordirlands, vor allem in Belfast. Auch hier muss das Bild der Monarchin als Symbol der verehrten Nation herhalten, entfremdet sich von der Person und abstrahiert die Idee der Nation. Das vielfach belächelte Kitschobjekt kann somit zum perfiden Propagandainstrument werden und entfaltet seine Wirkungskraft vor allem dadurch, dass es von Teilen der Bildungseliten eben nur belächelt und somit unterschätzt wird. Umberto Eco führt hierzu aus:

---

[4] Wenn Gelfert auch recht hat in der Feststellung, dass das nationalsozialistische Regime den Kitsch gewollt und gezielt zur breitenwirksamen Propaganda einsetzt, so wendet Wenke Nitz doch ein, dass bei der Verwendung der ‚heiligen' Nationalsymbole eine Grenze erreicht ist, bei der das Regime dem Kitsch die Daseinsberechtigung abspricht (vgl. Nitz 2010). Der feine Grad, auf dem die Grenze zwischen ‚entstellendem' Kitsch und massenwirksamer Propaganda angesiedelt ist, muss also als ein weiteres Zeichen für die soziologisch und psychologisch perfide bis ins Detail abgestimmte Propagandamaschine des Dritten Reiches gewertet werden.

Der Kitsch gibt sich für eine künstlerische Mitteilung aus. Doch da seine Grundabsicht nicht ist, den Leser in ein Abenteuer der tätigen Entdeckung zu verwickeln, sondern ihn zu „bezwingen", ihn einen vorgesehenen Effekt empfinden zu machen – wobei der Leser glauben soll, der ästhetische Genuß bestehe einzig in dieser Gefühlsregung –, entpuppt er sich als ästhetische Täuschung, oder, wie Hermann Broch sagt, als „das Böse im Wertesystem der Kunst [...], die Bösartigkeit einer allgemeinen Lebensheuchelei". So ist es denn nur logisch, daß der Kitsch als prompt genießbarer *Ersatz* der Kunst, die ideale Nahrung für ein träges Publikum bildet, das sich den Werten der Schönheit verschreiben und an ihnen teilhaben möchte, ohne sich in Verständnisanstrengungen üben zu müssen. (Eco 1984, S. 62)

Der Kitsch trügt also alle Rezipienten: Während er den Kunstgebildeten mit seiner vorgegebenen Harmlosigkeit täuscht,[5] gaukelt er dem Unwissenden ein Wissen vor, das dieser als Beteiligung an der Welt der Kunstelite zu verstehen mag, obwohl es ihn stattdessen vielmehr mit einer politischen Message bedient, die ungefragt und unbewusst aufgenommen wird. Die Wirksamkeit eines solchen Beispiels des Nationalkitsches muss folglich vor allem gemessen werden am Grad der Absicht des ‚Kitschschaffenden' (um hier eine vielleicht hilfreiche Wortschöpfung einzubringen) das betrachtende Publikum zu täuschen und zu leiten.

In Deutschland ist der Personenkitsch heutzutage weniger verbreitet. Wenn auch die Karikatur eine lebhafte und phantasievolle Existenz führt, so hält sich der sächliche Kitsch in Grenzen. (Eine Blüte erfuhr er aber zum Beispiel nach der sog. „Wende", als Kitschprodukte mit dem Konterfei des damaligen Bundeskanzlers Helmut Kohl allerorten zu finden waren.) Der Nationalkitsch der Deutschen verwendet eher nationale Symbole wie das Brandenburger Tor, den zugleich geliebten und gehassten Gartenzwerg als Inkarnation des Michel, sowie regionale Kitschfavoriten wie den Kölner Dom oder pseudotraditionalistische Elemente wie die Lederhose oder den Bierkrug. In Deutschland hält sich der Kitsch als ein zu belächelndes Element, das nur die Wenigsten stolz präsentieren (wenn auch die historische Perspektive Gegenteiliges nahelegt; vgl. Gelfert, s. o.).

---

[5] Hans Ulrich Gumbrecht zweifelt in einem leicht selbst-ironischen Artikel in der *Süddeutschen Zeitung* jedoch gerade diese Prämisse an, indem er das Verhältnis von Intellektuellen und Kitsch untersucht (vgl. Gumbrecht 2004).

Kitsch in Großbritannien

Anders stellt sich dies in Großbritannien dar. Zum einen ist der Personenkitsch hier weitestgehend dominierend; zum anderen wird er in Haushalten der unterschiedlichsten Schichten mit einem gewissen Stolz und einer starken Sentimentalität ausgestellt. Der Personenkitsch hat in Großbritannien eine lange Tradition. Peter Johnson führt in seinem Sammlerführer *Royal Memorabilia* (vgl. Johnson 1988) Beispiele des Personenkultes auf, die bis in die Zeiten der Restauration unter Charles II. zurückführen (vgl. ibid. S. 15). Seine größte Entfaltung erfährt der Personenkitsch dann zunächst im viktorianischen Zeitalter, das für die Begriffe des 21. Jahrhunderts in allen Bereichen wie der Architektur, Innenarchitektur, Buchillustration und Mode zu kitschhafter Überdekoration neigte. Königin Victoria selbst unterstützte diese Inflation des Kitsches, zunächst zur öffentlichen Bekundung ihrer Liebe zum Prinzgemahl Albert von Sachsen-Coburg-Gotha, dann zur Unterstreichung ihrer Trauer um den verstorbenen Ehemann. Die Albert-Statuen, die im ganzen Land auf Geheiß der Königin aufgestellt wurden, müssen als Monumentalkitsch verstanden werden, und die Königin erwartete, dass ihr Volk mit ihr trauerte. Ein eindrucksvolles Beispiel eines solchen Monuments ist auf dem ebenfalls nach dem Prinzgemahl benannten Albert Square vor dem Rathaus in Manchester zu finden. Albert steht in stolzer Pose unter einem Baldachin, der in pseudo-mittelalterlicher Dekoration den Anschluss an die lange Geschichte der britischen Monarchie sucht. Wenn auch allerlei Kitschgegenstände den Kanon des verbreiteten Personenkitsches anwachsen lassen, so ist doch bereits in den frühesten Ausformungen zu erkennen, dass Porzellanprodukte, insbesondere dekorative Teller sowie Tassen und Becher, den bedeutendsten Teil der Produktion ausmachen. Dies hat sich bis heute nicht verändert. Die großen Porzellanhersteller wie Royal Doulton oder Worcester produzieren auch heute noch ebensolche Porzellanartikel zu den offiziell begangenen Feierlichkeiten der Monarchie, wie zum Beispiel das goldene Thronjubiläum Ihrer Majestät Königin Elizabeth II. im Jahre 2002 oder das im Jahre 2012 begangene diamantene Thronjubiläum.

Beliebte Motive des Porzellankitsches sind hierbei neben dem jeweils regierenden Monarchen Hochzeiten in der engeren Familie des Königs oder der Königin. Die Hochzeit des Thronfolgers Prince Charles mit Lady Diana Spencer im Jahre 1981 sah eine große Welle an Memorabilien. Doch während der Hochzeitskitsch eine neue Nähe der Briten zu ihrem Königshaus repräsentierte, ist der ab den 1990er-Jahren entstehende Kitsch um Diana (oder Di, wie sie vor allem auch in der Boulevardpresse genannt wurde) als Kampfansage an die Monarchie zu verstehen. Diana, deren Scheidung vom Thronfolger 1996 einen Tiefpunkt in der Beliebtheit des Königshauses und *ad personam* der Königin darstellte, verkörperte für das Volk die Rebellion gegen die in ihren Traditionen verfangene Monarchie. Mit Dianas Unfalltod 1997 überschneiden sich Nationalkitsch und religiöser Kitsch gar, wird Diana doch nahezu umgehend zur ‚Nationalheiligen' stilisiert und zum Symbol im Kampf gegen die Monarchie erhoben. Wie Ute Dettmar und Thomas Küpper herausgearbeitet haben, ist Kitsch – durch seine direkte Ansprache der Emotionen – auch als machtvolles Instrument der Propaganda zu verstehen (vgl. Dettmar und Küpper 2007, S. 160–162). Zwar beziehen sich die Autoren lediglich auf Beispiele aus totalitären Regimen wie der nationalsozialistischen Diktatur in Deutschland, doch ähnliche Prozesse sind auch in Bezug auf den Diana-Kitsch festzuhalten. Das Ausstellen eines solchen Kitschobjektes kommt der Konstatierung einer Kritik an der Königin und der Monarchie gleich. Kitschartikel sind als politische Äußerung zu begreifen – bis heute, da die vergangenen 17 Jahre seit dem Tode Dianas das Märtyrerbild der Prinzessin weiter verklärt haben. Wie Gelfert aufgezeigt hat, verstärkt empathisches Mitleiden das emotionale Erleben des Kitsches, und das Phänomen Diana trägt durch beide genannten Aspekte zu diesem Erleben bei: „das Leiden eines edlen Menschen, der sich für die gute Sache opfert, [und] eine schöne junge Frau", die aus dem Leben gerissen wurde (vgl. Gelfert 2000, S. 21; s.o.).

Neben dem Personenkitsch muss aber auch der abstraktere Nationalkitsch betrachtet werden. Carl Dahlhaus hat am Beispiel Tschaikowskis über den musikalischen Kitsch gearbeitet (vgl. Dahlhaus 2007) und Parameter für die Kitschhaftigkeit eines Musikstückes festgelegt. Neben seinen musiktheoretischen Parametern (wie Eingängigkeit, Emphase, Instrumentation) muss ggf. jedoch auch der Text in Betracht gezogen werden. Weit über die Grenzen des Vereinigten Königreiches hinaus erfreut sich die sog. „Last Night of the Proms" großer Beliebtheit, und ein Höhepunkt der Abschlussveranstaltung dieser Konzertreihe ist das Ertönen der Elgar-Komposition „Land of Hope and Glory". Die von Elgar stammende Musik aus seinem Marsch-Zyklus „Pomp and Circumstance" erfüllt Dahlhaus' Parameter, doch es ist der Text Arthur

Christopher Bensons, der den Titel zumindest in der heutigen Rezeption zum Nationalkitsch erhebt. Der Wikipedia-Beitrag preist das Stück sogar (nebst dem allgegenwärtigen „Rule Britannia" und der Milton-Vertonung „Jerusalem" von Hubert Parry) sogar als eine der Hymnen Englands (vgl. „Land of Hope and Glory" 2011).

Der Nationalkitsch des Vereinigten Königreichs (in der Form des Personenkitsches) hat sich in den letzten zehn bis 15 Jahren aber auch geringfügig von der königlichen Familie abgesetzt. Während nach dem Ende des Zweiten Weltkrieges kurzfristig Teller und Tassen mit dem Portrait Winston Churchills populär waren, schaffte es erst Tony Blair, dass ein Premierminister Gegenstand des Nationalkitsches im großen Umfang wurde. Oft karikaturistisch verbrämt und dem Premier gegenüber kritisch, gibt es hier jedoch auch den sentimentalen Kitsch, wie zum Beispiel zur Geburt des Blair-Sprösslings Leo, der im Jahre 2000 als erstes Kind eines amtierenden Premierministers seit 150 Jahren die Aufmerksamkeit von der Politik des Premiers auf sein Privatleben lenkte.

Gegenstand dieser Betrachtung soll aber vor allem der Kitsch sein, der aus Anlass der Vermählung von Prince William, Sohn des Thronfolgers, und der Bürgerlichen Kate Middleton nicht nur die britischen Märkte überflutete.[6] Während der Kitsch anlässlich der Hochzeit von Williams Eltern Hoffnung auf eine junge und neue Monarchie machte und der Diana-Kitsch der späten 1990er- und der 2000er-Jahre eine Kampfansage an die Monarchie war, so ist der Kitsch um die jüngste Hochzeit im Königshaus als Ausdruck einer Versöhnung mit der Monarchie zu sehen, aber auch wiederum mit der Hoffnung auf eine Verjüngung und Modernisierung der Institution. Der Mädchenschwarm William knüpft an die Beliebtheit seiner Mutter an, spiegelt aber durch sein Pflichtbewusstsein und seine Militärkarriere ebenso die traditionellen Werte der Monarchie wider. Kate Middleton, die „Bürgerliche", wie sie bald überall

---

[6] Die Bedeutung dieser ‚Inszenierung', wie man die Hochzeit wohl durchaus bezeichnen kann, ist ein weiterer Ansatzpunkt zur Analyse der Konstruktion nationaler Identität in Großbritannien. Der Performanzcharakter solcher Veranstaltungen wird ausführlich von Edensor behandelt (vgl. Edensor 2002, Kpt. 3), der sich auch mit der Materialität nationaler Identitätskonstruktion auseinandersetzt, ohne jedoch Kitsch zu thematisieren. Sein Fokus liegt vielmehr auf dem Beitrag von Alltagsgegenständen (nicht-künstlerischer Natur) auf das Selbstverständnis einer Nation (vgl. ibid., Kpt. 4).

genannt wird, kreiert eine neue Volksnähe des Königshauses. Diese Monarchie ist nicht mehr die aus der Ferne zu betrachtende Symbolmonarchie, sie mischt sich, wortwörtlich, unter das Volk, will Teil des Volkes sein und ist es. Die Begeisterung für die Hochzeit Kate und Williams ist ein Höhepunkt in der Beliebtheit der Monarchie. Sie kommt auch zum Tragen als Ausdruck der Hoffnung auf eine bessere Zukunft Großbritanniens in Zeiten schwerster ökonomischer, sozialer und politischer Krisen des Vereinigten Königreiches.

Die Kitschartikel sind Legion: Neben den üblichen Porzellanartikeln sind in den Geschäften und Touristenläden der Hauptstadt und anderswo aber auch Produkte wie bedruckte Fingernagelaufsätze, Anleitungen für Strickpuppen, Dekorationsfolien für Kühlschränke, Teebeutel, Fußmatten, Kleidungsstücke, Uhren, sogar Toilettensitze, Puppen, Softdrinks und Süßigkeiten oder Modellbahnwagen zu erstehen (vgl. Allee Willis). Der Fantasie scheinen keine Grenzen gesetzt zu sein. Doch auch die republikanische Fraktion verwendet das Medium Kitsch, um sich über das Großereignis lustig zu machen (vgl. ibid.). So greift auch die französische Tageszeitung *Libération* ein solches Produkt des „Protestkitsches" auf, um über die Flut der Kitschartikel in Großbritannien zu berichten (vgl. Peyret und Poiret 2011). Das deutsche Magazin *Der Spiegel* nutzt den Anlass, in dem weitangelegten Titelthema „Circus Krone. Vom Sinn und Wahnsinn der britischen Monarchie" (*Der Spiegel*, 16/2011) die Institution *in toto* zu inspizieren, gebraucht dabei jedoch eine bewusst geschmacklose Kitsch-Collage als Titelbild. Das britische Satireblatt *Private Eye* kann eine solche Vorlage natürlich nicht ungenutzt vorüberziehen lassen und titelt mit einem barock anmutenden Hochzeitsbild mit den üblichen abschätzig kommentierenden Sprechblasen und fügt später im Heft eine Pseudo-Werbeseite für Kitschartikel und Memorabilien ein (vgl. *Private Eye*, „Fairytale Wedding Special", 2011, Titel und S. 19).

Royaler Kitsch für die Jüngsten: Ein Dress-Up Dolly Book

Im Folgenden möchte ich mich auf zwei Beispiele des ‚royalen Kitsches' konzentrieren und die Frage stellen, wie Nationalidentität in diesen Publikationen ausgestaltet wird. *Royal Wedding. William & Kate*[7] (2011) wird im Untertitel beschrieben als ein „dress-up dolly book", eine Publikationsform, die seit der vorigen Jahrhundertwende in Großbritannien populär ist. Auffallend ist zunächst die Präsenz der britischen Flagge in der Publikation. Auf dem Titelblatt dient sie nicht nur als Hintergrund, sie ist an prominentester Stelle sicherlich als Muster der von der Prince-William-Figur getragenen Boxershorts auszumachen.[8] Diese Titelillustration ist bereits ein Charakteristikum nicht nur britischer Kitschprodukte, sondern auch der britischen Karikatur: Während es einem deutschen Publikum als geschmacklos erscheinen könnte, Mitglieder des Königshauses (wenn auch gezeichnet) in Unterwäsche darzustellen, ist dies für ein britisches Publikum nicht ungewöhnlich. Nicht zuletzt die Karikatur unterschreitet des Öfteren die Geschmacksgrenze eines kontinentalen Betrachters, ist aber in Großbritannien akzeptabel. Die Dominanz des Union Jack, um der britischen Flagge hier ihren umgangssprachlichen Namen zu geben, symbolisiert die nationale Relevanz des Ereignisses. Die Tatsache, dass angedeutet wird, Prince William könne Shorts dieses Musters tragen, bekräftigt nicht nur, dass er als wahrscheinlich zukünftiger König ein Symbol für Großbritannien ist, es deutet auch ein Besitzstandsdenken des britischen Volkes gegenüber der königlichen Familie an. Die Präsentation in Unterwäsche könnte also weitergehend auch interpretiert werden als die Absprache einer Privatsphäre für die Mitglieder des Königshauses. Dieser freiwillige oder unfreiwillige Verzicht auf Privatsphäre ist seit dem tragischen Tod der Princess of Wales ein vieldiskutiertes Thema. Die seinerzeit konstatierte Mitschuld der Presse am Tod der Prinzessin – und damit implizit der britischen Öffentlichkeit, da die Paparazzi sicherlich als Instrumente zu verstehen sind, ein Bedürfnis der Öffentlichkeit zu bedienen – hat seine Auswirkungen bis heute. Es sei noch einmal auf Gelferts These verwiesen, dass auch das positive, glückliche Kitscherleben durch ein angedeutetes tragisches Empfinden, das emotionale Erleben verstärkt (s. o.). Das tragische Schicksal der Mutter des Bräutigams spielt immer unterschwellig mit, ist Garant dafür, dass das projizierte Glück des Brautpaars als

---

[7] Das Heft hat keinerlei Seitennummerierung, sodass auf weitere Zitatverweise im Folgenden verzichtet werden muss.

[8] Hinzu kommt, dass die Rückseite des Kartons in der Mitte des Heftes, auf dem die Kartonfiguren zum Ausschneiden zu finden sind, ebenfalls mit Union Jacks bedruckt ist, sodass die Figuren aufgestellt von hinten deutlich dieses Muster tragen.

Trost und Entschädigung für das bislang schwierige Leben des zweiten Thronfolgers, sowie Belohnung für sein mustergültiges Verhalten wahrgenommen wird.

Die Darstellung des Paars dient ebenso der Projektion von Idealbildern, die dem Personenkult der Film- und Musikprominenz entlehnt sind. Während die britische Bevölkerung mehr und mehr an Fettleibigkeit leidet, stellt das Paar ideale Proportionen dar, die dem Körperkult der Gesellschaft Rechnung tragen. Doch ein Detail der Gestaltung holt zumindest Prince William in die Alltagswelt zurück: Zur Unterwäsche trägt er (da die Ausschneideform ja angezogen werden soll) schwarze Socken und Schuhe, und zwar die in Großbritannien immer noch üblichen *brogues*, einfache schwarze Lederschuhe, die immer noch als Standardkleidungsstück gesehen werden. Durch dieses volkstümliche Element wird die Idealisierung und Typisierung des Prinzen gebrochen und der Anspruch des „Einer-von-uns"-Charakters unterstrichen. Als Gegengewicht hierzu muss wiederum die Spitzenbordüre um das Bild des Paars aufgefasst werden, die das Muster der Krone (die auch im Schriftzug des Heftes prominent platziert ist) wieder aufgreift. Das Titelblatt allein spiegelt also deutlich die ambivalenten Ansprüche des britischen Volkes an seine Monarchie im 21. Jahrhundert wider. Zum einen soll die königliche Familie volksnah („einer von uns") sein; andererseits soll die Monarchie aber auch ein Ideal verkörpern, das als Anreiz oder auch als Vorzeigeobjekt dienen kann. Dies lässt sich auch ablesen an der Anweisung an die Nutzer des Heftes, die auf der ersten Seite abgedruckt sind: „Use the figures of HRH Prince William and his bride Kate Middleton at the centre of this book and decide which social occasion you would like them to attend!" Während William mit dem Titel HRH (His Royal Highness; Seine Königliche Hoheit) bezeichnet wird, ist für seine Braut die in der Presse und der Umgangssprache weitläufig verwendete Kurzform des Vornamens, Kate, gewählt; hierdurch wird die Hybridität des Paares betont. Gleichzeitig hebt der Text die ‚Funktionalität' der Monarchie hervor, wenn die Kinder[9] aufgefordert werden zu entscheiden, zu welchen Anlässen sie das Paar

---

[9] Dass das Heft mitnichten als Verballhornung oder Scherzartikel zu verstehen ist, verrät der letzte Satz der Anweisung: „Be careful: scissors can be sharp, so ask an adult for help if you need to." Die oben dargestellten sublimierten Aussagen müssen

schicken möchten. Das im britischen Englisch ungewöhnliche Ausrufezeichen unterstreicht diese Dienstbarkeit der Monarchie.

Die folgenden Seiten des Heftes enthalten die auszuschneidenden Kleidungsstücke, die auf die Kartonfiguren in der Heftmitte aufgebracht werden können. Je Doppelseite finden sich linkerhand die Kleidungsstücke und rechts ein erklärender Text auf wechselndem Hintergrund:

1. Zunächst werden die Kleidungsstücke vorgestellt, die das Paar zur Bekanntgabe der Verlobung trug. Der begleitende Text legt Wert auf Begriffe, die Luxus und Tradition ausdrücken, wie bereits der Titel andeutet: „A Royal Engagement." Bei Kate Middleton wird über die Erwähnung des Verlobungsrings, der Prinzessin Diana gehört hatte, wiederum eine Verbindung zu der früheren königlichen Hochzeit hergestellt. Besonders bei William wird Wert auf die Wahrung der Tradition gelegt: „William wore a rich blue suit by Savile Row tailor Gieves & Hawkes, who have dressed members of the royal family for over 200 years." Solche Verweise werden nicht zuletzt von den Geschäften selbst gerne verwendet. Erhält ein Unternehmen einen Auftrag des Königshauses, hat es das Recht, das königliche Wappen mit der Legende „By appointment to…" auszustellen. Bekanntestes Beispiel für die Bedeutung dieser Patronage dürfte wohl der Skandal um die Wappen der Königin, des Prince of Wales und der Königin Mutter am Kaufhaus Harrods in London sein. Nachdem dessen Besitzer Al Fayed öffentlich das Könighaus des Mordes an Lady Diana und deren Liebhaber Dodi (seinem Sohn) bezichtigt hatte, wurde dem Haus die Patronage sukzessive aberkannt. Auf dieser Doppelseite des Heftes wird die royale, zeremonielle Komponente unterstrichen; der Hintergrund ist geziert von Fleurs-de-Lis, die immer noch gerne als Symbol für königliches Ambiente verwendet wird (nicht zuletzt, weil die englische Monarchie damit im Mittelalter auch ihren Anspruch auf den französischen Thron demonstrierte).

2. Bei der folgenden Abendgarderobe setzt sich das Muster fort: Während bei Kate Wert auf Eleganz und Luxus gelegt wird, stellt die Beschreibung zu William die Traditionspflege heraus: „William followed a *traditional* Black Tie *dress code* for *smart* evening events, looking *polished* and *perfect* in a *classic*

---

umso deutlicher hervorgehoben werden, da die rationale Analyse sich dem kindlichen Leser nicht erschließen wird, die ‚message' aber dennoch Eindruck auf den Nutzer machen wird.

formal dinner jacket" (meine Hervorhebungen). Die Adjektive betonen die traditionelle Seite des dargestellten Kleidungsstils; der Begriff „dress code" erhebt diese soziale Regel zur gesetzesähnlichen Vorgabe. Das Symbol der Seite, ein (fiktives) von einer Krone geziertes Adelswappen weist als hervorstechendes Element einen Ritterhelm auf, der die Verbindung zu der in der Literatur seit der Renaissance entstandenen romantischen Verklärung des Rittertums und der damit konstruierten Ritterlichkeit (englisch: *chivalry*) herstellen soll.

3. Für „A Weekend in the Country" werden dem Paar klassische Kleidungsstücke des Landadels angetragen (bei Kate durch pinke Stiefel und Jeans der Mode der Zeit angepasst, womit aber auch wohl die Hoffnung auf eine Modernisierung und größere Volksnähe der Monarchie anklingt). Materialien (Cord, Tweed und Schafswolle), Kleidungsschnitt (Trilby und Reitkappe) sowie Musterung (Karo) und Farbkombination (blau, grün und beige bei William) müssen als traditionell angesehen werden, und legen nahe, dass auch der Adel sich auf dem Land wie das Volk zu kleiden versteht. Der zugehörige Text untermalt dies und ist in einen heimelig wirkenden Bilderrahmen eingepasst, der auf dem Hintergrund einer im Englischen als „cottage wall-paper" bezeichneten Tapete angebracht ist.

4. Für die „Summer Holiday" wird dann ein moderner britischer „casual style" gewählt, der aber durch das dem Text hinzugefügte Rosenmotiv wiederum in die Tradition eingebunden wird.

5. Ähnliches gilt für die Polokleidung des Prinzen auf der nächsten Doppelseite. Zu beachten ist hierbei erneut die Verteilung der Geschlechterrollen: Wie selbstverständlich wird Kate als Zuschauerin ausstaffiert, wie sie in den vorherigen Kleidungskombinationen auch immer extrem feminin dargestellt wurde.

6. Während William bei der Hochzeit seine RAF-Uniform trug, ist für die „Buckingham Palace Garden Party" zunächst ein grauer Anzug für ihn vorgesehen, für Kate ein klassisches Kostüm. Im Text ist die Rede von ‚Ladies' und ‚Gentlemen', Begriffe, die nur in Adels- und anderen traditionellen Kreisen verwendet werden.

7. Die Doppelseite für die Hochzeit hat einen erklärenden Text, der von zwei gekreuzten britischen Flaggen geziert wird. Die Annahme, der Prinz werde Uniform tragen (das Heft wurde schließlich vor der Hochzeit gedruckt), erwies sich als korrekt, stellte für den Verlag allerdings kein allzu großes Risiko dar.

Traditionell tragen die Männer der königlichen Familie Uniform zu ihrer Hochzeit, um ihre Verbundenheit zur und ihren Dienst für die Nation hervorzuheben. Zur alljährlichen Eröffnung des Parlaments ist der Ehemann Ihrer Majestät, Prince Philip, ebenso in seine Navy-Uniform gekleidet. Die Auswahl der für das königliche Paar vorgesehenen Kleidungsstücke ist vor allem der Traditionspflege verbunden, schöpft aber genauso aus selbst auferlegten Nationalstereotypen, wie zum Beispiel die Kleidung für den Aufenthalt auf dem Land oder aber die Sportkleidung, die auf klassische britische Sportarten anspielt. Ebenso traditionell sind die Geschlechterrollen dargestellt. Bei der Verlobungskleidung legt die Verknüpfung mit der Ritterlichkeit (s. o.) eine beschützende Rolle für den Mann nahe, während das extrem feminine Kleid Kates die zu Beschützende repräsentiert. Hosen sind für Kate nur zweimal vorgesehen, nämlich für den Urlaub und die Freizeit – hier darf auch die Frau des zukünftigen Königs Gleichberechtigung in der Mode üben.

Die Publikation *Royal Wedding. William & Kate* kann mit Fug und Recht als Nationalkitsch bezeichnet werden. Zu beachten sind jedoch die unterschwellig angebrachten Aussagen:
– die ambivalente Einstellung der Briten zu ihrer Monarchie,
   die zugleich volksnah und erhaben zu sein hat,
– der Prominentenkult,
– der Körperkult,
– der deutlich demonstrierte Nationalismus.

Und es ist eben dieser Nationalismus, der für Großbritannien schwierig ist. Das Heft zeigt durchgängig den Union Jack; die Kleidung jedoch folgt ausnahmslos englischen Stereotypen. Die Nation, die hier also gefeiert wird, ist eine von England dominierte britische Nation. Mit dieser Nationalbezeichnung tun sich die meisten anderen Nationen Großbritanniens schwer. Schottland beispielsweise, das für seine starke nationale Bewegung bekannt ist,[10] kann die könig-

---

[10] Die im Jahre 2011 gewählte schottische Regierung unter First Minister Alex Salmond wird 2014 ein Referendum abhalten, in dem das schottische Volk (nicht zum ersten Mal) über eine Unabhängigkeit vom Vereinigten Königreich befragt werden soll. Solche Debatten werden im Ausland nur peripher wahrgenommen, da Großbritannien hier eher als homogenes Ganzes verstanden wird. Diese Einschätzung verkennt die gespannte innenpolitische Lage des Landes.

liche Hochzeit also nur mitfeiern, wenn es diese kulturelle Dominanz und konstruierte britische Identität anerkennt. Wenn bei den Straßenfesten in Schottland auch immer wieder schottische Flaggen zu sehen waren, so blieben doch die britischen Flaggen in der Überzahl.

Selbst die konservative (und im Allgemeinen royalistische) Tageszeitung *The Daily Telegraph* weiß in der Flut an Druckprodukten zur königlichen Hochzeit eine wohl unterschwellige Bedeutung auszumachen, die gerade das *Dress-Up Dolly Book* ungewollt zu einem anarchischen Instrument macht:

> Never was our relationship to this family clearer than in *Royal Wedding: a Dress-up Dolly Book*. If you let us dress you as dolls and project our death/sex/grief fantasies onto you, we will give you an income and a palace, and treat your lives as soap opera – love, go to Klosters, die, have a televised funeral. It is an unconscious manifesto for Republicanism, in its papery way. (Gold 2011)

Tanya Golds Verständnis der Kitschprodukte, die anlässlich der Hochzeit auf den Markt gekommen sind, kann nicht unhinterfragt bleiben. Zwar hat die Journalistin recht in ihrer Einschätzung, dass dem Leser/Nutzer dieser Produkte auf einzigartige Weise verdeutlicht wird, dass eben nicht nur das Produkt, sondern vielmehr die gesamte Existenz der Institution kitschhaft ist und somit einen Luxus (im Englischen: ‚guilty pleasure', ein Vergnügen, das man geheim hält, da man sich seiner in der Öffentlichkeit schämen würde) der ‚Nation' darstellt; doch wie in Anlehnung an Pazaurek (s. o.) festgehalten werden muss, lässt sich der Leser mit der Bereitschaft zur Rezeption eines solchen Erzeugnisses ja gerade darauf ein, das lächerliche Element nicht nur hinzunehmen, sondern zu ignorieren. *Ich bin mir bewusst, Kitsch zu konsumieren, doch ich wünsche an der Emotion teilzunehmen, die das Produkt mir nahelegt.* Gelfert bezeichnet dies als die Kitschform, „in die sich der Konsument gleichsam fallen lässt" und definiert eine zweite Kategorie, die dem Leser/Konsumenten etwas abverlangen. Doch zu der ersteren, hier relevanten, Kitschform führt er aus:

> Niedlicher, gemütlicher, sentimentaler und sozialer Kitsch sowie Natur- und Heimatkitsch und die pietistischen Formen des religiösen Kitsches beschwören Kindlichkeit, Geborgenheit und emotionale Integration. Psychologisch bewirken sie etwas, das man Regression nennen könnte; denn sie bieten dem Rezipienten die Möglichkeit, vor den Anforderungen der Realität auszuweichen und sich in eine schönere, einfachere, weniger entfremdete, kurz, in eine kindliche Welt zurückfallen zu lassen. (Gelfert 2000, S. 65)

Und genau dies ist hier der Fall: Nur wer sich grundsätzlich darauf einlässt, wird den dargestellten Kitsch mit der erwünschten emotionalen Reaktion wahrnehmen können und den ersehnten ‚Fluchteffekt' erfahren. In einem Land, das seit dem Banken-Crash unter schwersten wirtschaftlichen und sozialen Krisen leidet, dessen konservativ-liberale Regierungskoalition in sich zerstritten ist und der Bevölkerung schwerste Sparmaßnahmen aufbürdet, ist der ‚Fluchtimpuls' nachvollziehbar, die Bereitschaft, sich dem Kitsch als Element einer utopischen Welt hinzugeben, einsichtig. Die Projektion einer modernen Monarchie auf die pseudo-mittelalterliche, ritterliche Welt der Prinzen und edlen Fräuleins, wie sie in den Geschlechterrollen und traditionell verbrämten Kleidungsstücken des *Dress-Up Dolly Book* anklingen, ermöglicht es dem (freiwillig rezipierenden) Konsumenten, anhand realer Personen eine Verbindung zu dieser Traumwelt herzustellen und der realen Welt zu entfliehen. Kitsch ist hier also nichts anderes als Trost für die gebeutelte Seele – kognitiv erkannt, aber willentlich angenommen. Roger Scruton hat dieses Beziehungsgefüge in einem Artikel im Jahre 1999 analysiert und kommt zu folgendem Schluss:

> Kitsch is pretense. But not all pretense is kitsch. Something else is needed to create the sense of intrusion – the un-wanted hand on the knee. Kitsch is not just pretending; it is asking you to join in the game. In real kitsch, what is being faked cannot be faked. Hence the pretense must be mutual, complicitous, knowing. The opposite of kitsch is not sophistication but innocence. Kitsch art is *pretending* to express something, and you, in accepting it, are pretending to feel.
>
> Kitsch therefore relies on codes and clichés that convert the higher emotions into a pre-digested and trouble-free form – the form that can be most easily pretended. Like processed food, kitsch avoids everything in the organism that asks for moral energy and so passes from junk to crap without an intervening spell of nourishment. (Scruton 1999)

Kitsch lässt dem Betrachter also keinen Freiraum in seiner Reaktion. Wir wissen, welche emotionale Reaktion erwartet wird; ob Selbstbetrug oder höfliches Einstimmen in die geforderte Reaktion, die Vorspiegelung ist gegeben.

Eine *Graphic Novel* für die jugendlichen Fans

Während das erste Beispiel dieses Beitrags ein Produkt war, das sich vorwiegend an ein kindliches Publikum wendet, soll nun noch kurz ein Beispiel angesprochen werden, dass deutlich macht, dass der Personenkult um Kate und William fest in der Jugendkultur Großbritanniens verankert ist. Die Graphic Novel *Kate & William. A Very Public Love Story* (Johnston et al. 2011)[11] weist alle Merkmale auf, die auch bereits im *Dress-up Dolly Book* vorhanden sind: die Dichotomie zwischen Volkstümlichkeit und Vorbildfunktion, die Idealisierung (hier vor allem im physiognomischen Sinne), Empfindsamkeit und Luxus. Auch in der Graphic Novel ist unterschwellig ständig die nationale Bedeutung des Paares abzulesen. So ziert nicht nur das Brautpaar das Titelbild (gemeinsam mit dem Verlobungsring, der seinerzeit Williams Mutter Diana gehört hatte); im Hintergrund weht vielmehr wiederum ein Union Jack, der dem Betrachter die Bedeutung der Verbindung verdeutlicht.

Bedingt durch das Genre, aber vor allem durch das Zielpublikum, weist die Publikation jedoch entscheidende Unterschiede auf. Zum einen wird hier natürlich dem Paar eine ganz besondere Geschichte zugeschrieben; durch den Untertitel („A Very Public Love Story") wird allerdings unterstrichen, dass die Geschichte der Beziehung von den Medien derart begleitet wurde, dass der Darstellung eine hohe Nachvollziehbarkeit durch die Medienberichterstattung zur Seite steht. Auffallend ist zunächst, dass es sich um ein *flip book* handelt, das von zwei Seiten gelesen werden kann. Von einer Seite verfolgt der Leser die Geschichte aus der Perspektive des Prinzen, von der anderen aus der seiner zukünftigen Frau. Die beiden Teile konvergieren in einer vertikalen Darstellung des Brautpaares vor Westminster Abbey. Beiden Charakteren ist eine Kurzbiographie vorangestellt; der rein quantitative Unterschied in den Textlängen legt jedoch bereits eine Gewichtung nahe. Dem sehr ausführlichen Text zu William steht eine rein faktisch biographische Zusammenstellung zu Kate gegenüber. Beide Lebensgeschichten beginnen in den Teenagerjahren des Paares. Das erste Bild in Kates Geschichte zeigt sie in ihrem Kinderzimmer umrahmt von kindlichen Zeichnungen, die ihr zugeschrieben werden. Im Kontrast

---

[11] Auch diese Publikation weist keine Paginierung auf, sodass auf weitere Zitatangaben verzichtet werden muss.

hierzu ist das erste Bild in Williams Geschichte der bekannte Zeitungsartikel, in dem ein Bild von Charles, Diana, William und Henry im Urlaub abgedruckt wurde. Beginnt der Leser also mit Williams Geschichte und liest darauffolgend Kates Seite, so muss das Gespräch zwischen Charles und Diana, wie die beiden Söhne wohl mit der Aufmerksamkeit der Presse zurechtkommen würden, auch als Warnung an Kate verstanden werden. Ihre Geschichte ist eine „bottom up"-Geschichte, die wohl an Diana erinnern mag. Wills Geschichte ist geprägt von seiner Studien- und Militärzeit; doch beide Geschichten legen Wert auf die Darstellung der turbulenten Seite der Beziehung. Beide Versionen machen sich teilweise über Williams Rolle ‚im normalen Leben' lustig, geben aber gleichzeitig Kate einen etwas verruchten Touch. Wie bekannt ist, verdiente sich Kate Middleton während des Studiums auch als Model etwas dazu. Das wohl populärste Foto, das auch hier aufgegriffen wird, zeigt sie in einem durchsichtigen Negligé und Unterwäsche.

Interessant ist die Realisierung der ‚Captions': Während in Wills Geschichte an Fernschreiber angelehnte Maschinenschrift verwendet wird, die seine Verbindung zum Militär repräsentiert, und die augenscheinlich nicht von ihm selbst stammt, wird Kates Geschichte von Ausrissen aus linierten Schulheften mit Handschrift (von ihr selbst verfasst und ihre Gedanken wiedergebend) begleitet. Beide Formen der ‚Captions' sind in der Mittelillustration vorhanden. Kates Texte lauten:

> 29 April 2011. Let them take their pictures.
> Let them print their headlines.
> Let them scribble their words.
> I'm the one who's writing a new chapter. Kate Windsor (Mrs)
> It does look good, doesn't it?

Während diese ‚Tags' am linken Bildrand gut sichtbar sind, ist die ‚Caption' für William am rechten unteren Rand (weiß auf schwarz; sehr klein) kaum zu erkennen:

> MISSION BRIEFING: 29th April 2011
> Get there on time.
> Get name correct.
> Kiss to the right.
> Live happily ever after.

Auch wenn man die ‚Captions' humorvoll sieht, fällt doch deutlich ins Gewicht, dass Kates Kommentare selbstfokussierend sind, während William Befehle auszuführen scheint – dem stereotypen Bild folgend, dass die königliche Familie als oberste Priorität die Pflichterfüllung hat.

Dieses weitere Kitschgenre unterliegt also ganz eigenen Mechanismen. Es muss der Jugendkultur des 21. Jahrhunderts entsprechen und bildet nicht etwa Pomp sondern vielmehr Glamour ab und reiht das junge Paar damit in den internationalen Jetset ein, weniger in die Tradition. Dennoch bricht immer wieder ein traditionsverbundenes Verständnis durch, das vor allem durch Williams Pflichterfüllung in der Armee symbolisiert wird. Es ist ein Pop-Märchen, das die Liebesgeschichte viel mehr in die Gegenwart holt, als es das *Dress-up Dolly Book* vermag. Die Glamourhaftigkeit und Jetset-Implikationen suchen das (wohl vor allem weibliche) jugendliche Publikum in der Geschichte in eine andere Zukunft der Monarchie zu weisen.[12] Ähnliche Erzählstile sind etwa aus Fotoromanen und -geschichten (wie beispielsweise in der deutschen Jugendzeitschrift *BRAVO*) bekannt.

State of the Nation

In seinem Kommentar für den *Daily Telegraph* stellt Charles Moore die Frage „What the wedding tells the world about this happy nation of ours?" (Moore 2011). Wichtig für die Gesamtaussage dieses Kommentars ist die Seitengestaltung. Über dem Artikel thront die Karikatur Christian Adams', die ein sich küssendes Brautpaar (den medial zelebrierten Höhepunkt der Feierlichkeiten, traditionell auf dem Balkon des Buckingham Palace inszeniert) vor dem Hintergrund eines in den Himmel gehauchten Union Jack darstellt; an den Seiten ziehen dunkle Unwetterwolken ab – eine Anspielung auf die ökonomischen und politischen Schwierigkeiten des Landes, die durch die Feierlichkeiten (vorübergehend) ausgeblendet werden können. Moore spielt mit den Konzepten Kitsch und Pomp, berichtet von einer Frau, die sich ihr Kleid aus Union

---

[12] Ein weiterer Ansatzpunkt für eine ausführliche Untersuchung dieser Publikation müssten wohl die dargestellten Geschlechterrollen sein. Das Heft strotzt vor traditionell-dümmlichen Frauenbildern, die zuweilen in misogynen Karikaturen zu enden scheinen.

Jacks für £ 4 selbst genäht hatte, und dem schwelgenden Bischof von London, der Katherina von Siana mit den Worten zitiert: „'Be who God meant you to be, and you will set the world on fire'." Moore kommt zu dem Schluss, dass eine Demokratie diesen Pomp nicht annähernd imitieren könne, dass das Royale erst die Möglichkeit des Pomp einräume, und stellt sich die Frage, was ein Anthropologe, der Britannien nicht kenne, wohl aus dem Spektakel machen würde:

> Contained in this is a strong idea that how something is said in words or presented visually has delicate shades of meaning which must be respected and brought out. He would be interested to discover that the exact words used were written down 450 years ago, and that the basic form of the vows, like some of the building, is roughly a thousand years old. He would understand that these were made in the name of a Supreme Being in whose honour the whole building was constructed. He would note that the clothes, particularly of the men, denoted hierarchy, function and history all at once. He would understand that the whole thing was about love, and yet that the interests of the state were deeply engaged.
>
> But at the same time, he would see that people's attitude to the day was also amused and kind-hearted, and even vulgar. In other cultures which he had studied, he might have expected huge crowds to converge on palaces only when they were angry, or under orders. Here they strolled up laughing and waving, often with painted faces and wearing silly hats. He would observe that their pleasure was family-based and intergenerational, with the old informing the young (including a jolly old couple from Stoke-on-Trent who made people stand up for the national anthem). [...]
>
> What might he conclude then, about the culture he found himself studying? Very complicated, he might think – interesting and beautiful and alive; a high civilisation, perhaps, and even, occasionally, a happy one. (Moore 2011)

Moores zugegebenermaßen äußerst konservativer, wenn nicht gar nationalistischer, Kommentar spiegelt das Beziehungsgeflecht zwischen Nationalempfinden, Kitsch, Tradition und Selbstverständnis wider, das sich in der Zeremonie als Ganzes äußert. Das Volk fokussiert den Wunsch an sein Heimatland – wie es sein soll, aber augenscheinlich in der gegenwärtigen Situation nicht ist – auf das idealisierte Paar als Hoffnungsträger und erlaubt sich einen Moment des Glücksempfindens. Die in der Karikatur angedeutete dunkle Realität mag für den Moment ausgeblendet werden. Die Selbsttäuschung wird in Extremen realisiert, und der Kitsch ist ein Ausdruck eines solchen Extrems. Populärkulturelle Erscheinungen überschneiden sich hierbei, wie zum Beispiel die von Moore erwähnten mit Flaggen geschmückten Gesichter einiger Menschen verdeutlichen. Diese relativ junge Tradition setzte sich zunächst in den Fußballstadien durch, findet aber mittlerweile auch bei anderen Gelegenheiten Anwendung als Ausdruck der eigenen nationalen Identität: Man trägt diese – wörtlich – auf dem Gesicht. Moores Kommentar unterstreicht nicht nur, dass Kitsch (und seine ‚edlere' Form, der Pomp) an die Emotionen rühren und (wie Gelfert sagt) auf diesen ‚spielen', sondern auch, dass eben erst der Wille, diese Emotion heraufzubeschwören, den Kitsch entstehen lässt.[13] Doch es ist eben nicht nur die Eigendarstellung, sondern auch ein Statement nach außen. Die Hochzeit dürfte international mehr Aufmerksamkeit erfahren haben als die Papstwahl vor einigen Jahren oder sogar die Präsidentenwahlen in den Vereinigten Staaten. Die Emotionen, die Kitsch und Pomp für das Volk selbst generieren, scheinen sich auf Betrachter weltweit übertragen zu lassen. Gerade Deutschland muss hier hervorgehoben werden. Die Deutschen haben schon immer ein besonderes Interesse an der britischen Monarchie gezeigt; regelmäßig sendet der öffentlich-rechtliche Sender ARD die Geburtstagsparade der Königin – mit einer längeren Live-Übertragung sogar als die BBC. Und auch die Hochzeit wurde dem deutschen Fernsehpublikum in voller Länge vorgeführt; kein Sender, der nicht abends die Highlights in einer Sondersendung zusammengefasst hätte. Dieses Phänomen gehört jedoch an anderer Stelle noch ausführlicher behandelt.

---

[13] Der Herausgeberkommentar des *Telegraph* greift dieses Motiv auf mit der Überschrift „A day that was truly happy and glorious", und die Leserbriefe sind überschrieben mit der Aussage „The crowds celebrating the wedding demonstrated gratitude for the royal ideal of service" (beide ibid., S. B13). Letztere Aussage unterstreicht den Anspruch an die Monarchie, dem Land zu dienen, wie es ja auch das Motto des Prince of Wales (prominent auf jeder 2-Pence-Münze zu sehen) proklamiert: „Ich dien" (im Original auf Deutsch).

Bibliografische Angaben

(2011). *Royal Wedding. William & Kate. A Dress-Up Dolly Book*. London: Sunbird Books.

BORSÒ, Vittoria/LIERMANN, Christiane/MERZINGER, Patrick (Hgg.) (2010). *Die Macht des Populären. Politik und populäre Kultur im 20. Jahrhundert*. Bielefeld: Transcript.

BUSCHHAUS, Markus (2010). „Viele bunte T-Shirts. Das Nachleben des Ernesto Che Guevara", in: BORSÒ/LIERMANN/MERZIGER (Hgg.), 199–222.

DAHLHAUS, Carl (2007). „Über musikalischen Kitsch", in: DETTMAR/KÜPPER (Hgg.), 253–254.

Der Spiegel (2011). *Circus Krone. Vom Sinn und Wahnsinn der britischen Monarchie*, 16 (18.04.2011).

DETTMAR, Ute/KÜPPER, Thomas (2007). *Kitsch. Texte und Theorien*. Stuttgart: Reclam.

ECO, Umberto (1984). *Apokalyptiker und Integrierte. Zur kritischen Kritik der Massenkultur*. Frankfurt/Main: S. Fischer.

EDENSOR, Tim (2002). *National Identity, Popular Culture and Everyday Life*. Oxford; New York: Berg.

GELFERT, Hans-Dieter (2000). *Was ist Kitsch?* Göttingen: Vandenhoeck & Ruprecht.

GOLD, Tanya (2011). „Wills & Kate 4ever", in: *The Daily Telegraph* (09.04.2011).

GOLTZ, Anna von der (2010). „Die Macht des Hindenburg-Mythos. Politik, Propaganda und Popularität im Ersten Weltkrieg", in: BORSÒ/LIERMANN/MERZIGER (Hgg.), 31–56.

JOHNSON, Peter (1988). *Royal Memorabilia*. London: Boxtree [= Phillips Collectors Guides].

JOHNSTON, Rich/ERSKINE, Gary/JOLLANDS, Owen (of Hayena Studios)/GREEN, Paul/SHARMAN, Ian (2011). *Kate & William. A Very Public Love Story*. Barnet: Markosia Enterprises.

MOORE, Charles (2011). „What the wedding tells the world about this happy nation of ours", in: *The Daily Telegraph* (30.04.2011, B12).

NITZ, Wenke (2010). „‚Fort mit dem nationalen Kitsch!' Die Reglementierung des Umgangs mit politischen Symbolen im Nationalsozialismus", in: BORSÒ/LIERMANN/MERZIGER (Hgg.), 115–144.

PAZAUREK, Gustav Edmund (2007). „Guter und schlechter Geschmack im Kunstgewerbe", in: DETTMAR/KÜPPER (Hgg.), 116–128.

Private Eye (2011). *Fairytale Wedding Special*, 1287, 29. April–12. Mai 2011.

RAYNER, Gordon (2011). „Billion-pound brand of Wills and Kate Inc. Next month's US trip has already made millions for charity, and their potential earning power for Briatin is immense", in: *The Daily Telegraph* (18.06.2011, B11).

Internetquellen

„Land of Hope and Glory." (http://www.wikipedia.org/wiki/Land_of_Hope_and_ Glory, zuletzt geändert am 22.10.2011 [27.10.2011]).

GUMBRECHT, Hans Ulrich (2004). „Achtung Statement! Kitsch as Kitsch can.", in: *Süddeutsche Zeitung* (29.11.2004) (Online-Ausgabe [17.09.2011]).

PEYRET, Emmanuèle/POIRET, Dominique (2011). „Kate et William: mauvais goût et kitsch britannique", in: *Libération* (28.04.2011) (Online-Ausgabe [22.07.2011]).

SCRUTON, Roger (1999). "Kitsch and the Modern Predicament", in: *City Journal*, Winter 1999 (Online-Publikation, http://www.city-journal.org [11.10.2011]).

The Allee Willis Museum of Kitsch. „The Royal Wedding, a Tribute" und „The Royal Wedding, a Tribute, Part 2". (http://www.alleewillis.com/awmok/health-beauty/the-royal-wedding-a-tribute und http://www.alleewillis.com/awmok/health-beauty/the-royal-wedding-a-tribute-part-2 [11.10.2011]).

Elmar Schafroth (Düsseldorf)

Kontexte und Kreativität von *Kitsch* und *kit(s)ch*

Es bestünde für einen Sprachwissenschaftler durchaus die Möglichkeit, zu überlegen, ob es nicht kitschige Wörter oder kitschige Äußerungen geben könnte – die Existenz „kitschiger Sprachen" dürfte ja wohl ausgeschlossen werden können. Da eine solche Betrachtung aber in den Bereich der Sprach- und psychologischen Ästhetik fallen würde (vgl. Kainz 1969, Schafroth 2013), wäre dies ein nur schwer zu realisierender Ansatz. Es mag dennoch sein, dass es Wörter gibt, die Assoziationen des Kitschigen hervorrufen – von *Konnotationen* (vgl. Wunderli 1990: 156ff.) zu sprechen, erschiene mir jedoch verfehlt –, wie vielleicht Kosenamen des Typs *Schnuckelchen*, *Schatzi* oder *Bärchen*, aber dies bleibt letztlich eine Angelegenheit der individuellen Bewertung und lässt sich nicht linguistisch fassen. Es ist daher besser zu untersuchen, welche Rolle *Kitsch* und *kit(s)ch* in deutschen und französischen Texten spielen und welchen Stellenwert sie in der kreativen Wortbildung der beiden Sprachen einnehmen. Es wird daher um folgende Aspekte gehen:

1) Etymologischer Kommentar
2) Lexikologie und Korpuslinguistik
3) Kreativität in der Sprache, insbesondere in der Wortbildung
4) Lexikalische Gebrauchsmuster (rekurrente syntagmatische Kontexte)
5) Beobachtungen zur Semantik
6) Schlussbemerkung

Würde man den Fokus auf die **Etymologie** legen, wäre man schnell am Ende seiner Ausführungen. Also ist es sinnvoll, auch eine semantische Studie ins Auge zu fassen, auch wenn französisch *kitsch* und deutsch *Kitsch* auf den ersten Blick monosem zu sein scheinen. Jedoch nicht ganz, worüber weiter unten noch zu sprechen sein wird.

Somit bleiben noch lexikologische Analysen, die sowohl das kreative Potential, besonders der Wortbildung in der Rede, als auch syntagmatische Konfigurationen ins Visier nehmen, das heißt diejenigen sprachlichen Kontexte des Lexems *Kitsch*, die sich in der Performanz als üblich oder zumindest als rekurrent erwiesen haben.

Es sollen deshalb im Folgenden die Ergebnisse einer solchen lexikologischen Perspektive präsentiert, aber auch die Methoden beschrieben werden, mit denen solche Ergebnisse erzielt werden können.

Die Vorgehensweise wird im Wesentlichen sprachvergleichend sein, der Schwerpunkt muss aufgrund der unterschiedlichen Strahlungskraft der beiden Lexeme französisch *kitsch* und deutsch *Kitsch* aber unweigerlich auf das Deutsche gelegt werden. Dies hat natürlich zuallererst damit zu tun, dass das französische Wort ein Lehnwort ist und damit a priori nicht den gleichen Stellenwert haben kann wie das deutsche Pendant, welches sich Ende des 19. Jahrhunderts zu etablieren schien. Man vergleiche:

Duden. Das große Wörterbuch der deutschen Sprache in zehn Bänden ([3]1999):

Kitsch [...] [wohl zu mundart. veraltend kitschen = schmieren, eigtl. = Geschmiertes].

Wahrig. Deutsches Wörterbuch ([7]2000):

Kitsch [...] [Herkunft nicht geklärt; Deutungen: 1. < engl. *sketch* „Skizze"; 2. zu mundartl. *kitschen* „streichen, schmieren, zusammenschnorren".

Aber man muss genauer hinsehen, denn im Grunde ist deutsch *Kitsch* ein entlehnter Regionalismus. Zumindest meinen das einige, wie z.B. die Autoren der betreffenden Artikel in den Wörterbüchern von Duden und Wahrig, wobei es seltsamerweise nur *mundartlich* heißt, die genaue Herkunft jedoch nicht benannt wird. Die ursprüngliche Bedeutung solle damals ‚streichen, schmieren', auch ‚zusammenschnorren' gewesen sein.

Im etymologischen Wörterbuch von Kluge werden zwei Etymologisierungsvarianten präsentiert: *Kitsch* als Rückbildung zu *kitschen* ‚Straßenschlamm zusammenscharren, glattstreichen'; oder als Anschluss an das Verb *verkitschen* im Sinne von ‚verhökern'; demnach wäre die ursprüngliche Bedeutung von Kitsch ‚Literatur, die im Kleinhandel verhökert wird':

Kitsch [...] (19. Jh.). Um 1870 in Malerkreisen aufgekommen. Herkunft unklar. Vielleicht Anschluss an **kitschen** ‚Straßenschlamm zusammenscharren, glattstreichen' (zu **Kitsche**, dem Instrument, mit dem man dies macht). Ausgangsbedeutung wäre also ‚Geschmier'. Eine andere Möglichkeit wäre der Anschluss an *verkitschen* ‚verhökern' (→ *kitschen)* als ‚im Kleinhandel verhökerte Literatur'. Adjektiv: *kitschig*.

Kluge, Friedrich (^{25}2011): *Etymologisches Wörterbuch der deutschen Sprache*

Ein weiterer – allerdings laienlinguistischer – Interpretationsversuch lässt sich im Aufsatz des deutschen Publizisten und Kommunikationswissenschaftlers Harry Pross (1985: 19) finden, der sich bereits 1984 in seiner Schrift *Kitsch als soziales Produkt* zu diesem Thema äußerte. Demnach sei das Wort *Kitsch* um 1880 in München entstanden. „[E[s] bezeichnete damals rasch angefertigte Malereien der Schwabinger Künstler, die zum ‚Verkitschen', zum billig Verkaufen also, an Reisende und Sommerfrischler bestimmt waren". Diese Etymologie wird von Otto Best (2007: 106) auf der Basis des *Schwäbischen Wörterbuchs* von 1904 praktisch bestätigt, wo sich *Kitsch* in der Bedeutung ‚Abfall' und *verkitschen* als ‚auf listige Art verkaufen' findet.

Aufschluss zur Herkunft des deutschen Wortes gibt auch der *Dictionnaire historique de la langue française* aus dem renommierten Verlag Le Robert:

Dictionnaire historique de la langue française (Le Robert 2000):

> **KITSCH** [...] est un mot allemand introduit vers 1960 (1962, E. Morin, *L'Esprit du temps*). L'allemand *kitsch* est probablement dérivé de *kitschen* « ramasser la boue des rues » d'où « rénover des déchets, revendre du vieux » (en Bavière) plutôt qu'emprunté à l'anglais *sketch* « esquisse » [...]. Le *kitsch* s'est affirmé dans la Bavière de l'hyperromantique et maniériste Louis II, où le mot apparaît vers 1870 pour qualifier des reproductions d'art bon marché. Il connaît une première diffusion autour du modern style de 1900 et un « second souffle » mondial, contemporain du pop art, vers 1960. Concept inséparable de la triade industrie-masse-consommation, il prospère dans les lieux et les moments de civilisation « flottante ».

Dort erscheint das Lemma *kitsch* in der Makrostruktur übrigens in unmittelbarer Nähe zum Germanismus *kirsch*, der weniger etymologische Fragen aufzuwerfen scheint. *Kitsch* sei also: „[...] un mot allemand introduit vers 1960", wobei der Erstbeleg aus dem Roman *L'Esprit du temps* von Edgar Morin, 1962 erschienen, stammen soll. Weiter heißt es:

L'allemand *kitsch* est probablement dérivé de *kitschen* « ramasser la boue des rues » d'où « rénover des déchets, revendre du vieux » (en Bavière) plutôt qu'emprunté à l'anglais *sketch* « esquisse » […].

Eine Verortung des neuen Begriffs wird sodann in der Zuckergussromantik des „Kini" vorgenommen, wie er in Bayern genannt wird, des Wittelsbacher Regenten Ludwig des II. also: « Le *kitsch* s'est affirmé dans la Bavière de l'hyperromantique et maniériste Louis II, où le mot apparaît vers 1870 pour qualifier des reproductions d'art bon marché ».

Der lexikalische Export des *Kitsch* wird wie folgt weitererzählt:

> Il connaît une première diffusion autour du modern style de 1900 et un « second souffle » mondial, contemporain du pop art, vers 1960. Concept inséparable de la triade industrie-masse-consommation, il prospère dans les lieux et les moments de civilisation « flottante ».

Erstaunlich, dies nur am Rande, dass uns französische Wörterbücher über die Herkunft eines deutschen Wortes genauer Aufschluss geben als deutsche.

Verlassen wir nun die Sprachgeschichte und widmen uns der eigentlichen lexikologischen Analyse, bei der ein empirischer Ansatz, derjenige der **Korpuslinguistik**, gewählt werden soll, ja sogar muss. Denn rationalistisch-theoretisch könnte ich allenfalls der Frage nachgehen, wie sich Lehnwörter wie *kitsch* ins Sprachsystem des Französischen integrieren oder ob der „Sprachausbau" eines Lexems „im Sinne eines Prozesses der Erweiterung der Ausdrucksmöglichkeiten" (Kabatek 2006: 282) in Korrelation zur Bedeutung des Feldes, hier der Kunst, einer Gesellschaft steht.

Um diese Aussage zu überprüfen und gegebenenfalls zu korrigieren, müsste ich zumindest korpusgestützt arbeiten, also deduktiv vorgehen.

Für meine Untersuchung hier bietet sich hingegen ein korpusbasierter Ansatz an, mit Hilfe dessen im Sinne der Methode der Induktion Aussagen über das syntagmatische und paradigmatische Verhalten der beiden Lexeme getroffen werden sollen.

Es sei zum besseren Verständnis darauf hingewiesen, dass die Korpuslinguistik keine „eigenständige Disziplin der Linguistik [ist], sondern eine Methode, die den Disziplinen", hier der Lexikologie, „eine korpus-basierte Komponente hinzufügt" (Stein [3]2011: 198). Sie geht von Performanzdaten innerhalb eines sprachlichen Korpus aus, welches – dies sind die Grundvoraussetzungen – methodisch fundiert aufgestellt sein, eine exhaustive Auswertung und einen eindeutigen Kontextbezug zulassen sowie eine saubere statistische Analyse ermöglichen muss. Es soll jedoch keinesfalls verschwiegen werden, dass viele Korpora mangels methodischer Durchdringung und informationswissenschaftlichen Fundaments nicht mehr als Belegsammlungen sind, die in der Praxis oft nur mit dem Suchbefehl eines Textverarbeitungsprogramms durchforstet werden können (sofern man kein Konkordanzprogramm zur Hand hat). Korpuslinguistik ist jedoch, wenn die wissenschaftlichen Prämissen stimmen, weit mehr als Sprachstatistik, denn es sind neben quantitativen immer auch qualitative – lexikologisch-semantische, aber auch pragmatische und soziolinguistische – Analysen möglich. Korpuslinguistische Untersuchungen können sogar für die Diskurslinguistik von großem heuristischen Nutzen sein, wie gerade in letzter Zeit insbesondere in der Germanistik diskutiert und praktiziert wird.

Ich beginne mit dem größten Sprachkorpus der deutschen Gegenwartssprache, dem derzeit (11.5.2015) über 29,2 Milliarden Wortformen umfassenden und vom Institut für Deutsche Sprache herausgegeben *Cosmas II*. Die genauen Angaben finden sich im Anhang, der auch einen kleinen Teil der dort erhobenen Komposita mit dem Lexem *Kitsch* enthält. Recherchiert wurde im Archiv der geschriebenen Korpora, welches zum Zeitpunkt der Analyse (April 2014) ca. 5,6 Milliarden Wortformen, verteilt auf ca. 26,1 Millionen Texte vom 18. Jahrhundert bis heute, umfasst.[1]

Im Anschluss an die Ausführungen zu *Cosmas* werden Ergebnisse zu den Analysen des größten französischen Korpus *Frantext* präsentiert.

Damit komme ich zu meinem dritten Punkt: **Kreativität** in der Sprache, insbesondere in der **Wortbildung**.

Die Auffassung von Sprache als kreativ-dynamischem Prozess hat eine besondere Tradition in der Linguistik und Sprachphilosophie, die letztlich auf die erstmals bei Aristoteles terminologisch belegten Begriffe *enérgeia* (,Tätigkeit') und *érgon* (,Produkt') zurückgeht (vgl. Humboldt, VII: 46 und Di Cesare 1996).

---

[1] Davon sind ca. 4,28 Milliarden Wortformen in 16,7 Millionen Texten öffentlich zugänglich (5.4.2014).

„Aus dem Sprechen aber erzeugt sich die Sprache", schrieb Humboldt (VI: 180) – ebenso „nichts in ihr ist statisch, alles dynamisch" (ibid.: 146). Wir finden diesen Gedanken auch bei Weisgerber wieder, für den Sprache, „wie er es ausdrückt ‚ein Prozeß des Wortens der Welt durch eine Sprachgemeinschaft'" (Gipper 1978: 147) ist. Oder bei Chomsky, der den „kreativen Aspekt" als ein allen Sprachen gemeinsames Merkmal betrachtet (Chomsky 1965: 6). Und natürlich bei Coseriu, für den, ganz in der Tradition Humboldts, Sprache eine „kreative Tätigkeit [ist], die sich eines vorhandenen Wissens bedient, um etwas Neues zu sagen, und die neues sprachliches Wissen schaffen kann" (Coseriu 1988: 71).

Und in der Tat geht es im Folgenden um das „Worten", und um das Prinzip der *Wiedererzeugung*, welches bereits vor Humboldt, nämlich bei Leibnitz (Chomsky 1965: 51), anknüpfend an platonisches Gedankengut, im Mittelpunkt sprachphilosophischer Betrachtungen stand. Es geht also um Analogie, welche Coseriu in Anlehnung an die Junggrammatiker und an de Saussure als „Rückführung eines Tatbestandes auf einen *anderen*" (^{3}1979: 79) oder auch als „Regelmäßigkeit oder Proportionalität des Verhältnisses von Inhalt und Ausdruck" (1988: 239) bezeichnet hat.

Analogie und Kreativität stehen somit im Mittelpunkt unserer folgenden Betrachtungen zu den Lexemen *Kitsch* im Deutschen und Französischen.

Hierfür eignet sich eine Paradedisziplin der Analogie, die **Wortbildung**, die zunächst am Verfahren der Komposition mit *Kitsch* als erstem und zweitem Element untersucht werden soll. Und gerade das Deutsche hat ein unglaubliches Potential in der Bildung neuer Komposita, also auch solcher, die noch nicht textbelegt sind und somit Augenblicksbildungen darstellen. Da es als germanische Sprache rechtsköpfig ist, ist es prädestiniert für Linkserweiterungen des Typs *Donaudampfschiffahrtsgesellschaft*, wobei *Gesellschaft* das Determinatum ist, welches von allen links davon stehenden Lexemen bestimmt wird, die zueinander auch wieder im Verhältnis Determinans plus Determinatum stehen. Aber auch Rechtserweiterungen sind jederzeit möglich und äußerst produktiv, wobei das Determinatum immer weiter nach rechts rutschen kann und die berühmte *Donaudampfschiffahrtsgesellschaftskapitänsmütze* ermöglicht, die sich selbstverständlich noch weiter nach rechts modifizieren ließe.[2] Im untersuchten Korpus wurden nach Aussortierung aller Schreib- und Numerusvarianten sowie Eigennamen und anderer Wortbildungsmuster 785 verschiedene *X-Kitsch*-Bildungen erhoben (*X* steht für das erste Element der Wortzusammensetzung), denen ca. 650 *Kitsch-X*-Komposita gegenüberstehen – nicht mitgezählt sind koordinierte Adjektivkomposita mit *kitschig*, also z.B. *kitschig-klebrig* oder *kitschig-idyllisch*. Der Einfallsreichtum der Autoren reicht beim ersten Typ vom *Adventskitsch* und *Betroffenheitskitsch* über *Capri-Grotten-Kitsch, Designer-Kitsch, Kunstkitsch, Jung-Mozart-Kitsch* und *Saint-Michel-Kitsch* bis zum *Wagner-Kitsch* und *Zipfelmützenkitsch*. Nicht fehlen dürfen natürlich hyperbolische Bildungen des Typs *Gigakitsch, Mega-, Riesen-, Überkitsch, Ultra-* und *Vollkitsch*.

Umgekehrt entdeckt man im Korpus Ad-hoc-Bildungen des zweiten Kompositionstyps, also *Kitsch-X*, wie *Kitschalarm, Kitsch-Appeal, Kitschgarantie, Kitschgrausamkeiten, Kitsch-Intarsien, Kitsch-Karriere, Kitschkunst, Kitsch-Overkill*, oder auch *Kitsch-Sarkophag, Kitschsoziologie* und *Kitschwetter*.

Wer glaubt, die lexikalische Kreativität erschöpfe sich in Komposita, wird anhand der Belege aus *Cosmas* eines Besseren belehrt: *kitsch* ist als lexikalische Basis auch für Derivationen produktiv, etwa Suffigierungen wie *Kitschismus, Kitschist,* oder – als hybride Ableitung mit französischem bzw. englischem Suffix – *Kitschier* und *kitschy*, oder natürlich auch als Wortkreuzungen mit Wortspielcharakter, wie *Kitschistan, Kitschival*.

Der *Kitsch*-Kreativität scheinen keine Grenzen gesetzt zu sein. Während man *verkitschen* und *Verkitschung* noch im Duden findet, sind folgende verbale Derivationen von Wörterbüchern nicht erfasst. Sie unterstreichen den kommunikativen Marktwert des sprachlichen Zeichens *Kitsch*, der meist einhergeht mit der Originalität der Autoren oder mit dem ironischen Unterton der Texte: *angekitscht* (attributiv zu: *Ölgemälde, Saxophon-Musik, Salonmalerei, Latin-Anklänge, Volksmusik); bekitschen* (ein Beispiel mit Aktualitätsbezug: „die Supermärkte bekitschen ihre Kundschaft mit weihnachtlichem Gedudel"); *entkitschen* („die Trachtenmode entkitschen", „Franz von Assisi entkitschen",

---

[2] Weitere in Texten dokumentierte Bandwurmwörter sind etwa *Rindfleischetikettierungsüberwachungsaufgabenübertragungsgesetz* und *Grundstücksverkehrsgenehmigungszuständigkeitsübertragungsverordnung*.

"Romeo und Julia entkitschen", "Hippie-Hymnen entkitschen", "ein entkitschendes Regie-Konzept").[3]

Nun ist es an der Zeit, auf das Französische zu blicken. Auch wenn die *online* gegen Lizenz verfügbare Datenbank *Frantext* mit knapp 250 Millionen laufenden Wortformen rund 20-mal kleiner ist als das deutsche Pendant *Cosmas*, so kann man aus den relativ wenigen Belegen für *kitsch* bzw. *kitch* (55 an der Zahl) – zum Vergleich, ein Wort wie *style* weist eine 200-fach höhere Frequenz auf – dennoch präferierte Muster erkennen. Diese äußern sich, dem französischen Sprachtypus entsprechend, in erster Linie in Form syntagmatischer Verbindungen:

Das Lexem *kitsch* tritt abgesehen von seiner nominalen Rolle (*kitch victorien, kitsch psychologique,* le *ridicule du kitsch*) in erster Linie in adjektivischer Funktion auf – prädikativ, wie in *c'est un peu kitsch,* oder, sehr viel häufiger, attributiv: *image kitch, la mode kitsch, charme kitsch, cendriers kitsch. Kitsch* müsste, wenn es wirklich als Adjektiv verwendet wird, durch ein Adverb modifiziert werden können. Wir haben hierfür in der Tat genügend Belege, wie man anhand der folgenden Auswahl erkennen kann: *un peu kitsch, gentiment, bien, trop, richement, très kitsch, assez, tellement, moins kitsch.*

Kompositionen sind eher spärlich belegt: *néo-kitsch, néo-réalisto-kitsch* oder auch als koordinierte Adjektivverbindung *ennuyeux-kitsch.*

Als zusätzliches Korpus wurden die bei Google Books einsehbaren Reiseführer *Le petit Futé* herangezogen, welche sowohl französische Städte und Regionen als auch Länder weltweit erfassen. Rekurrente Verbindungen, bei denen *kitsch* determinierendes Element in adjektivischer Verwendung ist, sind etwa: *accessoires, atmosphère, cadre, décoration, décor, ensemble, lampes, lustres, salle(s), salon, style kitsch.* Auffallend oft wird das Attribut *kitsch* dabei mit einem dezidiert positiven Werturteil verknüpft, so z. B. bei Hotelbeschreibungen im Reiseführer ‚Moskau': « c'est très kitsch et très confortable », « c'est très kitsch mais agréable », « le style classique vieillot kitsch et confortable », oder zur Beschreibung eines Cafés in Krakau: « un petit café ‚littérature' kitsch et charmant », eines Restaurants in der Normandie « Kitsch, le petit train? Peut-être, mais tellement agréable pour visiter Dieppe en famille! », oder eines Cafés in Lissabon: « cette minuscule et adorable boutique kitsch ». Ein

---

[3] Weitere Fälle sind *zugekitscht* („zugekitschtes Liedgut"), *eingekitscht, entkitscht, herumkitschen, hinauskitschen, zusammengekitscht.*

Gegenstand, oder hier ein Ort, mag aus künstlerisch-ästhetischer Sicht „Kitsch" sein, und hier manifestiert sich meines Erachtens auch ein gewisser Bildungsanspruch bei Verfassern von Reiseführern, aber die Nebenerscheinungen – oder sind es doch die wichtigen Eigenschaften? – scheinen nur allzu oft menschlichen Bedürfnissen nach Bequemlichkeit, Entspannung oder kulinarischer Qualität zu entsprechen. Fast fühlt man sich an Frank Wedekinds Ausspruch „Ich warne dich, leichtfertig mit dem Ausdruck Kitsch umzugehen" erinnert (Dettmar/Küpper 2007: 8).

Damit komme ich zum vierten Punkt. Betrachten wir nun die aus der Datenanalyse gewonnenen **lexikalischen Gebrauchsmuster**, rekurrente syntagmatische Verbindungen also, die entweder „nur" signifikant häufige Kookkurrenzen darstellen oder womöglich sogar Kollokationen im Sinne Franz Josef Hausmanns, das heißt typische lexikalische Zweierverbindungen, die für Muttersprachler als „Halberfertigprodukte der Sprache" kognitiv blockverfügbar sind (Hausmann 1984: 398). Sprachliche Kreativität äußert sich demnach nicht nur am Zeichen selbst, sondern auch in der « réunion des signes linguistiques dans un enchaînement ou énoncé qui forme l'unité de signification de la phrase » Louis Guilbert (1975: 15).

Es bestehen im Französischen zum Lexem *kitsch* folgende Kollokationen und Kookkurrenzen: *confiner au kitsch, côtoyer le kitsch, tirer un peu sur le kitsch, tomber dans le kitsch*. Oder, hyberbolisch: *C'est kitsch à mort, kitsch jusqu'au bout, le comble du kitsch, kitsch achevé, les sommets du kitsch, kitsch en concentré, kitsch à souhait, ultra kitsch* – bzw. euphemistisch oder zumindest diminuierend: *un tantinet kitsch, quelque peu/un peu/assez kitsch, une pointe de kitsch, gentiment kitsch, un léger soupçon de kitsch*.

Die Schlussfolgerungen, die wir daraus ziehen können, sind, dass das Lexem *kitsch* auch im Französischen einen beträchtlichen Attraktionsgrad aufweist und durch verbale Kollokatoren wie *confiner, côtoyer* oder *tomber dans* sowie durch eine Vielzahl intensivierender oder euphemistisch-abschwächender Attribute eine durchgehend negative Konnotation aufweist.

Im deutschen Korpus können die Kookkurrenzen nach statistischen Parametern berechnet werden. Folgende Übersicht listet die häufigsten Verbindungen zwischen dem Substantiv *Kitsch*, der Konjunktion *und* sowie einem weiteren Substantiv auf.

- *Kunst [und] Kitsch*
- *Kitsch [und] Kommerz*
- *Kitsch [und] Kult*
- *Kitsch [und] Trödel*
- *Kitsch [und] Pathos*
- *Kitsch und Krempel*
- *Kitsch [und] Klischees*
- *Kitsch und Ramsch*
- *Kitsch [und] Nippes*
- *zwischen Emotion und Kitsch*
- *Antiquitäten und auch ... Kitsch*
- *Kitsch [und] Sentimentalität*
- *Kitsch und Kurioses*
- *Kitsch [und ...] Romantik*
- *Kitsch [und] Klamauk*
- *Kitsch und Krimskrams*
- *Kitsch [und ...] Ironie*
- *Kitsch [und] Kram*
- *Kitsch und Naivität*
- *Pomp [und] Kitsch*
- *Kitsch [Glanz und] Glamour*
- *Trivialität und mit ... Kitsch*
- *Kitsch [und] Schmalz*
- *Ikone von Kitsch [und] Schund*
- *Kitsch und Kolportage*

An erster Stelle liegt *Kunst und Kitsch*. Bei näherer Betrachtung der Liste wird deutlich, dass das Feld der Kunst eindeutig die Quelldomäne für die Verwendung des Wortes *Kitsch* ist.

Hier sind die adjektivischen Attribute ebenso wie im Französischen intensivierender, aber auch pejorativer Natur: *purer, reinster, blanker, sentimentaler, süßlicher, knalliger, unsäglicher, widerwärtiger, billiger, hausbackener, verstaubter, pathetischer, grauenvoller, klebriger, schwülstiger* usw. *Kitsch*. Adjektive mit positiver Konnotation sind deshalb selten, wobei *süffiger Kitsch* vermutlich auch nur ironisch gemeint sein dürfte.

Damit komme ich zu meinem letzten Punkt: Beobachtungen zur **Semantik**. Nach Christoph Schwarze werden in der lexikalischen Semantik zwei Methoden angewandt: „les méthodes de découverte et les méthodes de représentation". Während die Repräsentationsmethode z. B. in der strukturellen Semantik durch die Komponentenanalyse verwirklicht ist (man zerlegt die als bekannt vorausgesetzten Bedeutungen in kleinere Bestandteile), verfolge die „méthode de découverte" in erster Linie folgende Ziele:

> l'observation du comportement des mots dans les textes, y compris dans des contextes artificiellement créés, et l'observation de leur aptitude à désigner des objets ou des situations, réelles ou imaginées (Schwarze 2001: 5).

Kommen wir auf die deutschen Komposita mit *Kitsch* als erster oder zweiter Konstituente zurück. Eine Analyse der syntaktischen und semantischen Beziehungen der beiden Konstituenten ergibt eine erstaunliche Palette an verschiedensten inhaltlichen Relationen, die wir mit unserem sprachlichen und enzyklopädischen Wissen allerdings problemlos meistern:
Etwa:
Barbie-Kitsch: das heißt: Barbiepuppen sind Kitsch,
Saint-Michel-Kitsch: die an der Place Saint-Michel verkauften Andenken sind Kitsch, oder, anders:
Ablenkungskitsch: Kitsch dient als Ablenkung
   Oder, komplexer, weil hier die Verknüpfung zu einer Metaebene impliziert ist: *Afrika-Kitsch*: Die Darstellung von Afrika (in einem Film z. B.) ist Kitsch; ähnlich, auf den ersten Blick, jedoch ziemlich katachrestisch: *Behinderten-Kitsch*. Man muss sich den Beleg jedoch genauer ansehen:

> Gegen den deutschen Kinotrend setzt die junge Regisseurin Caroline Link ihren leisen, schönen Film "Jenseits der Stille". Sie erzählt darin die Geschichte der hörenden Tochter zweier gehörloser Eltern, die ausgerechnet über die Musik den Weg ins Erwachsenenleben findet. Dabei verzichtet sie auf **Behinderten-Kitsch** und Sentimentalität, sondern öffnet ein Fenster in eine fremde Welt der ausdrucksstarken Blicke und tanzenden Gebärden, die oft mehr sagen als tösende Worte. (*Rhein-Zeitung*, 18.12.1996)

Die Ad-hoc-Bildung *Behinderten-Kitsch* ist somit wie folgt zu lesen: Die Regisseurin verzichtet darauf, das Thema ‚Behinderte' so sentimental darzustellen, dass es kitschig erscheinen könnte.
   Mit anderen Worten: Wir meistern es eigentlich spielend, die diesen Komposita virtuell zugrundeliegenden Sätze, so eine Theorie aus der generativen Grammatik, mental zu repräsentieren.

Heißt das nun, *Kitsch* ist – zumindest in seiner Aktualisierung in Texten, also in der Rede – polysem? Das größte Wörterbuch der französischen Sprache, der *Trésor de la langue française*, gibt zwei Bedeutungen von *Kitsch* an, zum einen:

> Caractère esthétique d'œuvres et d'objets, souvent à grande diffusion, dont les traits dominants sont l'inauthenticité, la surcharge, le cumul des matières ou des fonctions et souvent le mauvais goût ou la médiocrité,

und dann, *par métonymie*: « ce qui offre ce caractère ». Es wird also unterschieden zwischen einer Qualität und dem Träger dieser Qualität.

Im größten Wörterbuch der deutschen Sprache hingegen wird zum einen ausschließlich das Objekt in den Mittelpunkt der Bedeutungsparaphrase gestellt und zum anderen die kunstästhetische Perspektive fokussiert:

> Kitsch [...] aus einem bestimmten Kunstverständnis heraus als geschmacklos empfundenes Produkt der darstellenden Kunst, der Musik od. Literatur; geschmacklos gestalteter, aufgemachter Gebrauchsgegenstand [...].

Wenn man aber Korpuslinguistik betreibt und sich der Gebrauchstheorie der Bedeutung Wittgensteins verpflichtet sieht („Der Gebrauch des Wortes in der Sprache ist seine Bedeutung", hier zitiert nach Hans Jürgen Heringer (1999: 10)), so entdeckt man (deshalb auch *méthode de découverte*) immer wieder, dass die Lexikographie nur die „stabilen" Bedeutungen, diejenigen der *langue* sozusagen, erfassen kann und die akzidentellen *parole*-Spielarten dem sprachlichen Wissen der Muttersprachler überlassen muss, da wir diese in der Kommunikation offenbar ad hoc und kontextsensitiv problemlos und meist effizient einzusetzen und zu dekodieren wissen. „Wenn die Bedeutung der Zeichen das ist", so Heringer (1999: 23), „was den Sprechern Kommunikation und Verstehen ermöglicht, dann ist es abstrus anzunehmen, einige Experten kännten die wahre Bedeutung."

Die französischen Belege aus *Frantext* scheinen sich innerhalb des vom *Trésor* vorgegebenen semantischen Rahmens zu bewegen: *cendriers kitsch, kitsch hollywoodien, musique orientale kitsch*, wobei zumindest Roland Barthes' *kitsch psychologique* oder die Verbindungen *économie néo-kitsch* und *logique kitsch* außerhalb der Dinglichkeit und außerhalb des Feldes ‚Kunst' liegen.

Ungleich größer ist die lexikalische Kreativität im Deutschen, sowohl was die formale als auch was die inhaltliche Seite betrifft. Das Wort *Kitsch* hat im Deutschen demnach folgende – kontextsensitive – Bedeutungen:
  1) im Kontext von (bzw. in Opposition zu) anerkannter Kunst, Literatur, Musik usw.: zum einen die „Eigenschaft des Geschmacklosen usw.", zum anderen „ein Gegenstand, der diese Eigenschaft besitzt". Darüber hinaus aber, wie wir gesehen haben:
  2) außerhalb des Kontextes ‚Kunst', die Darstellung eines Inhalts oder eines Themas, die als oberflächlich oder stereotyp empfunden und daher kritisiert oder abgelehnt wird. Beispiele wie *Behinderten-Kitsch, Afrika-Kitsch* oder auch *Ideologiekitsch, Gutmenschen-Kitsch* legen diese Schlussfolgerung nahe.

Mit anderen Worten: *Kitsch* ist auf dem Weg, im Deutschen noch deutlicher als im Französischen, ein *passe-partout*-Prädikat zur negativen Beurteilung von Dingen und Verhaltensweisen zu werden und hätte damit sein Pendant in dem, was im Französischen mit dem Attribut *argot* (« Ce n'est pas français, c'est de l'argot! ») als negatives Werturteil über fehlerhafte oder unverständliche Sprache ausgesagt wird.

Eine rasche **Schlussbemerkung**: Was hat diese Untersuchung gebracht?

Sie hat zum einen gezeigt, dass der *potentielle* Ausbau des Wortschatzes einer Sprache gewaltig ist, legt man die Textwörter zu Grunde, also alle Belege inklusive Neu- und Augenblicksbildungen, dass jedoch der in Wörterbüchern festgehaltene Lexembestand lediglich einen winzigen Bruchteil der de facto in der *parole* produzierten, aber auch nur einen kleinen Teil der rekurrenten Bildungen erfassen kann. Er ist jedenfalls viel kleiner als die in der *Duden-Grammatik* erwähnten zwei Drittel textbelegten Wortbildungen, welche angeblich von Wörterbüchern registriert werden (409). Wir haben gesehen, dass dem ganz und gar nicht so ist.

Zum anderen konnten wir sehen, dass die Lexeme deutsch *Kitsch* und französisch *kitsch* einer unterschiedlichen sprachlichen Kreativität unterliegen, was am Lehnwortcharakter des französischen Wortes an sich und am vergleichsweise späten Entlehnungszeitpunkt liegen kann. Dies in gesicherter Weise zu beurteilen würde allerdings die Existenz eines weitaus größeren Korpus der französischen Sprache als *Frantext* voraussetzen.

Die Ergebnisse meiner Analysen haben, denke ich, deutlich gemacht, wie sich lexikalische Kreativität durch Analogie nicht nur auf der formalen, sondern auch auf der inhaltlichen Ebene niederschlägt. Und sie haben einmal mehr gezeigt, dass wir, um mit Coseriu zu sprechen, eigentlich nicht eine Sprache lernen, sondern, „in einer Sprache schöpferisch tätig [zu] werden", das heißt, wir erfahren die „in ihr bestimmenden Normen, die Anweisungen, die Wegweiser des Systems sowie die Elemente [...], welche das System uns als Grundmuster für unseren dann ganz neuen Ausdruck jeweils bereitstellt" (Coseriu 1975: 89f., nach Duden-Grammatik 1998: 409).

Oder, besser, lassen wir das Original zu Wort kommen: „Die individuelle sprachschöpferische Tätigkeit, die in der Rede entspringt, kann selbst das Prinzip und die Art und Weise des Sprachverfahrens modifizieren" (Humboldt, VI: 180).

Und Humboldt sagt auch, dass die „Menge des zu Bezeichnenden und zu Verknüpfenden in der Sprache" (VII: 62) niemals erschöpft werden kann.

Bibliografische Angaben

Korpora und Wörterbücher

books.google.com (*Le petit futé Amsterdam, Asie centrale, Lisbonne, Moscou, Normandie, St-Pétersbourg* etc.).

COSMAS II (2003–2011): *Corpus Search, Management and Analysis System*. Institut für Deutsche Sprache (https://cosmas2.ids-mannheim. de/cosmas2-web/) (letzter Zugriff: 12.11.2011).

Dictionnaire historique de la langue française ([2]1998). Sous la direction de Alain Rey. 3 vols. Réimpression 2000. Paris: Dictionnaires LE ROBERT.

Dudenredaktion (Hg.) ([3]1999): *Duden. Das große Wörterbuch der deutschen Sprache in zehn Bänden*. 3., völlig neu bearbeitete und erweiterte Auflage, hg. v. Wissenschaftlichen Rat der Dudenredaktion. Mannheim u. a.: Dudenverlag.

Dudenredaktion (Hg.) ([5]2003). *Duden. Deutsches Universalwörterbuch*. Mannheim u.a.: Dudenverlag (CD-ROM).

Frantext: http/www.atilf.fr/frantext.htm (letzter Zugriff: 14.11.2011).

KLUGE, Friedrich ([25]2011). *Etymologisches Wörterbuch der deutschen Sprache*. Berlin: de Gruyter.

Trésor de la Langue Française. Dictionnaire de la langue du XIXe et XXe siècle (1789–1960) (1971–1994). Paul Imbs, Bernard Quemada (dir.). 16 vols. Paris: Éditions du Centre National de la Recherche Scientifique (vols. 1–10), Paris: Gallimard (vols. 11–16).

Trésor de la langue Française informatisé (2002–). http://atilf.atilf.fr/tlf.htm. Paris/Nancy, CNRS, Université de Nancy 2, ATILF.

Wahrig. Deutsches Wörterbuch ([7]2000). Neu hg. v. Renate Wahrig-Burfeind. Gütersloh: Bertelsmann.

Sekundärliteratur

BEST, Otto F. (2007). „‚Auf listige Weise Kleinhandel betreiben'. Zur Etymologie von ‚Kitsch'", in: DETTMAR/KÜPPER (Hgg.), 105–109.

BORSCHE, Tilman (Hg.) (1996). *Klassiker der Sprachphilosophie. Von Platon bis Noam Chomsky*. München: Beck.

CHOMSKY, Noam (1965). *Aspects of the Theory of Language*: Cambridge; Massachusetts: The M.I.T. Press.

COSERIU, Eugenio (³1979). *Sprache: Strukturen und Funktionen.* Tübingen: Narr.

COSERIU, Eugenio (1988). *Sprachkompetenz. Grundzüge der Theorie des Sprechens.* Tübingen: Francke.

DETTMAR, Ute/KÜPPER, Thomas (Hgg.) (2007). *Kitsch. Texte und Theorien.* Stuttgart: Reclam.

DI CESARE, Donatella (1996). „Wilhelm von Humboldt (1767-1835)", in: BORSCHE (Hg.), 275–289.

DIETRICH, Wolf et al. (Hgg.) (2006). *Lexikalische Semantik und Korpuslinguistik.* Tübingen: Narr.

DUDENREDAKTION (Hg.) (⁶1998). *Duden. Grammatik der deutschen Gegenwartssprache.* Mannheim u. a.: Dudenverlag.

GIPPER, Helmut (1978). *Sprachwissenschaftliche Grundbegriffe und Forschungsrichtungen.* München: Hueber.

GUILBERT, Louis (1975). *La créativité lexicale.* Paris: Larousse.

HAUSMANN, Franz Josef (1984). „Wortschatzlernen ist Kollokationslernen. Zum Lehren und Lernen französischer Wortverbindungen", in: *Praxis des neusprachlichen Unterrichts* 31, 395–406.

HERINGER, Hans Jürgen (1999). *Das höchste der Gefühle. Empirische Studien zur distributiven Semantik.* Tübingen: Stauffenburg.

HUMBOLDT, Wilhelm von (1903–1936). *Gesammelte Schriften.* Im Auftrag der Königlich Preußischen Akademie der Wissenschaften, hg. von Albert Leitzmann. 17 Bände. Berlin: B. Behr's Verlag. Photomechanischer Nachdruck Walter de Gruyter & Co., Berlin 1968.

KABATEK, Johannes (2006). „,Bedeutungsausbau' und Corpora", in: DIETRICH et al. (Hgg.), 281–300.

KAINZ, Friedrich (1969). *Psychologie der Sprache.* 5 Bde. Stuttgart: Enke.

LEMNITZER, Lothar/ZINSMEISTER, Heike (2006). *Korpuslinguistik. Eine Einführung.* Tübingen: Narr.

POLZIN, Claudia (1997). „Kreativität in der Wortbildung – kontrastiv gesehen", in: Perry REISEWITZ (Hg.), *Kreativität. Beiträge zum 12. Nachwuchskolloquium der Romanistik.* Bonn: Romanistischer Verlag, 269–279.

POSER, Hans (1996). „Gottfried Wilhelm Leibnitz (1646–1716)", in: BORSCHE (Hg.), 147–160.

PROSS, Harry (1985). „Kitsch oder nicht Kitsch", in: DERS. (Hg.), 19–30.

PROSS, Harry (Hg.) (1985). *Soziale und politische Aspekte einer Geschmacksfrage.* München: List.

SCHAFROTH, Elmar (2013). „Diskurstraditionen der Sprachapologetik", in: DERS. / Martina NICKLAUS/Christine SCHWARZER/Domenico CONTE (Hgg.), *Italien, Deutschland, Europa: Kulturelle Identitäten und Interdependenzen/Italia, Germania, Europa: fisionomie e interdipendenze.* Oberhausen: Athena, 294–349.

SCHWARZE, Christoph (2001). *Introduction à la sémantique lexicale.* Tübingen: Narr.

STEIN, Achim (^{3}2010). *Einführung in die französische Sprachwissenschaft.* Stuttgart/Weimar: Metzler.

WARNKE, Ingo H./SPITZMÜLLER, Jürgen (Hgg.) (2008). *Methoden der Diskurslinguistik. Sprachwissenschaftliche Zugänge zur transtextuellen Ebene.* Berlin; New York: de Gruyter.

WUNDERLI, Peter (1990). „Französisch: Lexikologie und Semantik", in: Günter HOLTUS/Michael METZELTIN/Chistian SCHMITT (Hgg.), *Lexikon der Romanistischen Linguistik.* Bd. V,1: *Französisch.* Tübingen: Niemeyer, 94–112.

Anhang: Belege aus *COSMAS II*

I) X-Kitsch

Suchanfrage (12.11.2011): *kitsch nicht Kitsch nicht Nikitsch
Ergebnis: 785 Worttypen (*types*), alphabetisch aufsteigend (unbereinigt 844):

„Barbie"-Kitsch; „Heidiland"-Kitsch; „Künstler-erklären-den-Tiefgang-ihrer-Werke"-Kitsch; „Scarlett"-Kitsch; „Titanic"-Kitsch; 1001-Nacht-Kitsch; 50er-Jahre-Kitsch; 60er-Jahre-Kitsch; 70er-Soundtrack-Kitsch; Abenteuerkitsch; Ablenkungskitsch; Adelskitsch; Adventskitsch; Afrika-Kitsch; Agitprop-Kitsch; Ägypten-Kitsch; Akkordkitsch; Alabaster-Kitsch; Allerweltskitsch; Alltagskitsch; Almrauschkitsch; Alpenkitsch; Alpenrosenkitsch; Alpensouvenirkitsch; Älpler-Kitsch; Altherrenkitsch; Altösterreich-Kitsch; Amerika-Kitsch; Ami-Kitsch; Andenken-Kitsch; Ansichtskarten-Kitsch; Apelkitsch; Apokalypse-Kitsch; Apokalysenkitsch; Arbeiterkitsch; Architektur-Kitsch; Armen-Kitsch; Arrangier-Kitsch; Ärzte-Kitsch; Asia-Kitsch; Asien-Kitsch; Atomkitsch; Aufarbeitungskitsch; Ausstattungskitsch; Austro-Kitsch; Authentizitätskitsch; Avantgardekitsch; Bajuwarenkitsch; Balladenkitsch; Balz-&-Betten-Kitsch; Bambi-Kitsch; Barockkitsch; Baum-Kitsch; Baumarkt-Kitsch; Baumumarmungskitsch; Bayernkitsch; Beatles-Kitsch; Begleitkitsch; Behinderten-Kitsch; Beinahe-Kitsch; Bekenntniskitsch; Beleuchtungskitsch; Berg-Kitsch; Berufungs-Kitsch; Besinnungskitsch; Betamax-Breitwand-Kitsch; Betroffenheitskitsch; Bewahrungskitsch; Beziehungskitsch; Bibel-Kitsch; Biker-Kitsch; Bild-Kitsch; Billigst-Kitsch; Bio-Kitsch;

Biokitsch; Blumenkitsch; Blut-und-Boden-Kitsch; Blütenkitsch; Bogenkitsch; Bogner-Kitsch; Bohemien-Kitsch; Bollenhut-Kitsch; Bollywood-Kitsch; Bombast-Kitsch; Boulevard-Kitsch; Bourgeoisie-Kunstkitsch; Brauchtumskitsch; Brauerei-Kitsch; Breitwand-Kitsch; Broadway-Kitsch; Brutalo-Kitsch; Bühnenkitsch; Bürgerkriegskitsch; Burgfräulein-Kitsch; Capri-Grotten-Kitsch; Charakterkitsch; Cherubinen-Kitsch; Chirurgenkitsch; Christbaumkitsch; Christkindl-Kitsch; Christo-Kitsch; Cinemascope-Kitsch; Coca-Cola-Kitsch; Computerkitsch; Cool-Kitsch; Courths-Mahler-Kitsch; Cowboy-Kitsch; Cross-over-Kitsch; DDR-Kitsch; De-Kitsch; Deko-Kitsch; Dekorationskitsch; Designer-Kitsch; Devotionalien-Kitsch; Devotionskitsch; Dialog-Kitsch; Diana-Kitsch; Dirndl-Kitsch; Disco-Kitsch; Disney-Kitsch; Disney-Weihnachtskitsch; Disneyland-Kitsch; Donald-Duck-Kitsch; Dreisternekitsch; Duce-Kitsch; Duettkitsch; Durchhaltekitsch; Dürer-Kitsch; Dürerkitsch; Easy-Listening-Kitsch; Edel-Finde-Siecle-Kitsch; Edelkitsch; Ehrlichkeitskitsch; Eier-Kitsch; Einheitskitsch; Einsamkeitskitsch; Elektronikkitsch; Elendskitsch; Elfenkitsch; Elgar-Edelkitsch; Elvis-Kitsch; Emanzipations-Kitsch; Emotionalkitsch; Emotionskitsch; Engelkitsch; Erbauungskitsch; Ergriffenheitskitsch; Erinnerungskitsch; Erkenntniskitsch; Erlöserkitsch; Erlösungskitsch; Erotik-Kitsch; Erwachsenenkitsch; Erziehungskitsch; Esoterik-Kitsch; Ethno–Kitsch; Ethno-Hollywood-Kitsch; Euro-Gefühls-Kitsch; Euro-Kitsch; Event-Kitsch; Existentialistenkitsch; Exportladenkitsch; Extremkitsch; Familienkitsch; Fantasy-Kitsch; Fantasy-Weichzeichnerkitsch; Faschingskitsch; Fassadenkitsch; Federnkitsch; Feiertagskitsch; Ferienhäuschenkitsch; Fernostkitsch; Fernseh-Kitsch; Festtagskitsch; Feudal-Kitsch; Feuilleton-Kitsch; Feuilletonisten-Kitsch; Filmkitsch; Filmplakat-Kitsch; Fin-de-siècle-Kitsch; Firlefanzkitsch; Folklore-Kitsch; Forte-Kitsch; Foto-Romanza-Kitsch; Frontkitsch; Führer-Kitsch; Fußballkitsch; [...].

II) Kitsch-X

Suchanfrage (14.11.2011): Suchanfrage: Kitsch* nicht Kitsch nicht kitschig
Ergebnis: 654 Worttypen (*types*), alphabetisch aufsteigend (unbereinigt 950):

Kitsch-„Aida"; Kitsch-Abenteuer; Kitsch-Abgrund; Kitsch-Abstraktionen; Kitsch-Accessoires; Kitsch-Affen; Kitsch-Alarm; Kitsch-Alarm-Sirene; Kitsch-Allergie; Kitsch-Alpenveilchen; Kitsch-Alptraum; Kitsch-Ambiente; Kitsch-Ambitionen; Kitsch-Amerikanismus; Kitsch-Anflug; Kitsch-Angriff; Kitsch-Apotheose; Kitsch-Appeal; Kitsch-Arabien; Kitsch-Archäologin; Kitsch-Areal; Kitsch-Arkadien; Kitsch-Arsenal; Kitsch-Artikel; Kitsch-as-Kitsch-Can; Kitsch-as-Kitsch-can-Brevier; Kitsch-Assoziationen; Kitsch-Ästhetik; Kitsch-Attacken; Kitsch-Attentäter; Kitsch-Auktionare; Kitsch-Ausstellung; Kitsch-Auswüchse; Kitsch-Autor; Kitsch-Ballade; Kitsch-Ballast; Kitsch-Barriere; Kitsch-Bedürfnis; Kitsch-Begriff; Kitsch-Berglandschaft; Kitsch-Bestsellerautorin; Kitsch-Bild; Kitsch-Bildchen; Kitsch-Bilderbuch; Kitsch-Biographie; Kitsch-Blumen; Kitsch-Bombardement; Kitsch-Bombast; Kitsch-Boudoir; Kitsch-Bühne; Kitsch-Büste; Kitsch-Button; Kitsch-Chanteuse; Kitsch-Chiffren, Kitsch-Choreograph; Kitsch-Christmas-Knaller; Kitsch-Cocktail; Kitsch-Collage; Kitsch-Country; Kitsch-Darsteller; Kitsch-Deko; Kitsch-Dekor; Kitsch-Design; Kitsch-Devotionalien; Kitsch-

Dialoge; Kitsch-Dias; Kitsch-Disco; Kitsch-Dosier; Kitsch-Drama; Kitsch-Drama-Dramaturgie; Kitsch-Duo; Kitsch-Ebene; Kitsch-Ecke; Kitsch-Effekte; Kitsch-Ehen; Kitsch-Einfälle; Kitsch-Elefanten; Kitsch-Elementen; Kitsch-Ende; Kitsch-Engelchen; Kitsch-Englein; Kitsch-Ensemble; Kitsch-Ente 1 Kitsch-Epos; Kitsch-Erotik; Kitsch-Expreß; Kitsch-Exzesse; Kitsch-Fabrikant; Kitsch-Falle; Kitsch-Familie; Kitsch-Fan; Kitsch-Festival; Kitsch-Fettnäpfchen; Kitsch-Figuren; Kitsch-Film; Kitsch-Finale; Kitsch-Forum; Kitsch-Fraktur; Kitsch-Führungen; Kitsch-Galerien; Kitsch-Gardinen; Kitsch-Gedicht; Kitsch-Gefahr; Kitsch-Gegenstände; Kitsch-Gemälde; Kitsch-Geschichte; Kitsch-Geschichten; Kitsch-Geschütz; Kitsch-Ghettos; Kitsch-Grenze; Kitsch-Größen; Kitsch-Hänger; Kitsch-Hasser; Kitsch-Hauptpreis; Kitsch-Heimatfilms; Kitsch-Highlight; Kitsch-Hit; Kitsch-Hochzeit; Kitsch-Höhepunkt; Kitsch-Hotel; Kitsch-Ideen; Kitsch-Idyll; Kitsch-Idylle; Kitsch-Ikone; Kitsch-Illumination; Kitsch-Image; Kitsch-Industrie; Kitsch-Insignien; Kitsch-Inszenierung; Kitsch-Intarsien; Kitsch-Japan; Kitsch-Jazz; [...].

www.ingramcontent.com/pod-product-compliance
Lightning Source LLC
Chambersburg PA
CBHW050202230526
45470CB00001B/209